Jack Trout

Differenzieren oder verlieren

Für Rosser Reeves,
den Vater des Unique-Selling-Proposition-Konzepts.
Er war seiner Zeit voraus.
Kaum einer von uns ahnte damals, wie wettbewerbsorientiert unsere Welt einmal werden sollte.

Differenzieren oder verlieren

So grenzen Sie sich vom Wettbewerb ab
und gewinnen den Kampf um die Kunden

Jack Trout
unter Mitarbeit von Steve Rivkin

Aus dem Amerikanischen von Wolfgang Astelbauer

REDLINE WIRTSCHAFT
bei verlag moderne industrie

Bibliografische Information der Deutschen Bibliothek
Die Deutsche Bibliothek verzeichnet diese Publikation in der Deutschen Nationalbibliografie; detaillierte bibliografische Daten sind im Internet über http://dnb.ddb.de abrufbar.

Titel der amerikanischen Originalausgabe: Differentiate or Die. Survival in our Era of Killer Competition

Aus dem Amerikanischen übersetzt von Wolfgang Astelbauer.

Internet: www. redline-wirtschaft.de
Autorisierte Übersetzung der englischsprachigen Ausgabe von John Wiley & Sons, Inc.

Redaktion: exLibris, Vera Schneidereit, München
Umschlaggestaltung: Brian Boucher
Satz: J. Echter/mi
Druck- und Bindearbeiten: Himmer, Augsburg
Printed in Germany 25470/020301
ISBN 3-478-25470-1

Inhaltsverzeichnis

Vorwort

Mir kommt es so vor, als ob meine Partner und ich schon seit einer Ewigkeit predigen, dass es darauf ankommt, sich zu differenzieren.

In meinem Buch *New Positioning* hieß Differenzierung, sich im Bewusstsein des potenziellen Kunden zu unterscheiden.

In *Marketing Warfare* hieß Differenzierung, sich einer besonderen Idee zu bedienen, um sich zu verteidigen, anzugreifen, den Konkurrenten zu umgehen oder zu einem Guerillaunternehmen zu werden.

In *Die 22 unumstößlichen Gebote im Marketing* hieß Differenzierung, sich einer besonderen Idee zu bedienen, um eine Marke aufzubauen.

In *Die Macht des Einfachen* hieß Differenzierung, eine Strategie zu verfolgen, die auf Unterschiede setzt.

Bei allem, was wir in den letzten 30 Jahren gemacht haben, ging es im Kern immer darum, anders zu sein als die anderen.

Man könnte meinen, die Botschaft sei inzwischen angekommen, und alle seien damit beschäftigt, ihre Strategien darauf auszurichten, sich von ihren Konkurrenten zu unterscheiden und niemand gehe ohne einen differenzierenden Nutzen auf den Markt.

Weit gefehlt.

Im Großen und Ganzen haben wir es heute mit zwei Arten von Unternehmen zu tun. Die einen haben es noch immer nicht verstanden. Sie versuchen es mit „besserer Qualität", mit „günstigen" oder, wie eh und je, mit „besseren" Produkten. Sie glauben, dass sie besser sind als ihre Konkurrenten und dass sich die Wahrheit durchsetzen wird.

Sie umgeben sich mit Gurus, die von Qualität, Empowerment, Kundenorientierung und verschiedenen Formen der Marktführerschaft sprechen. Unglücklicherweise lassen sich alle ihre Konkurrenten ebenfalls von solchen Gurus beraten, die ihnen erklären, dass sie „besser werden können". Kein Unterschied.

Die andere Sorte Unternehmen hat begriffen, dass es darum geht, sich vom Wettbewerb zu unterscheiden. Wenn man aber genauer nachfragt, stellt sich heraus, dass sie nicht wissen, wie sie das anstellen sollen. Sie entschuldigen sich damit, dass sich ihr Produkt oder ihre Verkäufer eben nicht wirklich von ihren Konkurrenten unterscheiden.

Sie lassen sich gerne von Motivationsexperten einlullen, die ihnen Spitzenergebnisse versprechen und ihnen etwas von einer Siegerhaltung und Effektivität erzählen. Unglücklicherweise lassen sich alle ihre Konkurrenten ebenfalls von solchen Experten beraten und motivieren. Kein Unterschied.

Und sie brauchen auch nicht mit der Unterstützung berühmter Wirtschaftswissenschaftler zu rechnen. Michael Porter von der Harvard Business School spricht zwar von der Notwendigkeit einer einzigartigen Positionierung, bietet aber keinerlei Hilfe im Hinblick darauf an, wie man sich eine solche Stellung verschaffen kann. Stattdessen spricht er von strategischer Kontinuität, vom Ausbau strategischer Positionen und von *Verlust*minimierung. Und er berät jeden Wettbewerber, der sein Honorar zahlt. Kein Unterschied.

Die Werbeagenturen dieser Firmen sind auch nicht viel besser. Sie reden von Bindung, Sympathiewerten, Durchbrüchen und Coolness. Für sie geht es ausschließlich um Kunst, nicht um Wissenschaft. Kein Unterschied.

In diesem Buch geht es darum, all dies zu ändern. Es stellt die zahlreichen Möglichkeiten dar, wie man sich von seinen Wettbewerbern differenzieren kann und gleichzeitig Positionierungen vermeidet, die zwar differenzierend klingen, aber in Wirklichkeit austauschbar sind.

Mit diesem Werk sollte es Ihnen gelingen, die Marktposition Ihres Unternehmens in dieser sehr unbarmherzigen und wettbewerbsorientierten Welt dauerhaft stärken – es wird Ihre Unternehmensfreiheit verändern.

Jack Trout

1

Die Qual der Wahl

Früher einmal waren Auswahlmöglichkeiten kein Thema. Wenn sich unsere Urahnen fragten, was es zum Mittagessen geben würde, war die Antwort darauf recht einfach. Es kam das Tier auf den Tisch, das sie in ihrer unmittelbaren Umgebung stellen, töten und in ihre Höhle schleifen konnten.

Heute betritt man einen riesigen Supermarkt und findet ein nahezu unbegrenztes Angebot an verschiedenen Fleischsorten und -stücken vor, die bereits verzehrfertig präpariert sind.

Unser Problem besteht nicht darin, ein Tier zu erlegen, sondern uns für eines von den hunderten verschiedenen Angeboten in den Kühltheken zu entscheiden. Rotes Fleisch? Weißes Fleisch? Geflügel? Oder vielleicht Fleischersatz?

Aber das ist erst der Anfang. Jetzt heißt es, sich zu überlegen, von welchem Teil des Tieres man etwas haben will. Ein Lendenstück? Ein Kotelett? Ein Rippenstück?

Und was kauft man für die Familienmitglieder, die kein Fleisch essen?

Fischen

Wenn unsere Urahnen einen Fisch fangen wollten, spitzten sie einen Stock an und hofften, Glück zu haben.

Wenn man in den USA heute eines der großen Geschäfte für Anglerbedarf wie Bass-Pro, L.-L.-Bean, Cabela oder Orvis betritt, kann man die schier unvorstellbare Auswahl von Ruten, Spulen, Ködern, Kleidungsstücken, Booten und was es da sonst noch alles gibt, bestaunen.

In Springfield, Missouri, kann man sich im Flaggschiff der Bass-Pro-Kette mit einer Verkaufsfläche von etwa 28.000 Quadratmetern die Haare schneiden und sich dann aus den abgeschnittenen Haaren Köder machen lassen.

Die Zeiten, in denen man mit einem spitzen Stecken zum Fischen ging, sind lange vorbei.

Essen gehen

Heute haben viele Menschen das Gefühl, dass sie es besser anderen überlassen sollten, dafür zu sorgen, was auf den Tisch kommt. Aber sich etwa in New York zu entscheiden, wohin man essen gehen soll, ist alles andere als einfach.

Nina und Tim Zagat haben deshalb 1979 den ersten Restaurantführer herausgebracht, der einem die schwierige Wahl erleichtern soll.

Heute sind die westentaschengroßen *Zagat Surveys* Bestseller. Von etwa 100.000 Mitarbeitern werden Restaurants in mehr als 40 Großstädten Amerikas und anderer Länder der Welt beurteilt und besprochen.

Die Explosion der Auswahlmöglichkeiten

Der Markt hat sich in den letzten Jahrzehnten vor allem insofern verändert, als die Wahlmöglichkeiten zwischen verschiedenen Produkten in so gut wie allen Bereichen explodiert sind. Man schätzt, dass heute in den Vereinigten

Staaten etwa 1 Million verschiedene Produkte auf dem Markt sind. Ein durchschnittlicher Supermarkt hat etwa 40.000 Waren im Angebot. Und jetzt kommt das Überraschende: Eine durchschnittliche Familie deckt 80 bis 85 Prozent ihrer Bedürfnisse mit nur 150 Produkten. Das heißt, dass 39.850 der im Supermarkt angebotenen Produkte in der Regel nicht wahrgenommen werden.

Wer in den 50er Jahren des 20. Jahrhunderts in den USA ein Auto kaufte, konnte zwischen einem Modell von General Motors, Ford, Chrysler und American Motors wählen. Heute kann man sich zwischen General Motors, Ford, Chrysler, Toyota, Honda, Volkswagen, Fiat, Nissan, Mitsubishi, Renault, Suzuki, Daihatsu, BMW, Mercedes, Hyundai, Daiwa, Mazda, Isuzu, Kia und Volvo entscheiden. In den frühen 70er Jahren waren 140 Modelle erhältlich, heute sind es 260.

Sogar in einem so kleinen Marktsegment wie Sportwagen à la Ferrari in der Preisklasse um die 175.000 Dollar nimmt der Wettbewerb zu. Da gibt es Lamborghini, einen neuen Sportwagen von Bentley, Aston Martin und ein neues Modell von Mercedes namens Vision SLR.

Und was Reifen angeht, ist die Auswahl noch größer. Früher einmal gab es Goodyear, Firestone, General und Sears. Heute sind es Goodyear, Bridgestone, Cordovan, Michelin, Cooper, Dayton, Firestone, Kelly, Dunlop, Sears, Multi-Mile, Pirelli, General, Armstrong, Sentry, Uniroyal und 22 weitere Marken.

Der große Unterschied zwischen damals und heute liegt darin, dass der ehemals nationale Markt, auf dem regionale Unternehmen miteinander konkurrierten, zu einem globalen Markt geworden ist, auf dem alle überall allen ihre Marktanteile streitig machen.

Wahlmöglichkeiten im Gesundheitswesen

Betrachten wir einmal einen so elementaren Bereich wie das amerikanische Gesundheitswesen. Früher einmal hatte man seinen Hausarzt, sein Krankenhaus und Organisationen wie das Blue Cross und vielleicht Aetna/US

Healthcare, Medicare und Medicaid. Heute hat man es mit neuen Namen wie MedPartners, Cigna, Prucare, Columbia, Kaiser, Wellpoint, Quorum, Oxford, Americare und Multiplan und Einrichtungen wie den Health Maintainance Organizations (HMO), den Peer Review Organizations (PRO), den Physician Hospital Organizations (PHO) und den Preferred Provider Organizations (PPO) zu tun.

Inzwischen ist die Situation so verwirrend, dass Zeitschriften wie der *U.S. News & World Report* Krankenhäuser und Health-Care-Organisationen benoten, um einem die Wahl zu erleichtern.

Allein für New York gibt es ein 1300 Seiten starkes Buch mit dem Titel *How to Find the Best Doctors,* in dem die Ergebnisse der Auswertung eines Fragebogens zu finden sind, der 28.000 Ärzten, Krankenschwestern und Verwaltungsangestellten im Krankenhaussektor zuging.

In Kalifornien beginnt sich im Gesundheitswesen gar eine Art öffentliches Berichtswesen durchzusetzen. Es begann damit, dass mehrere Ärztegruppen und Einrichtungen des Gesundheitswesens Berichte vorlegten, in denen die Leistungen verschiedener Organisationen beurteilt wurden. Dann veröffentlichte die 2,1 Millionen Mitglieder zählende PacifiCare of California im Internet ihren neuen „Qualitätsindex" mit einem Rating von mehr als 100 ärztlichen Einrichtungen, gegliedert nach klinischen Ergebnissen und Mitgliederzufriedenheit sowie Angaben zu Verwaltung, Geschäftsgebaren und Organisation.

Die Lage ist dermaßen verwirrend, dass sich Menschen heute weniger Sorgen darüber machen, krank zu werden, sondern sich vielmehr fragen, an wen sie sich wenden sollen, um wieder gesund zu werden.

Nicht nur in den USA

Auf dem amerikanischen Markt, den wir gerade beschrieben haben, gibt es im Vergleich zu allen anderen Märkten der Welt die größte Auswahl (weil es in den USA das meiste Geld und die meisten Marketingexperten gibt, die den Menschen das Geld aus der Tasche ziehen wollen).

Doch sehen wir uns ein aufstrebendes Land wie China an. Nachdem chinesische Konsumenten jahrzehntelang von staatlichen Unternehmen produzierte No-name-Nahrungsmittel gekauft haben, können sie jetzt bei jedem Einkauf aus einem wachsenden Sortiment heimischer und ausländischer Markenprodukte wählen. Jüngsten Untersuchungen zufolge entsteht bereits ein nationaler Markt für Markennahrungsmittel. Bereits heute gibt es 135 nationale Marken im Nahrungsmittelbereich, unter denen man wählen kann. China hat noch einen weiten Weg vor sich, aber der Bevölkerung wird die Qual der Wahl nicht erspart bleiben.

Einige Länder sind weit davon entfernt, einen Markt darzustellen. In Liberia, Somalia, Nordkorea und Tansania z. B. herrschen eine derartige Armut und ein solches Chaos, dass die Möglichkeit, wählen zu können, illusorisches Wunschdenken ist.

Das Prinzip der Teilung

Die treibende Kraft der Wahlmöglichkeiten ist das Gesetz der Teilung, das ich in *Die 22 unumstößlichen Gebote im Marketing* dargelegt habe.

Wie eine Amöbe, die sich ständig teilt, kann man den Kampfplatz Markt als ein sich ständig ausbreitendes Meer von Produktkategorien betrachten.

Ihren Anfang hat eine Produktkategorie stets in einem einzelnen Produkt. Einem Computer z. B.. Mit der Zeit teilt sich die Kategorie dann in verschiedene Segmente, in Großrechner, Minicomputer, Workstations, PCs, Laptops, Notebooks, Notepads.

Wie beim Computer war auch beim Auto eine einzelne Kategorie der Ursprung. In den Vereinigten Staaten beherrschten drei Marken (Chevrolet, Ford und Plymouth) den Markt. Heute gibt es Luxusautos, Mittelklassewagen und billige Autos, große, mittlere und kleine Autos, Sportwagen, Geländewagen mit Vierradantrieb, Freizeitautos, Minivans und so genannte „Suburbans" – überdemensionierte Kombis.

In der Fernsehindustrie haben einmal ABC, CBS und NBC 90 Prozent des Publikums auf sich vereint. Heute gibt es Sendernetz-, unabhängiges, Kabel-, Satelliten- und öffentliches Fernsehen. Einem angeschlossenen

Haushalt stehen damit mehr als 150 Programme zur Auswahl. Und schon droht man uns mit Streaming Video, einer Technik, die den von der Kabelindustrie verfolgten Traum einer Welt mit 500 Kanälen lächerlich alt aussehen lässt. Wenn man allerdings auf der Suche nach etwas Sehenswertem zwischen den Kanälen hin und her zappt, ist die Sendung meist schon vorbei, wenn man endlich fündig geworden ist.

Der Teilungsprozess ist nicht aufzuhalten. Sollten Sie das bezweifeln, werfen Sie doch einen Blick auf die Tabelle zur Explosion der Auswahlmöglichkeiten.[1]

Die Explosion der Wahlmöglichkeiten

Produkt	frühe 1970er Jahre	späte 1990er Jahre
Automodelle	140	260
Kentucky-Fried-Chicken-Produkte	7	14
Fahrzeugtypen	654	1.212
Frito-Lay-Chip-Arten	10	78
Sportwagentypen	8	38
Frühstücksflocken	160	340
PC-Modelle	0	400
Pop-Tarts	3	29
Softwareprogramme	0	250.000
Alkoholfreie Getränke	20	87
Websites	0	4.757.894
Trinkwasser in Flaschen	16	50
Neue Filme	267	458
Milchsorten	4	19
Flughäfen	11.261	18.202
Colgate-Zahnpasta	2	17
Zeitschriften	339	790
Mundwässer	15	66
Neue Bücher	40.530	77.446
Zahnseide	12	64
Community Colleges	886	1.742

Die Explosion der Wahlmöglichkeiten		
rezeptpflichtige Medikamente	6.131	7.563
Vergnügungsparks	362	1.174
nicht rezeptpflichtige schmerz-stillende Mittel	17	141
TV-Bildschirmgrößen	5	15
Jeansmodelle von Levi's	41	70
Fernsehkanäle in Houston	5	185
Laufschuhmodelle	5	285
Radiosendestationen	7.038	12.458
Damenstrümpfe	5	90
McDonald's-Produkte	13	43
Kontaktlinsenmodelle	1	36

Die Beratungsindustrie

Diese Entwicklung führte zur Entstehung einer ganzen Industrie, die den Menschen dabei hilft, eine Wahl zu treffen. Wir haben bereits über die Zagat-Restaurantführer und Berichte und Ratings im Gesundheitswesen gesprochen.

Wo man sich auch umsieht, überall will einen jemand beraten. Da wird einem erklärt, für welchen der 8000 verschiedenen Fonds man sich entscheiden soll, wie man den richtigen Zahnarzt in St. Louis findet und sich unter den Angeboten hunderter Schulen genau den richtigen MBA-Lehrgang heraussucht (Werde ich damit einen Job an der Wall Street bekommen?).

Im Internet findet man immer mehr Firmen, die einem bei der Auswahl von allen nur vorstellbaren Produkten helfen und einem bei der Suche nach dem absoluten Tiefstpreis zur Seite stehen.

Verbrauchermagazine wie *Consumer Reports* und *Consumer Digest (vergleichbar mit „Siftung Warentest", A.d.Ü.)* versuchen mit der Fülle von Produkten und Wahlmöglichkeiten fertig zu werden, indem sie nach und nach die einzelnen Produktkategorien besprechen. Das Problem besteht allerdings darin, dass man nach der Lektüre verwirrter ist als zuvor.

Konsumpsychologen meinen, dass uns dieses Meer an Wahlmöglichkeiten verrückt macht. So hebt etwa die Konsumpsychologin Dr. Carol Moog in diesem Zusammenhang Folgendes hervor: „Eine zu große Auswahl an Möglichkeiten, die sich alle sofort umsetzen lassen, denen man allen sofort nachgehen kann, hat zur Folge, dass Kinder – und Erwachsene – infantil reagieren. Vom Marktstandpunkt aus hören die Menschen auf, sich für etwas zu interessieren, werden satt und müde wie gemästete Gänse und verlieren ihre Entscheidungsfähigkeit. Sie ziehen sich zurück, um sich vor der Überreizung zu schützen; sie beginnen sich zu ‚langweilen'."[2]

Wählen zu müssen kann Tyrannei bedeuten

Das Wörterbuch definiert Tyrannei als oft strenge und grausame absolute Herrschaftsform.

Das trifft auch auf den Zwang, wählen zu müssen, zu. Durch den enormen Konkurrenzdruck ist Auswahl heute der Motor der Märkte. Dem Kunden stehen so viele vergleichbar gute Alternativen zur Verfügung, dass ein Unternehmen Fehler teuer bezahlt. Die Wettbewerber nehmen einem das Geschäft weg und man wird es sich nicht so ohne Umstände zurückerobern können. Unternehmen, die das nicht verstehen, werden nicht überleben. (Ja, die Welt ist wirklich grausam.)

Denken Sie allein an die vielen großen amerikanischen Namen, die sang- und klanglos verschwunden sind: American Motors, Burger Chef, Carte Blanche, Eastern Airlines, Gainesburgers, Gimbel's, Hathaway (Hemden), Horn & Hardart, Mr. Saltypretzels (Salzbretzeln), Philco, Trump Shuttle, PanAm, Woolworth's.

Da heißt es aufpassen

Wenn Sie Ihre Einzigartigkeit nicht pflegen und undifferenziert allen alles bieten wollen, verlieren Sie schnell, was Sie von anderen unterscheidet. Denken Sie an Chevrolet. Chevrolet produzierte einmal das günstige Familienauto, bis es seine Identität um „teuer“, „sportlich“, „klein“ und „LKW“ zu erweitern versuchte. Das Unternehmen verlor seine Einzigartigkeit – und damit sein Geschäft. Heute liegt die Marke hinter Honda, Ford und Toyota.

Wenn man Veränderungen des Marktes übersieht, läuft man Gefahr, dass das Unternehmen an Einzigartigkeit verliert. Denken Sie etwa an DEC (Digital Equipment Corporation). Das einst auf dem Gebiet der Herstellung von Minicomputern in den USA führende Unternehmen versäumte es, sich auf die neuen Technologien einzustellen, die den Desktop zum wichtigsten Bürogerät machten. Damit büßte das Unternehmen seine Einzigartigkeit ein. Heute gibt es DEC nicht mehr. Die Firma wurde von Compaq geschluckt.

Wenn man mit seinem Unternehmen immer im Schatten seiner größeren Konkurrenten bleibt und sich nie in seiner Besonderheit positioniert, wird man immer schwach sein. Man denke an Westinghouse. Das Unternehmen trat nie aus dem Schatten von General Electric heraus. Heute gibt es Westinghouse nicht mehr. Oder denken Sie an den ehemaligen Reifenhersteller Goodrich. Im Lauf der Jahre hätte Goodrich das Rad neu erfinden können und dennoch hätte Goodyear den ganzen Erfolg eingeheimst. Da man Goodrich immer mit dem größeren Wettbewerber verwechselte, war es so gut wie unmöglich, die Firma in der Wahrnehmung des Kunden als eigenes Unternehmen zu etablieren. Heute stellt Goodrich Komponenten und Sicherheitssysteme für die Luftfahrt her.

Der Markt kennt keine Gnade.

Und es wird schlimmer werden

Setzen Sie nicht darauf, dass sich die Situation beruhigen wird! Wir haben das Gefühl, dass es einfach deshalb schlimmer werden wird, weil eine größere Auswahl allem Anschein nach eine noch größere Auswahl zur Folge hat.

In seinem Buch *Faster* (dt.: *Schneller! Eine Zeitreise durch die Turbo-Gesellschaft*) entwirft James Glieck eine Zukunftsvision, die man nur als irrwitzig bezeichnen kann und die er als „Beschleunigung nahezu aller Lebensbereiche" beschreibt. Vergegenwärtigen Sie sich einmal folgendes Szenario:

> Die Zunahme der Wahlmöglichkeiten stellt einen weiteren Rückkoppelungseffekt, genauer: ein ganzes System von Rückkoppelungseffekten, dar. Je größer die Flut an Informationen, die einen überschwemmt, desto mehr hilfreiche Internetportale, Suchmaschinen und Infobots entstehen, die uns mit noch mehr Informationen zuschütten. Je mehr Telefonanschlüsse man hat, desto mehr braucht man. Je mehr Patente es gibt, desto größer wird die Zahl der Patentanwälte und der Suchdienste für Patente. Je mehr Kochbücher man kauft oder online durchstöbert, desto stärker hat man das Gefühl, dass man seinen Gästen etwas Neues auf den Tisch stellen muss – und desto mehr Kochbücher braucht man. Durch Komplikationen entstehen Wahlmöglichkeiten; die Wahlmöglichkeiten werden zum Motor der technischen Entwicklung; die Technik führt zu weiteren Komplikationen. Ohne die effizienten Vertriebs- und Produktionssysteme von heute, ohne gebührenfreie Nummern, Expresszustellung, Strichcodes, Scanner und – vor allem – Computer würden sich die Wahlmöglichkeiten nicht dermaßen multiplizieren.

Meine Damen und Herren, wir stehen erst am Anfang.

2

Was ist eigentlich mit dem USP passiert?

1960 galt der Leiter einer Werbeagentur namens Rosser Reeves als der Hohepriester aggressiver Verkaufspolitik. Er schrieb ein Buch mit dem Titel *Reality in Advertising* (dt.: *Werbung ohne Mythos*), das sehr populär wurde. Sein Buch wurde in 28 Sprachen übersetzt und erfreute sich als Lehrbuch großer Beliebtheit. Es war in verschiedenster Hinsicht der Beginn der modernen Werbung.

In diesem Buch stellte Rosser Reeves sein Unique-Selling-Proposition- oder kurz USP-Konzept vor.

Die Definition

USP oder das „einzigartige Verkaufsversprechen" war für Rosser ein präziser Begriff, den er in dreifacher Hinsicht definierte:

1. Jede Werbung muss dem Kunden ein Versprechen geben. Worte, marktschreierische Anpreisungen, Schaufensterwerbungen genügen nicht. Jede Werbung muss jedem Kunden folgende Botschaft vermit-

teln: „Wer das Produkt kauft, erwirbt sich damit diesen oder jenen besonderen Nutzen."

2. Das Versprechen muss so geartet sein, dass es die Konkurrenz entweder nicht geben kann oder nicht gibt. Es muss einzigartig sein – entweder die Einzigartigkeit der Marke darstellen oder einen Anspruch beinhalten, der in diesem Bereich der Werbung sonst nicht vorkommt.
3. Das Versprechen muss so mächtig sein, dass es die breite Masse erreicht, also dem Produkt neue Kunden bringt.[1]

Reeves vertrat die Auffassung, dass der Großteil der damaligen Werbung sich „auf die müde Kunst der Marktschreierei" beschränkte, es gäbe keine wirklichen Botschaften und die Werbetexte stammten von Menschen, die die Wirklichkeit nicht verstünden.

Man wird das vielleicht für Schnee von gestern halten und glauben, die Werbung habe längst die Ideen von Rosser Reeves verinnerlicht. Weit gefehlt.

Die Debatte ist noch immer nicht beendet

Es überrascht, dass die Debatte in der Werbewelt noch immer im Gang ist. Ein Artikel auf der Titelseite von *Advertising Age*, der 37 Jahre nach Rosser Reeves' Buch erschien, verkündet:

> „Dichter gegen Killer": Nicht enden wollende Debatte in der Werbewelt erreicht Siedepunkt – soll das Künstlerische im Vordergrund stehen oder eine aggressive Verkaufspolitik? Es geht um Millionen.[2]

Der seitenlange Artikel beschäftigte sich mit dem Kampf zwischen den Kreativen, die ihre Arbeit als künstlerisch und von Gefühlen bestimmt ansehen, und den Marketingexperten, die eine nüchterne, vernünftige Werbung wollen.

Den einen geht es um die Bindung der Kunden an das Produkt. Den anderen geht es darum, den Kunden das Produkt zu verkaufen.

Es ist an der Zeit, dass wir aufhören zu debattieren und uns nicht der Wirklichkeit der Werbung, sondern der Wirklichkeit des Marktes zuwenden.

Wo steckt Reeves jetzt, wo wir ihn brauchen?

Als Rosser Reeves darüber schrieb, es komme darauf an, sich von der Konkurrenz zu unterscheiden, war die Welt noch einfach. Es gab damals keinen globalen Wettbewerb. Eigentlich gab es im Vergleich zu heute überhaupt kaum echten Wettbewerb.

Das USP-Konzept ist im Jahr 2000 viel wichtiger, als es 1960 war.

Während noch darüber debattiert wurde, ob der Verkaufsgedanke die Werbung bestimmen sollte oder nicht, entstand im Handumdrehen eine neue Weltordnung. Viele Unternehmen generieren heute Umsätze, die höher sind als das Bruttosozialprodukt mancher Länder. 70 Prozent des Welthandels entfallen auf die 500 größten weltweit agierenden Unternehmen.

Überall kommt es zu Fusionen und Übernahmen; dabei werden etliche Unternehmen immer reicher und mächtiger. Es gibt nicht nur mehr Wettbewerb – der Wettbewerb ist auch härter und raffinierter.

Der veränderte Wettbewerb wird zum Großteil davon bestimmt, dass das Kaufverhalten nicht nur einkommensabhängig ist, sondern auch von der Unzufriedenheit der Verbraucher mit den bestehenden Alternativen geprägt wird.

Der erste Schritt beim Aufbau einer Marke

Es gibt unzählige Bücher über die Markenführung, aber nur ganz wenige Bücher, in denen davon die Rede ist, wie man eine Marke von anderen differenzieren kann. Und wenn darauf eingegangen wird, bleibt es in den meisten Fällen bei dem Hinweis darauf, dass es wichtig ist, Marken zu etablieren.

Sehen wir uns einmal die sehr große, renommierte internationale Werbeagentur Young & Rubicam an, die ein System mit der Bezeichnung „Brandscience" entwickelt hat. Young & Rubicam vertritt die These, dass es „zuerst einmal darauf ankommt, sich zu differenzieren". Das differenzierende Merkmal definiert die Marke und grenzt diese von allen anderen Marken ab. So entstehen Marken und so verschwinden sie auch wieder, wenn dieses Merkmal an Differenzierungskraft einbüßt. (Young & Rubicam scheint verstanden zu haben, worauf es ankommt.)

Aber statt sich wirklich in das Thema zu vertiefen, gehen sie im nächsten Atemzug über zu Begriffen wie Relevanz, Wertschätzung, Wissen und Markenstärken-Matrix.

Wir wollen hier einen Schritt weiter gehen, lieber Leser. Wenn die Differenzierung über Gedeih und Verderb einer Marke entscheidet, finden wir es der Mühe wert, uns eingehender mit dem Thema zu befassen. (Der gute alte Rosser Reeves hätte es sicher nicht anders gewollt.)

Die Notwendigkeit der Differenzierung

Die Wahl zwischen verschiedenen Optionen beruht immer auf Unterschieden, ob diese nun unmittelbar ersichtlich sind oder nicht. Psychologen weisen darauf hin, dass man sich länger an ein Produkt erinnert, wenn es sich durch eine Besonderheit auszeichnet, weil man den Unterschied gedanklich erfassen kann. Anders gesagt sollte man, wenn man ein Produkt bewirbt, dem Kunden einen Grund geben, warum er sich dafür entscheiden soll. Wenn das auch noch auf unterhaltsame Weise geschieht, umso besser.

Leider ist es eine Tatsache, dass viele Werber die Notwendigkeit, dem Kunden ein „einzigartiges Verkaufsversprechen" zu geben, nicht einsehen.

Die meisten halten Verkaufen für öde und meinen, dass Menschen Unternehmen schätzen, die ihnen nichts „andrehen" wollen. Außerdem würden sich viele Produkte nicht genügend von anderen differenzieren, so dass man auch nicht mit ihrem Alleinstellungsmerkmal werben kann. Bei der Argumentation wird übersehen, dass der Kunde – ob es ihm nun gefällt oder nicht, dass man ihm etwas verkaufen will – angesichts der Flut von Möglichkeiten Orientierungsschwierigkeiten hat, und nicht mehr weiß, was er kaufen soll und was nicht. Mit anderen Worten: Alternativen sind lediglich Elemente der Entscheidungsfindung. Und jeder muss Entscheidungen treffen.

Wie Menschen Entscheidungen treffen

Psychologen beschäftigen sich intensiv mit der Frage, wie Menschen Probleme lösen. Sie sind in diesem Zusammenhang auf vier Funktionen gestoßen: auf Intuition, Denken, Fühlen und Spüren. Alle Entscheidungsprozesse beruhen auf einer dieser Funktionen. Sehen wir uns diese Funktionen einmal vom Standpunkt des Verkaufens an.

Menschen, die sich von ihrer Intuition leiten lassen

Menschen, die auf ihre Intuition setzen, interessieren sich für Möglichkeiten. Sie gehen Details aus dem Weg und richten ihren Blick auf das große Ganze.

Menschen dieses Typs sind sehr für eine Differenzierungsstrategie empfänglich, die das Produkt als neue Generation vorstellt. Als die

Hersteller von Advil ihr neues Ibuprofen-Medikament als „weiterentwickeltes Schmerzmittel“ vorstellten, positionierten sie ihr Produkt für intuitive Käufer perfekt, da diese sich sehr für neue Entwicklungen interessieren. Mit der Einführung einer neuen Produktgeneration kann man sie daher leicht locken.

Menschen, die sich von ihrem Intellekt leiten lassen

Menschen, die sich von ihrem Verstand leiten lassen, sind analytisch, genau und logisch. Sie verarbeiten große Mengen von Informationen, übersehen allerdings oft die emotionalen Komponenten einer Situation. Wenn sie auch oft rücksichtslos oder gleichgültig erscheinen, trifft das die Sache nicht wirklich. Sie sind einfach Denker (wie z. B. Henry Kissinger).

Menschen dieses Typs sind, auch was Produkte angeht, für logische Argumente und Fakten empfänglich. Bei ihnen kommt wahrscheinlich eine Differenzierungsstrategie wie die von BMW gut an, die messbare Eigenschaften wie ergonomisches Design, Steuerbarkeit, Leichtmotor und zahlreiche Expertenmeinungen über das Fahrverhalten des Wagens in den Mittelpunkt stellt.

Menschen, die sich von ihren Gefühlen leiten lassen

Menschen dieses Typs interessieren sich für die Gefühle anderer. Sie machen sich aus intellektuellen, analytischen Ansätzen nichts und folgen am liebsten ihren Vorlieben und Abneigungen. Sie arbeiten gerne mit Menschen zusammen und können sehr loyal sein.

Menschen, die sich von ihren Gefühlen leiten lassen, verlassen sich gerne auf Empfehlungen Dritter, Testimonials aus Fleisch und Blut. Für sie ist daher die Kampagne von Miracle-Gro ideal, weil diese die Produkte des Unternehmens als solche präsentiert, für die sich Experten entscheiden. Sympathische Menschen vor einem anpsrechenden Hintergrund, die über die Wunder sprechen, die Miracle-Gro vollbringt, sind in diesem Fall einfach die treffende Strategie.

Menschen, die ihren „Antennen“ vertrauen

Menschen, die ihrer Wahrnehmung vertrauen, sehen die Dinge, wie sie sind, und haben große Ehrfurcht vor Tatsachen. Sie haben ein ungeheures Aufnahmevermögen für Details und begehen selten Fehler. Sie sind gut darin, Zusammenhänge herzustellen.

Die Strategie der Hertz-Autovermietung, sich als führendes Unternehmen in ihrem Segment zu präsentieren, ist für Menschen, die ihren Antennen vertrauen, ideal: Sie wissen instinktiv, dass Hertz auch tatsächlich die Nummer eins ist. (Dazu trägt natürlich auch bei, dass Hertz diese Botschaft seinen Kunden seit 25 Jahren eintrichtert.)

Man sollte sich natürlich dessen bewusst sein, dass Menschen oft mehrere dieser Funktionen in sich vereinen. Sowohl Menschen, die sich von ihrer Intuition leiten lassen, als auch Menschen, die ihren Gefühlen vertrauen, haben für Details nicht viel übrig. Menschen, die sich von ihrem Verstand leiten lassen, handeln ebenso wie Menschen, die ihrer Wahrnehmung vertrauen, eher auf Basis von Informationen. Auf die eine oder andere Art versuchen aber alle, eine Kaufentscheidung zu treffen.

Es gibt nichts, das sich nicht als einzigartig positionieren ließe

Theodore Levitt, der Marketing-Guru der Harvard Business School, hat ein Buch mit dem Titel *The Marketing Imagination* (dt.: *Marketing Imagination: Die unbegrenzte Macht des kreativen Marketing*) geschrieben. Er ergreift eindeutig Partei für Rosser Reeves, wenn er in Kapitel 4 feststellt, dass man jedes Produkt als besonderes Produkt positionieren kann.

Levitt tritt dafür ein, dass man Kunden einen Zusatznutzen bieten muss, etwas, das diese nicht zu brauchen meinen oder nicht erwarten. Dabei kann es sich z. B. um zusätzliche Service- oder Unterstützungsleistungen handeln. General Electric berät seine Kunden z.B. bei internationalen Geschäftsaktivitäten. Außerdem hat General Electric seine Servicesparte stark erweitert, damit seine Kunden keine eigenen Ressourcen dafür aufwenden müssen.

Die Aufzugsfirma Otis setzt auf Ferndiagnose, um sich von ihren Konkurrenten zu differenzieren. In stark frequentierten Bürogebäuden, in denen die Wartung von Aufzügen Personal wie Kunden große Unannehmlichkeiten beschert, bedient sich Otis eines Ferndiagnosesystems, um möglicherweise anstehende Unterbrechungen des Betriebs vorhersagen zu können. Die Techniker führen Wartungsmaßnahmen abends durch, wenn weniger Menschen im Haus sind.

Oral-B hat mit seiner Zahnbürste, die einem durch das Verblassen der patentierten Blaufärbung der mittleren Borsten zeigt, wann man eine neue braucht, deutlich einen differenzierenden Nutzen geschaffen.

Auch Basisprodukte können Alleinstellungsmerkmale besitzen

Sogar bei Fleisch und anderen Lebensmitteln hat man Möglichkeiten gefunden, das Besondere eines Produkts hervorzuheben und damit den Kunden ein „einzigartiges Verkaufsversprechen" zu unterbreiten. Die erfolgreichen Strategien in diesem Bereich lassen sich in fünf Punkten zusammenfassen:

1. *Identifikation:* Gewöhnliche Bananen wurden zu besseren Bananen, indem man ihnen ein kleines Chiquita-Schildchen verpasste. Dole versuchte das Gleiche mit Ananas und die Salatköpfe wurden in eine transparente Folie gepackt. Man muss den Menschen natürlich noch vermitteln, warum sie ausgerechnet nach diesen Produktmarken Ausschau halten sollen.
2. *Personifikation:* Bei Babynahrung steht z. B. der Firmeneigner Claus Hipp persönlich für den Unterschied, auf den es ankommt.

3. *Ein neuer Gattungsbegriff:* Als es im Bereich der Honigmelonen darum ging, eine spezielle große Frucht von den anderen zu differenzieren, nannte man diese nicht einfach „groß“, sondern entschied sich für die Einführung eines neuen Begriffs und sprach von Crenshaw-Melonen. Die Einführung der kleinen „Cocktail- bzw. Cherry-Tomaten“ am Strauch ist ein weiteres Beispiel.
4. *Ein neuer Name:* Manchmal klingt der ursprüngliche Name eines Produkts nicht wirklich schmackhaft. „Chinesische Stachelbeere“ ist so ein Beispiel. Nachdem die Frucht auf Kiwi umgetauft worden war, gab es auf einmal eine neue Lieblingsfrucht, die jeder essen wollte.
5. *Neupositionierung einer Produktkategorie:* In den USA war Schweinefleisch jahrelang einfach nur Schweinefleisch. Die einzigen Bilder, die einem dabei in den Sinn kamen, waren die von Ferkeln, die sich im Dreck tummelten. Dann besann sich die Schweinefleischindustrie auf die Taktik der Geflügelindustrie und sprach vom „anderen weißen Fleisch“ – ein hervorragender Schritt in einer Zeit, in der rotes Fleisch aus gesundheitlichen und anderen Gründen Imageprobleme bekam.

Wo ein Wille ist, ist auch ein Weg, sein Produkt von dem seiner Wettbewerber abzuheben.

3

Die Weiterentwicklung des USP

Rosser Reeves ging es um ein besonderes Produktmerkmal.

Vor 40 Jahren ließ sich allerdings das Einzigartige eines Produkts im Allgemeinen insofern leichter herausstellen, als es einen greifbaren Unterschied zwischen den einzelnen Produkten gab. Meist hatte das Produkt einen bestimmten Vorzug, den man im Vergleich zu anderen Produkten übertrumpfen konnte.

Colgate etwa warb damit, dass seine Zahncreme beim Zähneputzen den Atem reinigt. (Jahre später mischte Crest seiner Zahncreme Mittel gegen Zahnausfall bei und kam seinen Wettbewerbern mit diesem „einzigartigen Verkaufsversprechen" zuvor.)

In den 1950er Jahren versprach Lifebuoy, seine Seife mache Schluss mit Körpergeruch. Wenn auch alle Seifen Körpergeruch beseitigen, kamen doch die Marketingexperten von Lifebuoy als Erste auf die Idee und besetzten diesen Nutzen. (Darüber später mehr.)

Nachdem der legendäre Werbetexter Claude Hopkins die Brauerei seines Kunden besucht hatte, fiel ihm, um das Produkt von anderen abzuheben, der Satz „Unsere Flaschen werden mit echtem Dampf gereinigt" ein. (Auch in diesem Fall verhielt es sich so, dass alle Brauereien das taten: Hopkins war nur der Erste, der daran dachte, die hehre Hygiene ins Spiel zu bringen.)

Damals konnten sich viele Unternehmen auf die Wissenschaft berufen. Anacin beispielsweise konnte seine einzigartige „Zusammensetzung“ als ein dem einfachen Aspirin überlegenes Mittel anpreisen. Die Ärzte waren so in der Lage, den Patienten zu erklären, dass die besondere Mischung von Anacin anders auf den Körper wirke als bloßes Aspirin.

Was ist geschehen?

Heute ist es viel schwieriger, ein „einzigartiges Verkaufsversprechen“ oder den differenzierenden Nutzen eines Produkts zu verteidigen. Daher sind viele Marketingexperten zu anderen Strategien übergegangen.

Teils hat das mit der Flut neuer Produkte zu tun. Angebote mit einander widersprechenden Behauptungen und winzigen Unterschieden verwirren die Kunden. („Jetzt gibt es Tartar Control mit dem starken Aroma von frischem Minzgel.“)

Teils spielt eine Rolle, dass der Wettbewerb fast todsicher nach dem Muster „Auch unser Produkt ...“ reagiert. Konkurrierende Produkte werden einander immer ähnlicher. Die heutige Technik ermöglicht es den Gegnern im Wettbewerb, bestimmte Produktmerkmale voneinander zu isolieren, umzukehren oder zu kopieren, bevor ein Unternehmen Zeit gehabt hat, die Einzigartigkeit seines Angebots hervorzuheben.

Teils ist auch die Geschwindigkeit der Entwicklung verantwortlich. Man denke nur an ein Unternehmen wie Intel, das alle Jahre erstaunliche Zuwächse bei Speicherkapazität und Leistung vorweisen kann. Man denke an den Bereich der Windeln, in dem alle sechs Monate ein neues Produkt auf den Markt kommt. Die meisten Unternehmen haben keine Zeit, sich auf ihren Lorbeeren auszuruhen.

Überlebt man den Wettbewerb, weil man sich ständig neu ausrichtet, wird es schwierig, sich nur über Produktmerkmale zu differenzieren.

Sind die neuen Produkte wirklich neu?

1987 kamen dem Marktbeobachtungsinstitut Market Intelligence Service Ltd. zufolge in den USA 14.254 neue Produkte auf den Markt. 1998 belief sich die Zahl auf 25.181.

Das heißt, dass täglich 69 neue Produkte auf den Markt kamen. Oder dass jede Stadt und jedes Dorf in Amerika die Patenschaft für ein neues Produkt übernehmen könnten. („Willkommen in Buford City, der Heimat des Buttermilch-Shampoos.")

Bei neuen Produkten heißt Quantität aber nicht unbedingt auch Qualität. Die überwältigende Mehrzahl dieser Flut von Wässerchen, Zaubertränken und anderen Artikeln steht für keinen wie auch immer gearteten Durchbruch. Diese Produkte wollen nur eines: den Kunden auf sich aufmerksam machen.

Michael Lasky hat sich 25 Jahre lang mit neu auf den Markt kommenden Produkten beschäftigt. Er arbeitet bei Merchant & Gould in Minneapolis als Patentanwalt. „Bei den meisten neuen Produkten handelt es sich um Kleinigkeiten", meint Lasky. „Das sind keine echten Erfindungen, keine Patente im eigentlichen Sinn. Es sind bloß unbedeutende, banale Weiterentwicklungen. Und deshalb ist es für die Konkurrenten so leicht, mit ihren eigenen ‚Aromaperlen', ‚Dreifachrandverstärkungen' und so weiter auf den Markt zu kommen."[1]

So viel zur Besonderheit neuer Produkte.

Geschützt oder nicht?

Patentschutz kann sehr wirkungsvoll sein, sofern es sich um eine marktprägende Innovation handelt. (In der Vergangenheit wurden sogar schon chirurgische Eingriffe patentiert.) Man kann sich seine Mitbewerber aber auch mit vielen kleineren Neuerungen vom Leib halten.

Man denke an den Vier-Milliarden-Dollar-Windelkrieg in den USA, in dem an die 1000 Patente – und etwa ebenso viele Anwälte – von den Klettverschlüssen bis zur Menge des Gummis um die Beine alles überwachen. Ob man es glaubt oder nicht: Das Windelgeschäft ist einer der am meisten über Patente geregelten Bereiche in der Geschichte des Patent and Trademark Office der Vereinigten Staaten.

Die beiden großen Rivalen im Reich der Windeln, Procter & Gamble und Kimberley-Clark, haben sich sogar darauf geeinigt, einander nicht mehr zu verklagen, und dem jeweils anderen Lizenzen für eine ganze Palette umstrittener Produkte eingeräumt. Gemeinsam kontrollieren die beiden Unternehmen drei Viertel des gesamten Windelmarktes. Jetzt können sie ihre viel kleineren Konkurrenten mit Lizenzzahlungen für spezielle „Stulpen" niederringen, die diesen ärgerlichen Lecks in den Windeln vorbeugen.

Also, wie steht's? Haben Sie Lust, sich heute mit Ihrem neuen Produkt in die Schlacht um Babypopos zu werfen? Wenn ja, müssen Sie mit dem Schlimmsten rechnen, wenn Ihnen die Großen mit ihren Patenten und Rechtsanwälten kommen.

Aber jetzt kommt die gute Nachricht: Derart aggressive Patentierungen und Rechtsstreits sind die Ausnahme, nicht die Regel.

„In der gesamten Gebrauchsgüterindustrie", so das *Wall Street Journal*, „bewegen sich die Hersteller billigerer Handelsmarken meistens am Rande einer Patentverletzung, wenn sie neue Ideen zu kopieren versuchen, ohne sie direkt zu stehlen."[2] Die Rede ist hier von abgekupferten Artikeln, die gleich aussehen und gleich schmecken wie die patentierten Originale.

Ein britischer Marketingexperte sieht die Sache folgendermaßen: „Die letzten Jahre haben uns allen eingebläut, dass Innovation unumgänglich ist, wenn wir im Wettbewerb die Nase vorn haben wollen. Aber wenn wir uns wirklich einen Vorsprung erringen, müssen wir feststellen, dass der Vorteil nur von begrenzter Dauer ist. Warum? Weil unsere Konkurrenten demselben Druck ausgesetzt sind und sich meist mit denselben Mitteln dagegen zur Wehr setzen."[3]

Wie ist das möglich? Mithilfe leistungsfähiger neuer Computertechniken kann man eine neue Idee Millimeter für Millimeter zerlegen und dann einfach kopieren.

Wenn man den Wettbewerb zu Tode testet

Manchmal kann die Manie, Produkte der Mitbewerber zu analysieren, diese buchstäblich fertig machen. Trotz seiner Einzigartigkeit, sofern es überhaupt eine gibt, hat das Produkt dann keine Chance.

Robert McMath, ehemals Manager bei Colgate-Palmolive, ist heute als Berater tätig. Er erzählt gerne, was geschah, als ein Shampoo namens Wash & Comb zu Testzwecken auf den Markt kam. Das Shampoo versprach, mit Knoten in den Haaren Schluss zu machen. Die Konkurrenz zeigte sich äußerst interessiert. Dann trat McMath auf den Plan.

„Allein meine Beraterfirma kaufte in Atlanta 3000 Flaschen", berichtet McMath. „Dadurch entstand der Eindruck, dass mit Wash & Comb nichts mehr schief gehen kann. Aber es waren keine normalen Kunden, sondern Marketingexperten, die das Produkt kauften. Als es dann in ganz Amerika auf den Markt kam, war das Shampoo ein Flop."[4]

Das Gleiche geschah, als Hunt-Wesson, Eigentümer der Popcornmarke Orville Redenbacher, eine Analyse der neuen Popcornmarke Cracker Jack Extra Fresh anstellte. Zuerst kaufte das Unternehmen die Regale im Geschäft leer. Dann wandte es sich direkt an das Grand-Union-Lager und kaufte dort Karton um Karton. (Ein Angestellter des Supermarktes hat festgestellt, dass das Produkt von so gut wie niemandem sonst gekauft wurde.)

Es kann daher niemanden überraschen, dass Cracker Jack Extra ein Flop war, als es dann tatsächlich auf den Markt kam. Hunt-Wesson hörte nämlich in dem Moment auf, es zu kaufen.

Unmöglich ist es nicht

Wir haben nicht gesagt, dass es unmöglich ist, sich über ein Produkt von seinen Wettbewerbern zu differenzieren. Wir haben nur festgestellt, dass es schwierig ist.

Alle paar Jahre einmal erfindet Gillette das Rasieren neu. Einmal mit zwei Klingen (Trac II), einmal mit flexiblen Doppelklingen (Atra), einmal mit einem stoßgedämpften Kopf (Sensor), jetzt mit drei Klingen (Mach 3).

Oberflächlich betrachtet ist der Mach-3-Rasierer lediglich ein neues Produkt.

Dahinter steht aber die unglaublich harte Arbeit und Leidenschaft eines Unternehmens, das seinen vorgehenden Produktschlager regelmäßig selbst übertrumpft.

Der Mach-3-Rasierer erforderte eine Investition von 750 Millionen Dollar, bevor er auf den Markt kam. Ein Dickicht von 35 Patenten sichert das Produkt ab und umfasst alles – von der „Anordnung“ der Klingen über die Komfortkanten für weniger „Widerstand“ bis zu der ausgefeilten „Vorwärtsdrehtechnik“. (Was eher nach einem Ferrari als nach einem Gerät klingt, mit dem man sich seine Bartstoppeln entfernt.)

Und das Ergebnis des ganzen Erfindungsgeistes und aller Anstrengungen? Ein Marktanteil im Nassrasurbereich, der fast die Kartellbehörden beschäftigt. Das nenne ich Differenzierung.

Verbessern, aufwerten, neu erfinden

Dasselbe Unternehmen, dieselbe Technik, ein anderes Produkt.

Oral-B hatte, ehe das Unternehmen von Gillette übernommen wurde, 27 Jahre lang keine neue Zahnbürste auf den Markt gebracht.

Gillette setzte ein Team von 150 Leuten auf das Problem an, wie man Plaque mit der Hand entfernt. Das Ergebnis war eine ganze Reihe neuer Produkte, unter anderem eine Zahnseide mit einer besonderen Faser und die Spitzenzahnbürste Advantage.

Wer daran denkt, sich über Produktmerkmale vom Wettbewerber abzuheben, tut gut daran, sich das Modell von Gillette vor Augen zu halten: verbessern, aufwerten, neu erfinden.

Anders gesagt: Entweder Sie klotzen statt zu kleckern oder Sie können es gleich bleiben lassen.

Es kommt oft vor, dass Unternehmen aus dem Auge verlieren, was ihre Besonderheit ausmacht. Volvo war das erste Unternehmen, das das Konzept „sichere Autos“ als Differenzierungsmerkmal propagierte. Volvo hat eine Reihe von Sicherheitseinrichtungen eingeführt: Modulbauweise, Seitenairbags und Abblendlicht bei eingeschalteter Zündung. In den letzten Jahren hinkte das Unternehmen hinsichtlich der Sicherheit von Vorderrad- und Vierradantrieb allerdings etwas hinterher.

Heute macht Volvo in Sportcabrios und Coupés, die nicht gerade sicher wirken, während japanische Hersteller über neue elektronische Sicherheitsvorkehrungen sprechen. Das Unternehmen hat aus den Augen verloren, worin einst sein differenzierender Nutzen bestand.

Scharfe Hähnchen und coole Musik

Scharf gewürzte Hähnchen sind ein neuer Schlager. Popeyes Chicken versorgt uns mit Brathähnchen Cajun-Style, die pikant gewürzt sind. Der entsprechende Fernsehspot verkündet, dass das Unternehmen „Amerika vor langweiligen Hähnchen retten will.“

Im Vergleich zu seinem riesigen Konkurrenten Kentucky Fried Chicken ist der Werbeetat von Popeyes mit 12 Millionen Dollar mickrig. Aber sein Produkt zeichnet sich durch einen würzigen Unterschied aus – und dieser Unterschied genügt, um Church's Chicken und Chick-Fil-A zu überholen und Popeyes hinter Kentucky Fried Chicken zur Nummer zwei zu degradieren.

Auch das Wave-Radio von Bose ist eine großartige Idee. „Es kommt Ihnen klein vor“, heißt es in der Werbung, „bis Sie es aufdrehen.“ Es gibt nichts Vergleichbares. Das Radio ist zwar nicht einmal so groß wie eine Sandwichbox, der Sound aber voll und raumfüllend. Wie das funktioniert? Das Gerät verfügt über ein ausgeklügeltes System von Hohlräumen, das den Schallquellen reichlich Resonanzraum bietet. Für dieses clevere Produkt erhielt die im Ton- und Klangbereich bereits zur Spitze zählende Firma Bose von Popular Science den Preis „Best of What's New“.

Und das Ding geht weg wie warme Semmeln, trotz eines Stückpreises von 349 Dollar. Als ich zum letzten Mal die Website von Bose besuchte, bat man bei Bestellungen um Verständnis für eine Lieferzeit von vier bis sechs Wochen, weil die Nachfrage so „überwältigend" sei.

Jenseits von Produkt und Nutzen

Werden die Konkurrenten die würzigen Hähnchen und die coole Musik nachahmen? Höchstwahrscheinlich, zumindest wenn man sich der Schlussfolgerung dreier britischer Marketingexperten anschließt. Im *Journal of Advertising Research* argumentieren sie folgendermaßen:

> Die „Me-too-Strategie" ist die treibende Kraft im Wettbewerb. Im Wettbewerb bestehen heißt, die Erfolge seiner Konkurrenten zu Geld zu machen. Das Kopieren beschränkt sich keineswegs auf sekundäre Produktentwicklungen (auf Baking Soda in Zahncreme oder Langzeitinvestitionen mit Geld-zurück-Garantie), sondern gilt sogar noch mehr für die grundlegenden Produktmerkmale (alle normalen Autos müssen schnell, sicher, einigermaßen wirtschaftlich usw. sein).[5]

Wie man sieht, bedeutet es harte Arbeit, ein wirklich einzigartiges Produkt zu erfinden und es dann erfolgreich gegen die Angriffe des Wettbewerbs zu verteidigen

Theodore Levitts Warnung

Zurück zu einem der Väter des Marketing. Theodore Levitt von der Harvard Business School hat in seinem 1991 erschienenen Buch *Thinking About Management* (dt.: *Über Management*) zu diesem Thema einige wirklich entscheidende Dinge gesagt:

> Sich von anderen zu differenzieren zählt zu den wichtigsten strategischen und taktischen Aufgaben, denen sich Unternehmen ständig widmen

müssen. Das ist keine Ermessenssache. Und man kann alles zu etwas Besonderem machen, sogar austauschbare Standardprodukte wie Zement, Kupfer, Weizen, Geld, Luftfracht, Seeversicherung.
Es gibt eigentlich keine austauschbaren Standardprodukte, nur Menschen, die wie solche handeln und denken. Wie bereits erwähnt, lässt sich jedes Produkt differenzieren. Man denke nur an Seife, Bier, Investmentbanking, Kreditkarten, Stahldepots, Aushilfsdienste oder Bildung. Es gibt keinen Grund dafür, dass ein Unternehmen in der Austauschbarkeitsfalle hängen bleiben muss und für immer dazu verdammt ist, ausschließlich über den Preis zu konkurrieren. Wie die Geschichte zeigt, sind Unternehmen, die sich für diesen Weg entschieden und an ihm festgehalten haben, inzwischen vom Markt verschwunden, obwohl sie ihre Kosten bis zur Schmerzgrenze gesenkt haben.

Wir werden uns in den folgenden Kapiteln mit einem Dutzend Möglichkeiten der Differenzierung beschäftigen und uns nicht nur mit Produkten, sondern auch mit Dienstleistungen auseinander setzen.

Zuerst aber noch ein paar Warnungen. Es gibt eine Reihe von Ideen, die auf den ersten Blick attraktiv erscheinen, für eine nachhaltige Differenzierung aber gänzlich ungeeignet sind.

4

Qualität und Kundenorientierung sind selten differenzierende Nutzen

Wenn man in New Jersey lebt oder arbeitet, kann man zwischen hunderten Banken wählen: Mega-Instituten wie Chase, mittelgroßen Unternehmen wie Commerce und Kommunalbanken wie Columbia Savings. Wie entscheiden sich die Konsumenten, wem sie ihr Vermögen anvertrauen sollen?

Bob Cox, der Präsident der 20 Milliarden Dollar schweren Summit Bank, zieht mit folgender Taktik in den Kampf, die er auch im Radio verkündet:

> Wir bemühen uns ständig, Ihnen einen noch besseren Service zu bieten.
> Uns ist kein Kunde zu klein – wir hören jedem zu.
> Und keiner unserer Mitarbeiter ist zu wichtig, um Ihnen zuzuhören.
> Wir wollen hoch hinaus.

Tut uns Leid, mit solchen Ideen können Sie in einer überaus wettbewerbsorientierten Welt keinen Blumentopf gewinnen. Ihre Konkurrenten haben nämlich die gleichen Bücher gelesen und wenden die gleiche Taktik an.

Für die Kunden der Summit Bank und aller Unternehmen der Welt, die sich auf diese Weise positionieren, sind vernünftige Qualität und ein vernünftiger Service eine Selbstverständlichkeit und keine herausragende Leistung.

Anders gesagt: Qualität ist heute ein Grundnutzen und kein differenzierender Nutzen. Seinen Kunden zu kennen und ihm entgegenzukommen sind Voraussetzungen fürs Geschäft. Darüber kann man sich nicht profilieren.

Der Qualitätskrieg

Ja, in den 1990er Jahren gab es einen Kampf um Qualität. Manager verlangten Instrumente und Techniken zur Qualitätsmessung. Eine ganze Armee von Experten und Wissenschaftlern trat mit Büchern und endlosen Predigten darüber auf den Plan, wie man diesen schwer fassbaren Begriff Qualität definieren, vorhersagen und gewährleisten könne.

Und dann ging es los. Bald sah man sich einem Labyrinth von Abkürzungen und Modewörtern gegenüber: Da gab es die „Seven Old Tools", die „Seven New Tools", TQM, SPC, QFD, CQL und eine weitere Flut von Akronymen.

Allein 1993 waren 422 Bücher im Handel, in deren Titel das Wort „Qualität" vorkam. Heute sind es nur mehr halb so viele. (Offensichtlich haben wir den Qualitätskrieg gewonnen.)

Alle Umfragen aus jüngster Zeit belegen, dass die Konsumenten überall qualitative Verbesserungen feststellen. Die Autos sind besser, elektrische Kleingeräte halten länger und Computerhandbücher sind einfacher geschrieben.

Der Chefredakteur des Meinungsforschungsinstitutes Roper Starch Worldwide sieht die Situation folgendermaßen: „Heute müssen sich alle Marken mehr anstrengen, um erfolgreich zu sein. Es wird mehr dafür getan, um den Bedürfnissen der Konsumenten zu entsprechen. Der Kunde ist noch immer König. Und es sieht nicht danach aus, dass sich daran bald etwas ändern wird. Die Ansprüche der Konsumenten sind mit den wirtschaftlichen Verbesserungen sicher nicht zurückgegangen. Sie sind höchstens gestiegen."[1]

Wer profitiert von Qualität?

Wer von uns weiß denn bessere Qualität oder eine Vollgarantie nicht zu schätzen?

Aber bringt Qualität auch Geld? Das werden die Kunden entscheiden.

Bei einer für die American Society for Quality Control durchgeführten Gallup-Umfrage gaben nur 28 Prozent der befragten Manager an, dass Qualitätsverbesserungen signifikante Ergebnisse gebracht hätten. („Signifikant" bedeutet hier erhöhte Profitabilität oder Marktanteilsgewinne.)

Aus einer ähnlichen Untersuchung des British Department of Trade and Industry geht hervor, dass bei 86 Prozent der untersuchten Firmen die Entwicklung und Einführung verbesserter Herstellungsmethoden keine positiven Auswirkungen im Hinblick auf Qualität, Flexibilität und Termintreue brachten. Ja, schlimmer noch: Bei 43 Prozent der Unternehmen ließ sich keine Verbesserung der allgemeinen Wettbewerbsposition feststellen.

Falls Sie aber versuchen sollten, im heutigen Wettbewerb mit geringerer Qualität zu bestehen, dann viel Glück! Der Kunde hat seine Erwartungen – egal, wie viel es Sie kostet, mit den Konkurrenten Schritt zu halten.

Der Kampf um die Kundenzufriedenheit

Ginge es im Wettbewerbskrieg um Qualität, wäre der Angriff auf den Kunden eine Katasrophe.

Eine legendäre Studie, die im *Harvard Business Review* erschien, behauptete, dass Firmen ihre Gewinne um mindestens 25 Prozent steigern können, wenn sie es schaffen, die Kundenfluktuation um nur 5 Prozent zu reduzieren. Irre, was? Man konnte förmlich überall im Land in den Vorstandssälen die Alarmglocken läuten hören.

Seminare, Bücher und Berater haben uns 1001 Möglichkeit eröffnet, jenes „Kunde“ genannte Wesen zu beeindrucken, zu lieben, partnerschaftlich zu behandeln oder schlicht und einfach zu behalten.

Man hat uns aufgeklärt, dass der Kunde jemand ist, mit dem man zusammenarbeitet. Dass er als der eigentliche CEO anzusehen ist. Dass er König ist. Dass er einem Schmetterling gleicht. (Bitte fragen Sie uns nicht, was wir davon halten.)

Was das Kunden-Feedback betraf, war jede Beschwerde ein Segen. Eine bessere Nachbearbeitung des Marktes sollte Kunden für immer an ein Unternehmen binden. Ein Produkt sollte den Kunden sein ganzes Leben lang begleiten.

Das genügte, um sich in eine Welt zu flüchten, in der es nicht um Gewinn ging.

Gegen Ende des 20. Jahrhunderts fasste *Marketing Management* die Lage folgendermaßen zusammen: „Heute ist praktisch jedes Unternehmen darauf aus, seine Kunden zufrieden zu stellen. ‚Wir tun, was wir können‘ – so die Standardantwort, die man Tag für Tag hört.“[2]

Das sind natürlich die Ausnahmen. Dazu gehörten noch vor wenigen Jahren etwa die amerikanischen Fluggesellschaften, deren Aktien 1999 mit Rekordpassagierzahlen einen Höhenflug erlebten. Für die Passagiere sah und sieht die Sache allerdings weniger rosig aus. Beschwerden über überbuchte Flüge, zu wenig Beinfreiheit, Schwierigkeiten mit dem Gepäck sowie unvollständige oder irreführende Angaben bei Verzögerungen nehmen ebenso zu wie die Enttäuschung über Bonusmeilen, die man zwar leicht sammeln, aber so gut wie unmöglich in Anspruch nehmen kann.

Die Sache mit den Bonusmeilen

1983 führte American Airlines sein AAdvantage-Programm ein. Die Fluggesellschaft war damals überzeugt, dass Bonusmeilen

1. die Treue zum Unternehmen fördern würden;

2. auf bessere Angebote erpichte Kunden von anderen Wettbewerben weglocken würden;
3. ihr helfen würden, sich von United und anderen Wettbewerbern zu differenzieren.

Heute hat AAdvantage 29 Millionen Mitglieder auf der ganzen Welt; allein in Brasilien ist es eine halbe Million. Aber das Management hat nicht daran gedacht, dass es damit eine Lawine ähnlicher Angebote seitens seiner Konkurrenten lostreten und es praktisch unmöglich sein würde, ein Programm dieser Art zu stoppen, sobald es einmal angelaufen war.

Heute verschenkt jeder Meilen. Einmal angenommen, Sie sind viel im Hawaiianischen Archipel unterwegs. Dann bekommen Sie mit Ihren Meilen von Aloha Airlines einen Aloha-Pass. Müssen Sie geschäftlich nach Bangkok? Thai Airways hat sein Royal-Orchid-Programm.

Halt! Eine Sekunde. Fluglinien sollen doch Tickets verkaufen und nicht verschenken. Vielfliegerprogramme, angeblich das Optimum, was Kundenservice betrifft, führten ungewollt zu

- einem Rückgang der Nachfrage nach bestimmten Tickets;
- einer Beschränkung der verfügbaren Sitzplätze bei beliebten Urlaubsdestinationen wie Hawaii;
- einer Verärgerung guter Kunden, die ihre Meilen nicht einlösen konnten.

Widerstrebend zieht Leonard Berry, Marketing-Professor und Leiter der Abteilung für Einzelhandel an der Texas A&M University folgenden Schluss: „Die Fluglinien mit Vielfliegerprogrammen differenzieren sich von den anderen nicht in einem Ausmaß, welches die Kosten und Nachteile rechtfertigen würde. Das Vielfliegerkonzept, das im Wesentlichen besseren Kunden Preisvorteile einräumt, lässt sich einfach zu leicht kopieren."[3]

Die Ansprüche steigen

Gewieftere und anspruchsvollere Kunden heben die Messlatte für alle Marketingexperten an.

Der Bagelshop an der Ecke hat heutzutage regelmäßig „Angebote für Leckermäuler". (Ein halbes Dutzend mit Sesam? Gerne, geben Sie mir nur Ihre Karte.)

Eine obskure CD, die man über eine nicht weniger obskure Internetadresse erhält, kommt mit Geld-zurück-Garantie ins Haus. (Das schätzen Kunden.)

Eine Gesundheitsorganisation veröffentlicht einen Bericht mit einem Rating von hunderten Gemeinschaftspraxen, die nach ihren klinischen Ergebnissen und der Zufriedenheit der Patienten beurteilt wurden. (Die besten 10 Prozent werden als „best practices" eingestuft.)

Haben es Konsumenten heute nicht gut?

Fragen Sie nur die großen Banken in Seattle, die auf einmal feststellen mussten, dass ihre Einzelhandelskunden viel weniger Verständnis zeigten, wenn es um die verspätete Beantwortung von Beschwerden oder die Schlichtung von Streitigkeiten ging. Einige umfassende Befragungen ergaben, dass Nordstrom dahinter steckte. Die Kaufhauskette mit ihrem berühmten Kundenservice hatte auch eine Veränderung der Erwartungshaltung der Bankkunden bewirkt. Versetzen Sie sich einmal an die Stelle der Bank. Was sagen Sie dann Ihren Kunden? „Ach so, ja, Nordstrom macht das so. Aber denken Sie daran, dass wir nur eine Bank sind."

Wenn die Ansprüche der Kunden stetig ansteigen, sind Sie mit einem noch so tollen Service noch lange nicht auf der Überholspur, sondern einfach nur weiter im Geschäft.

Und übrigens: Auch alle Ihre Wettbewerber versuchen, Ihre Kunden zu verführen.

Der Mythos

Auch wenn man den allseits gepriesenen Kriterien der Qualitätsauszeichnung „Malcolm Baldrige National Quality Award“ zufolge gut abschneidet oder gar tatsächlich einen Baldrige-Preis einstreicht, ist das keineswegs eine Erfolgsgarantie. Auch Gewinner des Preises haben den Wert ihrer Aktien schwanken sehen, verschleppte Produktentwicklungen erleben müssen und bei neuen Unternehmungen Geld verloren.

Der große Mythos des Marketing in den 1990er Jahren hieß, es gehe um nichts anderes als darum, „dem Kunden zu dienen“.

Viele Marketingexperten leben in einer Traumwelt. Sie glauben an die Chimäre eines jungfräulichen Marktes. Dieser Vorstellung liegt der Gedanke zugrunde, dass der Markt ein Spiel für zwei Teilnehmer ist: das Unternehmen und der Kunde. Dieser Phantasie zufolge braucht ein Unternehmen nur ein Produkt zu entwickeln oder sich eine Dienstleistung einfallen zu lassen, die den Bedürfnissen des Kunden entgegenkommt, und dann seine Marketingstrategien einzusetzen, um die Ernte einzufahren.

Doch es gibt keinen jungfräulichen Markt. Die Wirklichkeit des Verkaufs besteht darin, dass sich ein Markt aus Konsumenten zusammensetzt, die mehr oder weniger gut von einer Reihe von Wettbewerbern bedient werden. Jede Marketingkampagne versucht daher, die bestehenden Kunden zu halten und neue Kunden von Konkurrenten abzuwerben.

Und genau das kann die Differenzierung leisten. Es reicht nicht, seine Kunden zu kennen. Es kommt darauf an, dass die Kunden Ihr Unternehmen kennen und wissen, welche Vorteile es bietet.

Zufriedenheit oder Treue

Und noch etwas: Kundenzufriedenheit ist nicht dasselbe wie Kundentreue.

Untersuchungen von Quality Institute International Inc. ergaben folgendes Bild:

- Mehr als 40 Prozent aller – nach eigenen Angaben – zufriedenen Kunden wechseln ohne Skrupel den Lieferanten. (Das Angebot ist eben so groß und die Zeit so knapp!)
- 89 Prozent aller Personen, die ein bestimmtes Auto fahren, behaupten zufrieden zu sein. 67 Prozent geben an, wieder ein Auto derselben Marke kaufen zu wollen, aber nur 20 Prozent tun es tatsächlich.

All die liebenswerten Kunden, die Sie so umworben haben, können und werden Sie also verraten.

Denken Sie einmal daran, was Nordstrom, dem Meister des Kundenservice, widerfahren ist: Die Schlagzeile eines Artikels in der *Business Week* vom 19. April 1999 lautete: „Toller Service war nicht genug". In dem Artikel war von schwachen Zuwächsen, enttäuschenden Gewinnen und sprunghaften Kursbewegungen der Aktien die Rede. Die Schuld gab der Autor dem übermäßigen Wachstum.

William E. Nordstrom hingegen sah die Sache anders: „Es ist uns nicht gelungen, mit den sich verändernden Bedürfnissen der Kunden Schritt zu halten."

Wir würden da eher auf Verrat tippen.

Michael Porter ist mit von der Partie

Michael Porter ist vielleicht der bekannteste Professor der Harvard Business School aller Zeiten und er hat sich im Lauf der Jahre oft zur Differenzierung geäußert.

In seiner letzten Essaysammlung, die unter dem Titel *On Competition* (dt.: *Wettbewerb und Strategie*) erschien, kommt Michael Porter endlich auch auf das Verhältnis von Qualität und Kundentreue zu sprechen, indem er operativen Erfolg und strategische Positionierung voneinander abgrenzt.

Unter operativem Erfolg versteht er nichts anderes, als dass ein Unternehmen die Tätigkeiten, die auch seine Konkurrenten ausführen, besser ausführt. Das kann zu einem kurzfristigen Wettbewerbsvorteil führen, wird aber langfristig bei weitem nicht genügen.

Porter vertritt die These, dass Unternehmen immer ähnlicher werden, indem sie Benchmarking betreiben.

Unternehmen sollten sich stattdessen von ihren Wettbewerbern differenzieren, das heißt, sich in ihrem Bereich auf eine einzigartige (und sinnvolle) Besonderheit konzentrieren.

„Operativer Erfolg heißt, dass man im selben Rennen schneller läuft", sagt Porter. „Strategie heißt hingegen, sich für ein anderes Rennen zu entscheiden, weil man sich darauf vorbereitet hat, es zu gewinnen."[4]

Professor Porter weiß, wo es langgeht.

Es gibt Ausnahmen

Am Anfang dieses Kapitels haben wir darauf hingewiesen, dass Qualität und Kundenorientierung nur selten ein Weg sind, sich von seinen Konkurrenten zu differenzieren.

Midwest Express Airlines ist eine solche Ausnahme.

Die sehr erfolgreiche regionale Fluglinie hat Service und Kundenorientierung wirklich zu ihrem Differenzierungsmerkmal gemacht.

Am Gate gibt es gratis Kaffee und Zeitungen. Man serviert den Passagieren Shrimps und Steaks, bieten ihnen Schokoladenkekse an und das Flugpersonal ist freundlich. Die Passagiere haben Platz. Und das Beste: Das alles gibt es zum Normaltarif. Der Trick: Midwest Express versucht, seine Flugzeuge mit Berufspendlern statt mit Frühbuchern und Urlaubsreisenden auszulasten, die immer auf Schnäppchenjagd sind.

Wie kann das funktionieren?

Die verzweifelt um Gewinne kämpfenden großen Fluglinien bieten heute nur mehr einem Dutzend Gäste in der ersten Klasse echten Service. Die meisten Fluggesellschaften stopfen ihre Flugzeuge voll und lassen so viele Passagiere wie möglich über ihre oft unbequemen Umsteigflughäfen reisen – und haben dennoch die Grundpreise drastisch erhöht.

Das alles ärgert den durchschnittlichen Geschäftsreisenden. Und auf einmal verliebt er sich in Midway Express und seine Direktflüge.

Was Service als Differenzierungsmerkmal angeht, lautet die Moral also folgendermaßen: Man kann tatsächlich eine Strategie daraus machen. Diese geht aber nur auf, wenn die Konkurrenz dumm genug ist und es zulässt.

5

Kreativität ist kein differenzierender Nutzen

In seinem Buch *Reality in Advertising* wetterte Rosser Reeves gegen Formen der Werbung, die er für marktschreierisch und wirkungslos hielt. Slogans wie „mit echtem Karamelaroma", „der beste Geschmack, den es je gab", und „unglaublich weich" zogen sich seinen Zorn zu.

Auch wenn solche Slogans nicht seinem Niveau, Dinge zu verkaufen, entsprachen, zeigten sie zumindest das Bemühen, etwas verkaufen zu wollen. Ich frage mich, wie er wohl auf die heutige Werbung reagiert hätte, die nicht einmal das versucht. Man braucht nur ein paar Magazine durchzublättern, um zu sehen, was ich meine: „Start Something!" – „The Future. Together. Now." – „People drive us."

Die Kreativitätsfalle

Statt marktschreierisch ist man heute nichtssagend. Ein Großteil der heutigen Werbung ist so kreativ und unterhaltsam, dass man manchmal kaum weiß, was überhaupt beworben werden soll.

Nehmen wir einmal das ganzseitige Inserat von JP Morgan, einem führenden internationalen Finanzberatungs-, Versicherungs- und Kreditunternehmen.

Das Inserat hat keinen Titel. Man sieht nur ein Gesicht und folgenden Text: „Ich habe mich nie mit dem Besseren begnügt, wenn das Beste in Reichweite war. Dass etwas okay ist, interessiert mich nicht. Verstehen ist für mich etwas anderes als Zuhören. Zyniker enttäusche ich. Wenn es notwendig ist, kann ich schwierig sein. Wenn ich es mit Perfektion zu tun habe, bin ich unkompliziert. Ich kann Menschen für etwas begeistern. Ich arbeite für JP Morgan."

Was macht JP Morgan anders?

Die Anzeige mag ein paar nette Gedanken enthalten und ein hübsches Stück Prosa darstellen. Aber was in aller Welt will JP Morgan den Lesern der Zeitschrift *Fortune* verkaufen? Die Mitteilung, dass es sich um ein Unternehmen handelt, dass tiefschürfende Botschaften seiner Angestellten veröffentlicht? Dass seine Leute sich mehr bemühen? Wir müssen passen. Außerdem vertrauen wir ja unser Geld nicht irgendeinem unbekannten Angestellten, sondern einer großen, erfolgreichen Organisation an.

Was JP Morgan einzigartig macht, ist keineswegs unklar: Das Unternehmen dient seit 150 Jahren den bekanntesten Gesellschaften, Regierungen und vermögenden Familien der Welt. JP Morgan hat General Electric und AT&T aufbauen und finanzieren geholfen. Das Unternehmen hat Frankreich und Großbritannien in zwei Weltkriegen Geld geliehen. Es hat Mexiko mit 2,6 Milliarden in Wertpapieren unterstützt und für die Russische Föderation den gleichen Betrag aufgebracht.

JP Morgan sollte sich für eine Strategie entscheiden, die seine einzigartigen Qualitäten im Kontext seiner langen Geschichte herausstellt: „Seit 150 Jahren schaffen wir Wohlstand." (Den Anfang machte der gute alte JP Morgan persönlich.)

Wer würde sich denn dagegen wehren, dass man für ihn Wohlstand schafft?

Die ganze Branche ist umstritten

Mit den nichtssagenden Botschaften ist es inzwischen so schlimm geworden, dass – wie *Advertising Age* berichtete – die CEOs mancher Unternehmen Briefe von Aktionären erhalten, die sich darüber beschweren, dass ihr Kapital für Werbung vergeudet wird, „die nicht das Geringste mit der eigentlichen Aufgabe zu tun hat, einen Kunden davon zu überzeugen, dass er ein Produkt kaufen soll".[1]

Rance Crain, der Chefredakteur von *Advertising Age,* hat einen Kreuzzug gegen nichtssagende, ineffektive Werbung geführt, die unter dem Deckmantel der Kreativität daherkommt. Er ist der Überzeugung, dass schlechte Werbung die eigentlich notwendige Unterstützung des CEO verspielt. Ich halte das für ein sehr zutreffendes Argument.

Früher hat sich ein CEO gefragt, welche Hälfte des Werbebudgets zum Fenster hinausgeworfen ist. Heute beginnen sich CEOs zu fragen, ob das nicht für das gesamte Budget gilt.

Kein Wunder also, dass eine von der American Advertising Federation in Auftrag gegebene Befragung nur laue Reaktionen ergab, als es um die Frage ging, ob Werbung dazu beitrage, das Unternehmenswachstum zu fördern.

Auf die Frage, ob sie mit den Werbebemühungen ihres Unternehmens zufrieden seien, antworteten nur 6,8 Prozent der Manager mit Ja.

Das Kreativitätsargument

In Gefahr geraten ist die Werbebranche durch den verbreiteten Glauben, dass Werbung in der von Kommunikation und Zynismus geprägten Welt von heute ihre Wirksamkeit eingebüßt hat.

Die Vertreter der künstlerischen, poetischen Werbung verweisen auf die 1960er Jahre, in denen die Werbung eine große Veränderung durchgemacht und die sogenannte „Likeability" (Sympathiegewinn) eine entscheidende Rolle zu spielen begonnen habe. Zuvor habe man den Verbrauchern erklärt, dass ein bestimmtes Mittel Kopfschmerzen beseitigen werde, und schon habe es sich schnell verkauft und gute Umsätze gebracht. Damals sei es beim

Verkaufen um Logik gegangen. Die Verteidiger der Kreativität meinen, dass die Botschaft nicht nur keinen Gefallen finden, sondern überhört werden könnte, wenn Werbung knallhart darauf aus sei, ein Produkt zu verkaufen.

Daher machen sie Werbung, die gefühlsbetont, provokativ, schräg oder cool ist – Werbung, die auf eine „Bindung" des Kunden abzielt.
Shelly Lazarus, die Vorsitzende der American Association of Advertising Agencies, riet in ihrer Rede bei der 81. Jahresversammlung im Jahr 1999 den Mitgliedern des Verbandes, auf Unkonventionelles und Unerwartetes zu setzen, um sich etwa gegen Unternehmensberater besser wehren zu können, welche die herkömmliche Rolle von Agenturen in der Marketingkommunikation zu übernehmen drohen.

„Meine Unternehmensberater scheint das Irrationale und Unlogische manchmal richtiggehend zu beleidigen", meinte sie. „Ist Ihnen das schon aufgefallen?"

Umgekehrt hob sie aber auch hervor, dass „wir davon leben", weil „die Konsumenten oft irrational und unlogisch" seien und von „nicht greifbaren emotionalen Werten" bestimmt würden, „die sich logischen Argumenten entziehen".[2]

Bill Bernbachs Vermächtnis

Stellt man diese Art des Herangehens in Frage, wird man oft auf Bill Bernbach verwiesen, einen berühmten Werbefachmann, der in den 1960er Jahren die Revolution der „Likeability", also der positive Gefühle weckenden Werbung, einleitete.

Für viele steht er für den Beginn der kreativen Revolution in der Werbung. Leider nahm diese Revolution, wie das bei den meisten Revolutionen der Fall ist, im Lauf der Jahre eine völlig falsche Wendung.

Die Bemühungen von Bill Bernbach und Rosser Reeves waren gar nicht so weit voneinander entfernt. Nur ihr Stil war anders. Bernbach entwickelte durchschlagende Verkaufsideen und trug diese in einfacher Sprache vor, die das Produkt nicht zu ernst und dröge wirken ließ. Er brachte mehr Wirklichkeitsnähe in die Werbung ein.

Kreative Differenzierung

Sieht man sich heute die Arbeiten von Bill Bernbach an, wird man ihnen ihre brillante, einfach formulierte und äußerst logische Strategie nicht absprechen können.

„Think small" war ein großartiger Slogan, den VW-Käfer von den großen, schwer verchromten Schlachtschiffen abzusetzen, die Detroit seinen Kunden damals anbot.

Und für Avis war der Slogan „Weil wir nur die Nummer zwei im Autoverleih sind, bemühen wir uns mehr" ein ehrlicher Weg, sich von Hertz und den anderen Unternehmen abzuheben, die einen hinter dem Steuer ihres Wagens sehen wollten.

„Man muss nicht jüdisch sein, um sich Levys Jewish Rye Bread schmecken zu lassen" war ein in seiner Direktheit gelungener Versuch, dieses Roggenbrot als tolles Brot für alle durchzusetzen. (Im Jüdischen lag der Unterschied, auf den es ankam. Bernbach musste diesen Unterschied für alle Nichtjuden attraktiver machen.)

Kein Zweifel: Wir leben in einer Zeit, in der Werbung nicht mehr so wirksam ist, wie sie einmal war. Und wir leben in einer Zeit, in der zu viele Produkte um dieselben Kunden buhlen. Doch wenn Bernbach heute noch im Geschäft wäre, würde er Texte schreiben, die etwas Warmes, Menschliches und vor allem Direktes hätten.

Das Vermächtnis von Mean Joe Green

Heute spricht man viel davon, ein Produkt über das Gefühl von anderen zu differenzieren. In jedem Spot sieht man gefühlsbetonte Szenen von Menschen, die andere Menschen küssen, Menschen, die mit Babys schmusen, Menschen, die Menschen sind. Das Produkt spielt in diesen Bildern eine nur untergeordnete Rolle.

Stellt man diesen Ansatz infrage, verweisen viele auf die berühmte Coca-Cola-Werbung mit dem Verteidiger der Pittsburgh Steeler Means, Joe Greene, und dem siebenjährigen Kind, das mit ihm nach einem Spiel eine

Cola trank. Die Werbung ging ans Herz und gefiel allen. Leider war sie nur schön anzusehen und kurbelte den Verkauf von Coca-Cola nicht an. (Damals hatte gerade die Idee von Pepsi, sich als „choice of the new generation“ zu profilieren, voll eingeschlagen.)

Aber das ist ein Detail, über das die Gefühlsmenschen der Branche schnell hinweggehen. Setzen wir uns also einmal mit diesem Thema wissenschaftlich (und nicht emotional) auseinander.

Gefühl und Entscheidung

Um der Sache auf den Grund zu gehen und dahinter zu kommen, welche Rolle Gefühl und Vernunft bei Entscheidungen spielen, haben wir uns in der Welt der Psychologie umgesehen.

Zur Frage, warum denn von allen Lebewesen auf dieser Erde ausgerechnet der Mensch am meisten von Gefühlen bestimmt ist, gibt es eine ganze Menge höchst komplexer und tiefschürfender Theorien. Richard und Bernice Lazarus, zwei Professoren für Psychologie an der University of California, haben unsere besondere Aufmerksamkeit erregt. In einem Buch mit dem Titel *Passion and Reason: Making Sense of Our Emotions*, das 1994 bei Oxford University Press erschien, machen sie Schluss mit einer ganzen Reihe von Mythen über Gefühle wie z. B. die Vorstellung, Gefühle seien irrational und hingen nicht von Denken und Vernunft ab. Ihre These: Emotion und Intelligenz gehen Hand in Hand. (So viel zu Shelly Lazarus.)

Richard und Bernice Lazarus heben vor allem hervor, dass Gefühle *immer* ganz *wesentlich* vernunftbestimmt sind. Warum? Weil Gefühle davon abhängen, wie man die persönliche Bedeutung einschätzt, die etwas für einen hat. Ohne persönliche Bedeutung und ohne deren Einschätzung gibt es kein Gefühl.

Wenn eine Werbung nur ein Gefühl und keinen Grund vermittelt, warum man etwas kaufen soll, ist also das Geld für das ganze Gefühl vergeudet. So kann niemand einschätzen, welche persönliche Bedeutung etwas für ihn hat. (So viel zu Mean Joe Greene.)

Die Psychologin Dr. Carol Moog hat es auf den Punkt gebracht: „Ein ausschließlich emotionales Verhalten kommt im Großen und Ganzen nur bei Kleinkindern und kognitiv schwerbehinderten Erwachsenen vor. Realistisch gesehen spielen rational betrachtete Eigenschaften bei allen Entscheidungen und Bewertungen von Differenzierungsmerkmalen eine mehr oder weniger wichtige Rolle – und zwar unabhängig davon, ob ein Produkt emotional anspricht und unabhängig von seinem Aufmerksamkeits- oder Loyalitätsfaktor.“[3]

Anders gesagt gilt es also, dem Käufer einen rationalen Grund zu vermitteln, warum er ein Produkt kaufen soll.

Damit schließen wir das Plädoyer.

Sergio wird gläubig

Sergio Zyman, der frühere Marketingexperte von Coca-Cola, berät heute Firmen, die nach einer Verkaufsstrategie suchen. Und auf einmal kommen uns seine Argumente verblüffend bekannt vor. Er vertritt den Standpunkt, dass Unternehmen bei ihren Marketingmaßnahmen den Verkauf ihrer Produkte stärker in den Vordergrund rücken sollten, statt sich auf Slogans und die Gewinnung irgendwelcher Berühmtheiten.

Für alle, die mit Zymans Karriere nicht vertraut sind: Er war in die Sache mit der New Coke verwickelt, die bei uns das „Edsel from Atlanta“* heißt.

Er war dabei, als die ultimative Differenzierungsidee von Coca-Cola – „the real thing“ – im Austausch gegen ein paar Slogans ohne Bedeutung fallen gelassen wurde.

Er hatte seine Finger im Spiel, als Coca-Cola nach Hollywood ging, um dort Werbung einzukaufen, die im Bereich des kreativen Nichtverkaufens einsame Spitze war – außer man hält Cola trinkende Eisbären für eine Idee, die das entscheidende Differenzierungsmerkmal darstellt. (Die Cola, der Eisbären den Vorzug geben?)

---

* (A.d.Ü.: Edsel war einer von Henry Fords Söhnen. Nach ihm wurde ein Auto benannt, das aufgrund seiner Ausstattung und Form als Auto der Zukunft angepriesen wurde. Leider kaufte es fast niemand. Der Name „Edsel“ wird in den USA heute noch als Synonym für schwere Marketingfehler verwendet.)

Heute spricht Zyman davon, dass „Werbung die Vorzüge und Besonderheiten eines Produkts vermitteln“ soll. (Bravo, gut so!) Und davon, dass „Marketing eine Disziplin, eine Wissenschaft [ist], die ein bestimmtes Produkt im Verhältnis zur Konkurrenz positioniert“. (Stimmt genau.)

Er hat die Chuzpe, darauf hinzuweisen, dass „Agenturen mit dem Gedanken hausieren gehen, Werbung sei eine Kunst – was nicht zutrifft“.[2] (Warum er wohl dann eine ganze Menge Kunst für Coca-Cola eingekauft hat?)

Nun, es freut uns, dass Sergio Zyman spät, aber doch zum wahren Glauben gefunden hat. Es ist nur schade, dass ihm die Erkenntnis nicht früher kam, denn das hätte Coca-Cola im Zusammenhang mit den falschen Entscheidungen, die er in seinem früheren Leben traf, eine ganz Menge Geld gespart.

Information, nicht Werbung

Während Sergio Zyman es jetzt kapiert hat, wollen viele Werbeleute einfach nicht einsehen, dass ihre Aufgabe darin besteht, wichtige Informationen über ein Produkt zu vermitteln und den Menschen klar zu machen, warum sie es kaufen sollen. Und das so zu tun, dass die Informationen nicht allzusehr nach Werbung aussehen.

Das menschliche Gedächtnis kann nur eine beschränkte Menge von Informationen aufnehmen und speichern (mehr dazu in Kapitel 9).

Will man die natürlichen Grenzen des Erinnerungsvermögens im Hinblick auf die Aufnahme neuer Informationen überwinden, kann man beispielsweise versuchen, seine Botschaft als wichtige Neuigkeit zu präsentieren.

Zu viele Werbungen versuchen zu unterhalten oder besonders schlau zu sein. So geht oft das Neue an der Story unter.

Untersuchungen von Roper Starch Worldwide haben ergeben, dass Schlagzeilen, die eine Neuigkeit enthalten, bei Lesern besser ankommen als Schlagzeilen, die das nicht tun.

Wenn die Menschen glauben, man habe ihnen eine wichtige Botschaft mitzuteilen, sehen und hören sie im Allgemeinen lang genug zu, um aufzunehmen, was man ihnen zu sagen hat.

In den folgenden Kapiteln werden wir viele verschiedene Möglichkeiten aufzeigen, das Differenzierende an einem Produkt oder Unternehmen herauszustellen. Jede der vorgestellten Strategien beruht darauf, dass sie eine wichtige Neuigkeit über das Produkt enthält. Ob man nun eine Eigenschaft oder die Tatsache betont, dass ein Produkt in einem bestimmten Bereich führend ist, oder ob man auf Tradition, Beliebtheit oder einen anderen überprüfbaren Vorzug setzt – es geht immer um eine wichtige Information, die den Kunden bei seiner Entscheidung unterstützt.

Es kommt darauf an, diese Information nicht unter so genannter „Kreativität" zu begraben.

6

Der Preis ist nur selten ein differenzierender Nutzen

Der Preis erweist sich oft als kontraproduktiv für eine Differenzierung.

Per definitionem sollte ein Unterschied etwas wert sein. Das ist der Grund dafür, dass Kunden für ein bestimmtes Produkt oder eine bestimmte Dienstleistung ein wenig mehr – oder zumindest dasselbe wie für Alternativprodukte eines anderen Anbieters – zu zahlen bereit sind.

Steht der Preis aber im Mittelpunkt einer Botschaft oder der Marketingbemühungen eines Unternehmens, schwinden die Chancen, als einzigartig wahrgenommen zu werden. Der Preis wird dann zum Hauptargument dafür, warum man ein bestimmtes Produkt den Konkurrenzprodukten vorziehen soll. Das ist kein guter Weg.

Nur wenige Unternehmen haben damit Glück – und zwar aus dem einfachen Grund, weil zu jeder Zeit ebenfalls jeder Mitbewerber nach dem Bleistift greifen und damit die Preise nach unten korrigieren kann. Und damit ist dann der Vorteil schon wieder weg.

Preisreduzierungen sind – wie Michael Porter sagt – meistens „wahnwitzig“, wenn die Konkurrenz ihre Preise auf das gleiche Niveau senken kann.

Die Story mit den billigeren Karotten

Um Porters These zu stützen, wollen wir als Beispiel ein junges Unternehmen mit einem einzigartigen Verpackungssystem für Babykarotten heranziehen. Dieses System räumte dem Newcomer einen entscheidenden Preisvorteil gegenüber den beiden großen Firmen ein, die bereits im Markt etabliert waren.

Um die Regale der Supermärkte zu erobern, kam das neue Unternehmen nicht mit besseren Karotten, sondern mit einem besseren Preis auf den Markt. Sofort senkten auch die etablierten Anbieter ihre Preise. Das zwang das neue Unternehmen, erneut mit seinen Preisen nach unten zu gehen, was die eingeführten Marken dazu veranlasste, abermals nachzuziehen.

Als sich ein Aufsichtsratmitglied beim Management des Newcomers erkundigte, wie sich die Sache denn entwickeln werde, sagte dieses voraus, dass die beiden großen Unternehmen ihre Preise nicht weiter senken würden, weil das „irrational“ wäre – sie würden aufgrund ihrer alten Verpackungstechnik bereits genug Geld verlieren.

Das Aufsichtsratsmitglied konfrontierte uns mit dieser Vorhersage. Wir hielten eine weitere Preissenkung für durchaus „rational“. Warum sollten die beiden den Markt beherrschenden Firmen es einem Newcomer mit einem Herstellungsvorteil leicht machen, sich in ihrem Bereich zu etablieren? Die beiden großen Unternehmen waren recht zufrieden damit, wie sich die Dinge entwickelten.

Bei der nächsten Vorstandssitzung wurde dem Management des jungen Unternehmens nahe gelegt, das Verpackungssystem an eine der beiden etablierten Marken zu verkaufen. Und das tat es auch und erzielte einen schönen Gewinn dabei.

Alle waren zufrieden und wieder einmal war es mit einer Niedrigpreisstrategie vorbei.

Einen Preisvorteil aufbauen

Es war nicht davon die Rede, dass es unmöglich ist, sich über den Preis von seinen Wettbewerbern zu differenzieren. Wir meinen nur, dass es schwierig ist.

Southwest Airlines hat sich über niedrige Preise von seinen Konkurrenten abgegrenzt. Möglich war das, weil – wie sein CEO Herb Kelleher es ausdrückt – das Unternehmen „anders vorging".

Die Fluggesellschaft sparte im Ausbildungs- und Wartungsbereich, indem sie sich auf einen einzigen Flugzeugtyp beschränkte. Sie verzichtete auf Sitzplatzreservierungen und musste daher die dafür erforderlichen aufwändigen Systeme nicht anschaffen. Zeit und Kosten sparte sie auch dadurch, dass sie den Passagieren kein Essen anbot. Und die Airline sparte Flughafengebühren, indem sie sich statt auf große Verbindungsflughäfen auf kleinere, billigere Flughäfen konzentrierte.

Aufgrund dieser Unterschiede gelang es der Fluglinie, ein System zu errichten, dessen Kosten pro Flugmeile niedriger sind als die anderer Gesellschaften. Unglücklicherweise fühlt man sich dadurch als Passagier manchmal ein wenig wie in einem Viehwaggon. Um das wettzumachen, tut man alles, damit der Flug unterhaltsam wird. (So erfreut etwa das Flugpersonal die Passagiere mit unterhaltsamen Einlagen.)

Southwest Airlines hat sich als Fluglinie mit günstigen Tarifen profiliert. Das Unternehmen ist groß genug geworden, dass es nicht von einer größeren Gesellschaft, die ihre Preise senkt, vom Markt verdrängt werden kann. Viele Linien haben Southwest Airlines zu kopieren versucht, aber die meisten sind daran gescheitert.

Der Erfolg von Wal-Mart

Man könnte sagen, dass Wal-Mart im Einzelhandelsbereich mit seiner Strategie der „Dauertiefpreise" Erfolg gehabt hat. Wie Southwest Airlines konnte sich Wal-Mart über niedrige Preise profilieren. Sehen wir uns einmal an, wie das dem Unternehmen gelang.

Angefangen hat Wal-Mart in den weniger dicht besiedelten Gebieten der Vereinigten Staaten, wo es gegen die Konkurrenz der eingesessenen Gemischtwarenläden anzutreten galt. Der Siegeszug erinnerte daran, wie die deutsche Kriegsmaschinerie im Zweiten Weltkrieg den Balkan überrollt hatte. Es gab kaum Widerstand.

Dann begann das Unternehmen, parallel zur Eröffnung neuer Supermärkte mit Warenwirtschaftssystemen ein neues technologisches Fundament zu legen. Mit steigendem Absatz band Wal-Mart die Zulieferer stärker ein und verschaffte sich so eine wichtige Waffe. Auch wenn es in Gegenden, in denen auch die Wettbewerber Kmart, Target und Costco Niederlassungen haben, nicht immer leicht war, verfügt Wal-Mart heute tatsächlich über einen strukturellen Kostenvorteil, der seinen Marktanteil absichert.

Dells Strategie

Es stimmt, dass das Computerunternehmen Dell den Preis als Waffe eingesetzt hat, um sich einen ansehnlichen Markanteil am Computergeschäft zu sichern. Mit über 18 Milliarden Dollar Umsatz ist Dell dabei, Compaq den ersten Platz auf dem PC-Markt streitig zu machen.

Die einzigartige Idee von Dell lag darin, den Einzelhandel zu umgehen und sich mit einem niedrigeren Preis unmittelbar an den Kunden zu wenden. Dell griff IBM und Compaq mit Inseraten an, in denen zwei Geräte miteinander verglichen wurden. Der Text unter der Abbildung des Dell-Gerätes: „The lap of luxury"; am Bildschirm sah man den Preis: 3899 Dollar. Der Text unter dem Compaq-Gerät: „The lap of lunacy" – zu einem Preis von 7699 Dollar.

Compaq erhob Klage, war aber nicht bereit, sein teures Vertriebssystem zu ändern. Das hatte zur Folge, dass Dell immer mehr an Boden gewann.

Obwohl der Kampf anfangs über den Preis geführt wurde, hat sich das Geschäft von Dell sehr verändert. Das Unternehmen ist heute viel weniger auf Anzeigen angewiesen, die das Produkt und seinen Preis in den Vodergrund stellen. Dell lebt heute zum großen Teil von langfristigen

Beziehungen zu großen Firmenkunden, die von engagierten Verkaufsmanagern betreut werden, sowie maßgeschneiderten Firmenkunden-Websites.

Charles Schwabs Strategie

Mit Charles Schwab, dem ersten Discountbroker, verhält es sich ähnlich. Schwab gelang es, die Macht der großen Full-Service-Makler über den Preis zu brechen. Das führte allerdings nur zur Entstehung einer ganzen Armee von Discountbrokern, denen in jüngster Zeit eine ganze Armee von noch preisgünstigeren Internetmaklern folgte.

Wie Dell hat sich Charles Schwab mit mehr und mehr Serviceangeboten durchgesetzt. Auch wenn es noch immer um Discountgeschäfte geht, wirkt das Unternehmen, wenn man sich die Werbung ansieht, eher wie Merrill Lynch, und zwar fast mehr als der Titan des aufwändigen Full-Service-Angebots selbst.

Aus der Entwicklung von Dell und Charles Schwab kann man lernen, dass Preise zwar der Anfang einer Differenzierung sein können, dann aber zwingend ein Strukturvorteil folgen muss. Man muss in der Wertschöpfungskette in margenträchtige Stufen vorrücken.

Wie man einem Preiskampf ausweicht

Marktführer werden immer über den Preis angegriffen. Das scheint fast in der Natur der Sache zu liegen. Was tun? Muss man jeden Zug eines Wettbewerbers, der sich gegen einen richtet, parieren?

Nun, es gibt einige bewährte Methoden, einem Preiskampf auszuweichen:

1. *Lassen Sie sich etwas Differenzierendes einfallen!* Ein Marktführer kann sich an seinen größten Kunden wenden und diesem etwas Einzigartiges anbieten. Nike unterbreitete beispielsweise der großen Schuhkette Foot Locker das Angebot, ausschließlich für sie einen 130-Dollar-Laufschuh

namens Tuned Air herzustellen. So weit, so gut. Foot Locker bestellte über eine Million Paar Schuhe und erwartete einen Umsatz von 200 Millionen Dollar, was in etwa dem Erfolg mit den Air Jordans entsprach, die zu einem Bestseller wurden.

2. *Stiften Sie Verwirrung!* In manchen Bereichen kann die Preisgestaltung sehr kompliziert sein. Das gilt etwa für Telefongebühren. Vor einigen Jahren versuchte es MCI mit seiner Tiefpreisstrategie „Friends and Family". Wie der Name schon sagt, gab es einen ermäßigten Tarif für alle Gespräche mit Freunden und Mitgliedern der Familie, gleichgültig ob man anrief oder angerufen wurde. Man brauchte sich nur gemeinsam mit allen auf der Liste Genannten anmelden. AT&T ignorierte das eine Zeit lang, aber der Marktanteil von MCI begann größer zu werden. Schließlich stieg AT&T von seinem hohen Ross herunter und versuchte es mit „MCI math". Die Werbung griff den Konkurrenten an, indem sie dessen Nachlässe als recht geringfügig bezeichnete, sobald man sich einmal mit dem Kleingedruckten auseinander gesetzt hatte. (Der 20-prozentige Nachlass schrumpfte – wie „MCI math" vorrechnete – auf etwa 6 Prozent, was einer Ersparnis von nur ein paar Cent pro Gespräch gleichkam.) In der Hitze des Gefechts geschah allerdings Folgendes: Am Markt herrschte bald Verwirrung darüber, was ein echter Nachlass war und was nicht. Weitere Ermäßigungen von Sprint und einer neuen Generation von Anbietern mit Billigpreisen trugen noch mehr zur Verwirrung bei. Mit den Zuwächsen von MCI war es vorbei. Wer hat etwas davon, wenn am Markt Verwirrung herrscht? Sie haben es erraten: der Marktführer. Die Leute dachten sich: „Was soll's? Ich bleibe am besten bei AT&T."

3. *Verlagern Sie die Diskussion!* Eine gute Strategie in einem Preiskampf kann auch sein, mit Gesamtkosten und Anschaffungskosten zu argumentieren. In manchen Bereichen können die nach dem Kauf eines Produkts anfallenden Kosten recht hoch sein. Wenn die nach dem Erwerb eines Produkts anfallenden Kosten niedriger liegen, kann man das unter Umständen als Argument einsetzen. Eine Variation dieses Ansatzes ist der Hinweis auf die Langlebigkeit eines Produkts. Ein Mercedes z. B. kostet zwar viel, hat aber eine wesentlich längere Lebensdauer als ein Durchschnittsauto. Das ist ein gutes Argument, wenn man

Kunden überzeugen will, die die Zahl auf dem Preisschild schockiert. Ähnlich kann man auch vorgehen, wenn man Betten der Marke Duxiana verkaufen will, die 3000 Dollar und mehr kosten. Der Punkt ist der, dass man mehr Zeit im Bett als im Auto verbringt. Ja, 40 Prozent des Lebens finden im Bett statt. Warum also ausgerechnet bei Betten knausern?

Einige Anmerkungen zu Rabattaktionen

Tun Rabattaktionen einer Marke eigentlich gut? Umfangreiche internationale Untersuchungen haben gezeigt, dass der Verkauf im allgemeinen auf das ursprüngliche Niveau zurückgeht, sobald eine kurzfristige Preissenkung aufgehoben wird. Eine verkaufsfördernde Maßnahme dieser Art zeigt Wirkung, solange sie eben gilt. Man hat das zwar seit langem vermutet, aber erst in letzter Zeit systematisch untersucht. So manches Management machte sich vergeblich Hoffnungen, dass es – zumindest in seinem Fall – positive Nachwirkungen geben werde.

Heute weiß man, dass dem nicht so ist, und man weiß auch, warum: Verkaufsfördernde Maßnahmen dieser Art kommen praktisch nur bei den alten „treuen" Kunden einer Marke an. Untersuchungen belegen, dass jemand nur selten aufgrund gesenkter Preise die Marke wechselt. Die Menschen wollen einfach nicht mehr zahlen, als sie sonst müssen, und schlagen zu, wenn es bei einer ihrer Marken einmal ein Sonderangebot gibt.

Mit Sonderangeboten bewirkt man also nichts. Eine über Rabattaktionen beworbene Marke bindet keine neuen Kunden. Die Menschen, die das Produkt zu einem ermäßigten Preis gekauft haben, sind nicht als neue Kunden einzustufen. Außerdem erreicht ein durchschnittliches kurzfristiges Angebot nur wenige Stammkäufer der Marke (10 bis 20 Prozent). Und schließlich sind solche Maßnahmen äußerst kostspielig und haben teure Nebenwirkungen auf die Produktions- und Vertriebslogistik.

Keine langfristigen Auswirkungen

An Preissenkungen erinnert man sich nicht. („Welche Marke war vor ungefähr sechs Monaten um 20 Prozent billiger?“) Die Konsumenten nehmen es einfach hin, dass es manchmal Nachlässe gibt (auch für BMWs oder Flugmeilen in der ersten Klasse z. B.).

Es gibt heute Riesenaktionen, obwohl sich das Management früher immer darum bemüht hat, seine Verkäufer von Preisnachlässen abzuhalten. („Es war die einzige Möglichkeit, die Sache unter Dach und Fach zu bringen …“) Jetzt senkt das Marketing-Management selbst die Preise und scheint darauf auch noch stolz zu sein. Preissenkungsaktionen bringen Unternehmen in der Regel Verluste, sonst würde es noch mehr geben. Und je mehr das Angebot einschlägt, desto größer sind die Verluste. Warum wird also für solche Aktionen so viel Geld ausgegeben? Die oberste Führungsriege würde das Budget für Maßnahmen dieser Art gerne kürzen, weiß aber meistens nicht, wie – mit Ausnahme des unbekannten CEOs, von dem die Worte stammen: „Man braucht einfach Courage.“

Die Reize einer Angebotsaktion

Sicher kann man mit einer kurzfristigen Angebotsaktion einiges bewirken. Im Folgenden eine Auflistung der verbreitetsten Gründe, die uns zu Ohren gekommen sind:

- das Lager (durch Verschenken des Produkts) räumen
- bei einem verfehlten Verkaufsziel (auf eigene Kosten) aufholen
- (vorläufig) keine Regalflächen verlieren
- (vorläufig) zusätzliche Regalflächen dazugewinnen
- den Handel (vorübergehend) zufrieden stellen
- mit der Konkurrenz Schritt halten („Die hatten letzte Woche eine Aktion!“)
- etwas tun (statt sich an seine Agentur wenden).

David Ogilvy über Preise

Der berühmte Werbeexperte David Ogilvy, eine Legende wie Rosser Reeves und Bill Bernbach, hat mit seinen Ansichten über *Sonderangebote* und Preise nicht hinter dem Berg gehalten. Folgende Stelle ist es sicher wert, zitiert zu werden:

> Preise senken kann jeder, aber man braucht Genialität, Zuversicht und Hartnäckigkeit, um eine Marke aufzubauen.
> Das schlägt sich finanziell vielleicht nicht immer sofort im nächsten Quartal nieder, aber es wird sich lohnen. Als Philip Morris für General Foods 5 Milliarden Dollar bezahlte, kaufte es eine Marke.
> Es gab einmal eine Kaffeemarke namens Chase & Sanborn, der es sehr gut ging. Dann fing das Unternehmen mit Rabattaktionen an. Das wurde zu einer richtigen Sucht. Und wo ist Chase & Sanborn heute? Verschwunden.
> Die Hersteller, die sich mit ihrer Werbung ein positives Image und ein klar umrissenes Profil für ihre Marke aufzubauen bemühen, werden sich den größten Marktanteil mit dem höchsten Gewinn sichern.
> Es scheint mir an der Zeit, Alarm zu schlagen – davor zu warnen, was mit Marken geschehen wird, die so viel für Rabattaktionen ausgeben, dass sie kein Geld mehr für Werbung haben.
> Mit Rabattkampagnen kann man sich unmöglich das unverwüstliche Image aufbauen, das allein eine Marke zu einem integralen Bestandteil des amerikanischen Way of Life machen kann. [1]

Wie Sie sehen, glaubte auch David Ogilvy daran, dass es darauf ankommt, sich vom Wettbewerb zu differenzieren.

Ein niedriger Preis in Sibirien

Vielleicht schockiert es Sie, dass Coca-Cola und Pepsi gerade in Krasnojarsk in Ostsibirien gegen eine lokale Getränkefirma namens Crazy Cola das Nachsehen haben. AC Nielsen Russia spricht von einem 48-prozentigen Anteil des Crazy-Cola-Absatzvolumens.

Die Ursache liegt im Preis. In lokalen Geschäften kostet eine 2-Liter-Flasche Coca-Cola oder Pepsi umgerechnet 77 Cent, eine 1,5-Liter-Flasche

Crazy Cola umgerechnet 39 Cent. Die meisten Konsumenten können sich die teureren Produkte nicht leisten.

Infolge dieser Probleme hat Coca-Cola 1999 in der Russischen Föderation mit nur halber Kapazität gearbeitet und Pepsi hat 218 Millionen Dollar locker gemacht, um sein Russlandgeschäft umzustrukturieren.

Es stellt sich die Frage, ob die russische Cola ihre Stellung zu verteidigen imstande sein wird, wenn die Zeiten besser werden. Coca-Cola und Pepsi können – wie das *Wall Street Journal* schrieb – nur hoffen, dass die Haltung der 25-jährigen Studentin Victoria Pimenova repräsentativ ist. Sie ist nach wie vor auf westliche Marken scharf und hofft, sich diese eines Tages leisten zu können: „Crazy Cola ist schon toll, und es ist ein heimisches Produkt. Aber Crazy Cola ist etwas für Leute, die kein Geld haben. Coca-Cola und Pepsi schmecken besser."[2]

Das Dilemma des Sportartikelgeschäfts

Von den Vollsortimenten unter den Einzelhandelsketten in dieser 46-Milliarden-Dollar-Branche schreiben die vier größten amerikanischen Anbieter Verluste. Jumbo Sports, ehemals Sports and Recreation, steht kurz vor dem Aus. Just for Feet aus Birmingham in Alabama schließt einen beachtlichen Teil seiner 236 Filialen und wird gemäß den Bestimmungen des Konkursparagraphen Chapter 11 umorganisiert.

Die Aktien von Sports Authority, des weit größten Unternehmens, fallen und es wird alles getan, um einen Turnaround einzuleiten.

Das Problem ist folgendes: Wer vom Preis lebt, kann auch am Preis sterben – und das vor allem in einer Branche, in der es von virtuellen und realen Konkurrenten nur so wimmelt.

Keines dieser Unternehmen unterscheidet sich vom anderen, keines hat ein einzigartiges Produkt anzubieten. Daher kennen alle nur eine „Strategie": die des Preises. Und der Preis taugt nicht viel als Waffe, wenn man sich gegen Wal-Mart, Kmart und andere zur Wehr setzen muss, auf die heute bereits 35 Prozent des Sportartikelgeschäfts entfallen.

Ja, leider werden es eine ganze Menge dieser Unternehmen nicht mehr lange machen.

Der ultimative Preis: gratis

Wirklich verblüffend ist heute die große Anzahl von Internetfirmen, die ihre Dienste gebührenfrei anbieten, um die Verbreitung des Mediums zu fördern. Es gibt kostenlose E-Grüße und E-Faxe, ein Dutzend Gesellschaften, die kostenlose E-Mail-Dienste anbieten, bei fünf Unternehmen einen Computer gratis, bei anderen kostenlose Software. Die Firmen bauen darauf, dass sie einmal durch Werbung für zahlende Kunden Geld machen werden. Hoffentlich kommt es dazu.

Im Internetgeschäft sind Gratisangebote ein Muss. „Immer wieder tauchen Firmen auf, die für das, was sie anbieten, nichts verlangen, und so allen anderen das Geschäft kaputtmachen", bemerkt der Risikokapitalgeber David Cowan in einem vor kurzem im *Wall Street Journal* erschienenen Artikel. „Und wenn Sie das, was Sie haben, nicht verschenken, wird es sicher irgendein Newcomer tun."[3]

Wird irgendeines dieser „Gratis-Unternehmen" je mit Werbung oder Online-Verkäufen Geld machen? Das sieht heute jedenfalls nicht mehr so aus. Eines steht allerdings fest: Solange Risikokapitalgeber und der Aktienmarkt Geld in Internetgeschäfte pumpten, verfielen Unternehmer auf immer waghalsigere Methoden, um ein Geschäft aufzubauen.

Für die Meisten hat sich das nicht ausgezahlt.

Differenzierung durch hohe Preise

Uns beeindrucken eher Unternehmen, die sich mithilfe hoher Preise profilieren.

Joy bezeichnet sein Parfüm als „das teuerste der Welt". Hier spielen zwei wichtige Grundsätze eine Rolle:

1. *Produkte guter Qualität sollten teurer sein.* Die Menschen sind darauf eingestellt, für ein besseres Produkt mehr zu zahlen, doch die Qualität sollte irgendwie ersichtlich sein. Eine Schale mit hausgemachten Orville Redenbacher's Gourmet Popping Corn sieht eben viel eindrucksvoller aus als ein Becher mit dem billigeren Jolly Time. Zusätzlich hat das teurere Popcorn den Vorteil, dass fast alle Maiskörner aufgehen.
   Wenn man für eine Outdoor-Jacke von Jack Wolfskin mehr hinblättert, hilft es schon, wenn daran ein GoreTex-Schildchen mit der Aufschrift „Hält garantiert trocken" baumelt. Eine Rolex sollte widerstandsfähig und solide wirken. Aber ehrlich gesagt wirken eine Menge Uhren, die den Bruchteil einer Rolex kosten, widerstandsfähig und solide. Das bringt uns auf den nächsten Punkt.
2. *Teure Produkte sollten Prestige vermitteln.* Wenn man 5.000 Dollar für eine Rolex ausgegeben hat, will man, dass die Freunde und Nachbarn wissen, dass man eine Rolex trägt. Das ist ein Zeichen von Erfolg. Mit teuren Autos verhält es sich ähnlich. Wenn man 50.000 Dollar für ein Auto ausgibt, tut man das, um seine Freunde und Nachbarn zu beeindrucken, auch wenn man das nie zugeben wird.
   Das ist auch der Grund dafür, dass der Cadillac Allante ein 50.000-Dollar-Reinfall war. Warum sollte ein Cadillac die Nachbarn beeindrucken? Wo war da das Prestige? Wie sollten die Nachbarn wissen, dass man 50.000 Dollar für das Auto ausgegeben hat, wo es doch „nur" ein Cadillac war?

Was sagt ein hoher Preis über ein Produkt aus? Dass das Produkt eine Menge wert ist. Im Wesentlichen bedeutet das nichts anderes, als dass der hohe Preis sich in einen Vorzug des Produkts verwandelt. (Das ist übrigens einer der entscheidenden Gründe für den Erfolg vieler *flankierender* Maßnahmen im Luxusbereich wie etwa für Mercedes, Absolut-Wodka und Grey-Poupon-Senf, um nur drei Beispiele zu nennen.)

7

Eine breite Produktlinie ist ein schwieriger Weg, um sich zu differenzieren

Wie im Einleitungskapitel erwähnt, stürzt eine große Produktauswahl die Menschen im Allgemeinen in Verwirrung. Der durchschnittliche Konsument hat dann Schwierigkeiten zu entscheiden, was er kaufen soll.

Manchen Firmen ist es allerdings tatsächlich gelungen, sich durch ein breites Sortiment von den Konkurrenten abzugrenzen. Charles Lazarus, der Erfinder von Toys "R" Us, meint: „Wenn die Eltern nicht wirklich wissen, was sie kaufen sollen, gehen sie in das Geschäft mit der größten Auswahl."

Das Ende der Produktkategorien

Im Einzelhandel ist für viele heute „die größte Auswahl" das Nonplusultra. Ein Superlativ jagt den nächsten. Die Megastores, so genannte „category killers", sind zu den Göttern der Branche geworden. Diese Firmen haben sich mit dem Konzept, „alles unter einem Dach" zu führen, sowie großen Preisnachlässen durchgesetzt, mit denen sie unterschiedliche Nischen bedienen. Eingeleitet hat die Welle der Megastore Toys "R" Us – heute gibt es Home Depot, Lechters, Staples, Auto Zone, PetSmart und deren Konkurrenten.

Den Megastores haben jetzt allerdings spezialisierte Geschäfte den Kampf angesagt, die in einem Bereich die gesamte Produktpalette führen. Diese Firmen versuchen, schmale, profitable Marktsegmente zu besetzen. Ein Beispiel für ein solches Unternehmen ist Noodle Kidoodle, eine Firma, die sich auf hochwertiges pädagogisches Spielzeug spezialisiert hat.

Die Discounter schlagen zu

Ähnlich wie beim Preis liegt die Schwierigkeit, sich über die Angebotsbreite zu profilieren, darin, dass es keine Möglichkeit gibt, seine Wettbewerber daran zu hindern, es mit derselben Strategie zu versuchen.

Discounter setzen ihre Größe und Kaufkraft ein, um ihre Konzentration auf bestimmte Produktkategorien zu verstärken. So hat etwa Wal-Mart in seinen Geschäften große Spielzeugabteilungen eröffnet.

Im Folgenden einige Beispiele, die zeigen, wie wild es heute im Einzelhandel zugeht:

- *Baby Superstore* hatte eine Bombenidee: Alles für das Baby unter einem Dach. Darauf hat Toys "R" Us mit Babies "R" Us und seinen Tiefstpreisen geantwortet und nun drängen auch noch Discounter wie Target auf den Markt, wodurch Baby Superstore unter Umsatzdruck gerät.
- *CompUSA* hat den Computerabteilungen kleiner Elektronik- und Büromaschinenfirmen Umsätze weggenommen. Heute verkaufen Megamärkte für Elektronik und Büroartikel, Versandhäuser und andere Riesencomputermärkte Computer und durch den Preiskampf sind die Gewinnspannen immer kleiner geworden.
- *Sports Authority* hat vielen Sportgeschäften den Garaus gemacht. Jetzt fällt es Kmart schwer, in diesem gesättigten Markt weiter zu wachsen, in dem viele Konkurrenten seine Erfolgsformel zu kopieren versuchen.

- *Party City* ließ die Partyabteilungen so mancher regionaler Geschäfte alt aussehen. Aber kaum war das Unternehmen da, versuchten auch schon die Ersten, es ihm nachzumachen. Heute bieten Discounter wie Wal-Mart Partyartikel zu geringeren Preisen an und andere Megamärkte wie Garden Ridge, ein Inneneinrichtungsunternehmen, haben in ihren Geschäften riesige Partyabteilungen eröffnet.

Was ist zu groß?

Das Konzept einer breiten Produktpalette, mit deren Hilfe es vielen gelungen ist, sich von ihren Konkurrenten abzuheben, verkehrt sich in einen Albtraum.

Da gibt es einmal das Problem, mit der schier unendlichen Anzahl von Sortimentsartikeln fertig zu werden, die man in diese Riesencontainer namens Märkte stopft. Man beobachte z. B. eine Verkäuferin der Baumarktkette Home Depot, die in den siebeneinhalb Meter hohen Stapeln mit Kartons den richtigen Artikel zu finden versucht. Das ist ein Anblick! Ihrem Computer zufolge ist der gewünschte Artikel da, aber ihn zu finden ist eine andere Geschichte.

Dann gilt es aufzupassen, dass man seine Kernkäufer nicht verstört. Während die nicht aussterbenden Schnäppchenjäger vielleicht Gefallen daran finden mögen, sich in einem Labyrinth von Gängen auf die Pirsch zu begeben, werden weniger begeisterte Käufer die Dimensionen oft frustrierend oder gar beängstigend finden.

Immer mehr Amerikaner, die wenig Zeit haben, entscheiden sich für teurere Einkäufe in kleinen Geschäften oder Einkaufszentren. Das gilt besonders für Singles, die die wertvollen freien Stunden nach der Arbeit oder die Wochenenden nicht mit Einkäufen vergeuden wollen.

Älteren Kunden vergeht oft die Lust bei der Vorstellung, das Auto am Rand eines riesigen Parkplatzes abstellen und dann sperrige Pakete zum Wagen schleppen zu müssen.

Und junge Mütter und Väter, die mit quengelnden Kindern unterwegs sind, haben keine Zeit, sich über die verwirrende Sortimentsanordnung und die labyrinthischen Gänge eines Einkaufsmarkts den Kopf zu zerbrechen.

Der Wandel zu mehr Kundenorientierung

Die Megastores haben heute mit ihrer Größe zu kämpfen. Manche reduzieren die Zahl der Artikel, die sie im Lager halten, und versuchen, die Räumlichkeiten durch besseres Licht, breitere Gänge und weniger hohe Regale angenehmer zu gestalten.

Andere hingegen setzen auf einen festlichen Rahmen und bieten ihren Kunden Unterhaltung, Imbisse, interaktive Displays und was immer ihnen geeignet erscheint, die Besucher dazu zu bewegen, ein wenig länger im Geschäft zu verweilen und ein wenig mehr zu kaufen.

Abwechslung mag ja eine Würze des Lebens sein, aber zuviel Würze kann einem Sodbrennen verursachen.

Die Kleinen von Home Depot

Zu den interessantesten Versuchen, von Megastores abgeschreckte Kunden anzuziehen, gehören die kleiner dimensionierten Geschäfte von Villager's Hardware, mit denen Home Depot gerade experimentiert.

Diese Geschäfte nach dem Muster kleiner Haushalt- und Eisenwarenläden und Heimwerkerketten zielen auf Kunden ab, die nicht bereit sind, sich wegen einer kleinen Reparaturangelegenheit in die weitläufigen Hallen einer Home-Depot-Filiale zu begeben.

Mit ihren 3700 Quadratmetern (etwa einem Drittel der Fläche einer Home-Depot-Filiale) könnten die Villager's-Hardware-Geschäfte für einen Einkauf im Vorbeigehen noch immer etwas zu groß sein.

Dennoch ist es sicher ein interessanter Versuch, der den unabhängigen kleinen Haushalt- und Eisenwarengeschäften mit ihrem Spezialsortiment einen weiteren Schlag versetzen könnte.

Die Breite des Angebots im Web

Wer meinte, dass der Einzelhandel die Sache mit dem Angebot bereits zu weit getrieben hat, musste feststellen, dass im Internet binnen kurzer Zeit eine unendliche Fülle von Produkten und Dienstleistungen angeboten wurde. Das Angebot hatte damit keine neue Ebene, sondern tatsächlich eine neue Dimension erreicht.

eToys, Inc., etwa führt nicht nur Spielsachen und andere Produkte für Kinder, sondern auch Kinderbücher. Die Zahl der Artikel in seinem Sortiment beläuft sich auf insgesamt über 100.000. (Wenn das keine Auswahl ist!)

Natürlich tritt eToys durch die Entscheidung, auch Bücher anzubieten, zu Amazon und anderen Online-Buchhandlungen in Konkurrenz. Auge um Auge, Zahn um Zahn – hat sich doch Amazon auch auf Spielsachen, den Elektronikbereich, CDs und alles gestürzt, was sich sonst noch so verkaufen lässt.

Im Web findet man sich schnell von Wettbewerbern umzingelt, die sicher sind, dass sie dasselbe verkaufen können, was man selbst anbietet. Und schon am nächsten Tag ist es dann soweit.

Es wird eng im Cyberspace

Da jeder Online-Anbieter in der Lage ist, bald ein große Palette von Produkten anzubieten, wird eine Differenzierung über die Sortimentsbreite nicht möglich.

Welches ist also der nächste Schritt? Sie haben es erraten: der Preis. Und wie wir in Kapitel 6 gesehen haben, ist es nicht einfach, sich über den Preis von anderen abzuheben. Und das besonders in einem Medium, in dem die

Kunden nur ein paar Tasten drücken müssen, um Preise zu vergleichen. (Heute muss niemand mehr mit dem Auto zur Konkurrenz fahren.)

Das Ergebnis ist bitter. Selbst die Größten wie Amazon machen noch keine Gewinne. Im E-Commerce heißt es „Fressen oder gefressen werden", bringt das *Wall Street Journal* die Entwicklung auf den Punkt.

Ein digitaler Goldrausch?

Irgendwie erinnert einen das alles an die Zeit des Goldrausches in Kalifornien: Jeder macht sich auf, um in den Internetbergen reich zu werden.

Man könnte freilich aus der Geschichte etwas lernen. Wirklich Geld haben damals die Leute gemacht, die Landkarten, Werkzeuge und Kleider verkauften. (Levi's hat beispielsweise damals angefangen.)

Viele, die damals aufbrachen, um reich zu werden, wurden es nicht. Ja, schlimmer noch, so mancher hat es nicht einmal überlebt.

Wir haben das Gefühl, dass die Hersteller der für E-Commerce erforderlichen Grundlagen und die unzähligen Berater für die Einrichtung von Websites und ausgeklügelten Schnittstellen das meiste Gold ergattern werden.

Was man wirklich braucht

Je mehr das Internet zu einer Plattform wird, auf der eine unendliche Menge von Gütern und Dienstleistungen angeboten wird, desto dringender brauchen die Konsumenten Rat, was sie wo kaufen sollen: eine Art Zagat's für alles und jedes – einen Führer, der eine Website sein könnte, auf der sich ausschließlich Konsumentenmeinungen und Besprechungen der Dinge finden, die man kaufen kann.

Es stellt sich die Frage, wie eine solche Website Geld bringen könnte und wie sie aufgebaut sein sollte. Ein Restaurant zu besuchen ist nicht das Gleiche, wie im Internet zu surfen. Die Gesamtheit der Informationen wäre wohl schwer zu verkraften.

Eine wichtige Lektion

Sowohl der Einzelhandel als auch das Internet zeigen, dass nicht alle Differenzierungsmöglichkeiten gleich sind.

Durch ein breites Angebot hebt man sich bei weitem nicht so von seinen Konkurrenten ab wie dadurch, dass man die Nummer eins ist, beliebt ist oder die Produkte sich von denen der Wettbewerber unterscheiden. Der Grund dafür ist, dass ein breites Sortiment auch von einem Konkurrenten immer leicht angeboten werden kann. Da bleibt dann fast nur noch Spielraum in der Preisgestaltung.

Daher benutzen wir in unserer Arbeit mit Kunden die Sortimentsbreite als Sprungbrett zu einer nachhaltigen Differenzierung, so wie z. B. bei einer Einzelhandelskette aus New England.

Von der Mega-Auswahl zur Kunden-präferenz

Dabei handelt es sich um ein großes Möbelgeschäft aus Rhode Island namens Alperts Furniture Showplace, das sein breites Sortiment als Sprungbrett zum Aufbau einer auf Präferenz basierenden Unique Selling Proposition verwendete – ein weit besseres Mittel der Differenzierung (siehe Kapitel 15).

Zunächst errichtete das Unternehmen ein sehr großes Geschäft, in dem es eine riesige Auswahl an Möbeln unterbringen konnte. Es war dadurch im Stande, in einem einzigen Geschäft mehr Möbel zu verkaufen als alle anderen Möbelläden. So ergab sich für einen Einkauf bei Alperts folgendes Argument (der Text stammt aus einer Radiowerbung):

> Günstige Angebote sind die eine Sache. Aber seinen Kunden bei vielen überzeugenden Produkten echten Wert bieten zu können macht ein Geschäft erst wirklich erfolgreich. Und genau darum geht es uns bei Alperts. Die Menschen kaufen bei uns ein, weil es günstig ist. Was sie aber wirklich überrascht, ist die unglaubliche Auswahl an Möbeln aller Art unter einem Dach.
> Daher verkaufen wir bei Alperts in einem Geschäft mehr gute Möbel als unsere Konkurrenz in allen ihren Filialen zusammen. Wenn Sie nicht finden, wonach Sie suchen, haben wir etwas falsch gemacht. So denken wir. Daher ist Alperts zum beliebtesten Möbelgeschäft von Rhode Island geworden.

Hershel Alpert würde wahrscheinlich sagen: „Zuerst kam die breite Produktpalette. Das war die Grundlage. Darauf konnte ich dann die Story mit der Präferenz entwickeln." Und es ist eine wunderbare Geschichte, in deren Verlauf die Firma phänomenale Zuwächse verzeichnen konnte. Alperts ist eben wirklich das beliebteste Möbelgeschäft von Rhode Island.

8

Schritt für Schritt zur echten Differenzierung vom Wettbewerb

In diesem Kapitel wird zum ersten Mal die Vorgehensweise erklärt, die wir im Laufe unserer 30-jährigen Erfahrung im Bereich der Differenzierung von Unternehmen entwickelt haben. Dabei geht es nicht darum, kreativ oder clever oder einfallsreich zu sein. Es geht ausschließlich um Logik, also um die Wissenschaft, die sich mit den Regeln und Bewährungsproben soliden Denkens befasst.

Die Macht der Logik

Dem Wörterbuch zufolge ist ein Argument *logisch,* wenn es stichhaltig, zwingend, überzeugend, einleuchtend und klar ist. In einem solchen Argument kommt eine Fertigkeit des Denkens und Begründens zum Ausdruck.

Na, klingt das nicht nach etwas, was man gut brauchen kann, wenn man etwas verkaufen will? Glauben Sie uns: Auf Logik kann man nicht verzichten.

Aber auf wie viele logische Argumente stoßen Sie schon in der Welt des Marketing? Auf nur ganz wenige.

Die meisten Programme scheitern aufgrund ihres Mangels an Logik. Wenn man hingegen die Logik eines Arguments erkennt, stehen die Chancen zu gewinnen gut.

Wenn Avis im Autoverleihgeschäft nur die Nummer zwei ist, liegt auf der Hand, dass sie sich mehr bemühen müssen. Das ist nicht kreativ, sondern logisch.

Wenn IBM aufgrund seiner Größe alle Aspekte der elektronischen Datenverarbeitung abdeckt, dann ist es nur logisch, dass sie die verschiedenen Teile besser zu einem Ganzen zusammenfügen können als jeder andere Hersteller. Was IBM auszeichnet, sind ganzheitliche Lösungen.

Kreativität versus Logik

Da Logik eine Wissenschaft ist, ist es logisch, dass die Entwicklung eines Unique-Selling-Proposition-Konzepts ebenfalls eine Wissenschaft und keine Kunst sein sollte. Und doch bekämpfen die Kreativen diese Idee bis aufs Blut. Die Vorstellung, in einen Prozess eingebunden zu sein, der ihre kreativen Einfälle beschränkt, ist ihnen verhasst.

Es ist schlimm, zusehen zu müssen, wie ein Unternehmen eine Strategie entwickelt, ein geradliniges logisches Argument für seine Marke erarbeitet und die Kreativfraktion es dann in kürzester Zeit schafft, das Argument hinter witzigen Spielereien verschwinden zu lassen.

Als wir einmal mit einer Bank eine Strategie erarbeiteten, entdeckten wir, dass sie auf dem Gebiet der Kreditvergabe an Kleinunternehmen die Nummer eins war. Wie sich herausstellte, vergab die Bank die meisten Kredite an Einwanderer, die in Amerika ein Geschäft aufbauen wollten, Menschen also, die den amerikanischen Traum verwirklichen wollten.

Die Strategie, die wir empfahlen, war ebenso logisch wie direkt. Das Alleinstellungsmerkmal der Bank lag darin, dass sie „die Heimat des amerikanischen Traums“ war.

Die Idee gefiel allen und man beauftragte eine Agentur mit der Umsetzung. Als wir das Argument wieder zu Gesicht bekamen, war „Wir setzen auf Ihre Träume“ daraus geworden.

So viel zu Logik und Differenzierungsstrategien.

Um zu vermeiden, dass Ihnen widerfährt, was der Bank passiert ist, gilt es sicherzustellen, dass sich alle Beteiligten auf die im Folgenden beschriebenen schlichten vier Schritte verpflichten.

Schritt 1: Am Marktumfeld orientieren

Argumente werden nie in einem Vakuum entwickelt. Man ist immer von Wettbewerbern umgeben, die ihre eigenen Argumente durchzusetzen versuchen. Die Botschaft, die man vermitteln will, muss im Kontext der Branche sinnvoll sein. Sie muss von dem ausgehen, was der Markt von den Konkurrenten gehört und registriert hat.

Was man wirklich braucht, ist eine Art Momentaufnahme der Kundenwahrnehmung, keine tiefsinnigen Überlegungen.

Dafür müssen die eigenen Stärken und Schwächen sowie die der Wettbewerber aus Sicht der Verbraucher bestimmt werden.

Am liebsten listen wir die grundsätzlichen Eigenschaften einer Kategorie auf und führen dann eine Befragung durch, bei der wir die Leute ersuchen, Punkte zwischen 1 und 10 zu vergeben. Wir machen das Konkurrent für Konkurrent. Damit soll festgestellt werden, wer in einer Kategorie welche Ideen und Konzepte besetzt hat. Daraus ergibt sich der Kontext für das gesuchte Argument.

Dazu gehört auch die Einschätzung der allgemeinen Marktentwicklung. Ist der Zeitpunkt für die Idee richtig?

Die Idee von Nordstrom, sich durch „besseren Service“ zu unterscheiden, passte perfekt in eine Welt von Kaufhäusern, die gerade Personal abbauten und Serviceleistungen reduzierten, um Kosten zu sparen.

Lotus brachte seine erste erfolgreiche „groupware software“ Notes zu einer Zeit auf den Markt, in der man in amerikanischen Unternehmen Netzwerke zu installieren begann.

Es ist wie beim Wellenreiten. Wenn man zu früh oder zu spät dran ist, kommt man nicht weiter. Erwischt man die Welle richtig, trägt sie einen und man kann das Gewinnpotenzial des Differenzierungsmerkmals voll ausschöpfen.

Schritt 2: Das entscheidende Differenzierungsmerkmal identifizieren

Sich differenzieren heißt, nicht so zu sein, wie alle anderen. Einzigartig zu sein heißt, in seiner Art der Einzige sein.

Man sucht also nach einem Merkmal, das einen vom Wettbewerb abhebt. Das Geheimnis ist, dass diese Differenzierung nichts mit dem Produkt zu tun haben muss.

Denken Sie an Pferde. Ja, Pferde kann man einfach nach ihrer Art unterscheiden. Es gibt Rennpferde, Springpferde, Arbeitspferde, Wildpferde und so weiter. Aber Rennpferde unterscheidet man nach ihrer Leistung, dem Stall, aus dem sie kommen, ihrem Trainer und so weiter.

Denken Sie an Colleges. In Amerika gibt es zu viele Colleges und Universitäten: 3600 mehr als irgendwo sonst auf der Welt. Sie gleichen einander in vielerlei Hinsicht, insbesondere in ihrer Bereitschaft, für Stipendien und Studentendarlehen Unterstützung von der Regierung anzunehmen.

Das 150 Kilometer westlich von Detroit gelegene Hillsdale College hat seinem konservativen Publikum eine Unique Selling Proposition unterbreitet, indem es sich entschieden hat, keine staatliche Unterstützung, ja nicht einmal Darlehensförderungen seitens des Bundes anzunehmen. (Das können sich nur wenige seiner Konkurrenten leisten.)

Hillsdale präsentiert sich als das College, das „nicht unter dem Einfluss der Regierung“ steht. Und man stützt das Konzept ab, indem man das College als Mekka für konservatives Denken positioniert.

„Ein solches Produkt kann man verkaufen“, hat einmal jemand gemeint, der für das College Spenden sammelt. Die Zahlen geben ihm Recht.

Es gibt viele Wege, sich mit seinem Unternehmen oder Produkt von den anderen abzuheben. Die folgenden Kapitel werden sich eingehender damit beschäftigen. Hier ist nur festzuhalten, dass der Trick darin besteht, sein Alleinstellungsmerkmal zu finden und es in einen Nutzen für den Kunden zu übersetzen.

Schritt 3: Beweise liefern

Um ein logisches Differenzierungsargument zu entwickeln, bedarf es der erforderlichen Beweise, um dieses Argument abzustützen, und es real und glaubwürdig wirken zu lassen. Wir haben bereits IBM erwähnt. Für IBM war die Größe des Unternehmens die Schlüsselreferenz für den Aufbau ganzheitlicher EDV-Lösungen.

Wenn man ein einzigartiges Produkt hat, sollte man in der Lage sein, dessen Einzigartigkeit sichtbar zu machen und das als Referenz einzusetzen. Wenn man beispielsweise ein absolut lecksicheres Ventil verkauft, sollte man es direkt mit Ventilen vergleichen können, die diese Eigenschaft nicht besitzen.

Ein Anspruch auf Einzigartigkeit ohne Beweis bleibt eben nur ein Anspruch. Ein Pontiac mit großer Spurweite etwa ist eben breiter als andere Autos. British Airways, die „beliebteste Airline der Welt“, sollte mehr Passagiere befördern als alle anderen Linien. Als „real thing“ muss Coca-Cola das Cola-Getränk erfunden haben. Und wenn es um Hertz und „not exactly“ auf der anderen Seite geht, sollte es einige Serviceangebote geben, die die Konkurrenten nicht anbieten.

Mit Schall und Rauch kann man sich nicht profilieren. Kunden sind skeptisch. Sie wollen, dass die Werbeleute ihre Behauptungen beweisen. Man muss sein Argument abstützen können.

Natürlich gleicht die Beweisführung nicht der vor Gericht (auch wenn man unter Umständen jede Behauptung beweisen muss, wenn einen die Federal Trade Commission oder irgendwelche Fernsehsender dazu auffordern).

Der öffentlichen Meinung muss man sich allerdings stellen.

Schritt 4: Die Differenzierung kommunizieren

So, wie man sein Licht nicht unter den Scheffel stellen sollte, sollte man auch sein Differenzierungsmerkmal nicht verbergen.

Wenn man ein besonderes Produkt lanciert, wird einem deshalb nicht automatisch die ganze Welt die Tür einrennen. Es ist nicht so, dass sich bessere Produkte grundsätzlich durchsetzen. Meistens sind die Produkte erfolgreich, die als besser *wahrgenommen* werden. Die Wahrheit kommt nicht unbedingt ans Tageslicht, wenn man nichts dafür tut.

Alle Bereiche der Kommunikation sollten den Unterschied vermitteln, auf den es Ihnen ankommt. Die Werbung. Die Broschüren. Die Website. Die Verkaufspräsentationen.

Wir haben einen Kunden, der im Fastfood-Bereich tätig ist und seinen Franchisenehmern immer Weihnachtsgrüße schickt. Der CEO rief uns an und beklagte sich, dass die Karten den differenzierenden Nutzen seines Unternehmens nicht vermitteln würden. Wir erinnerten ihn daran, dass Weihnachten Weihnachten sei, und meinten, dass er einmal ein Auge zudrücken könne. Er wollte nichts davon wissen und bestand auf seinem Wunsch. Es erübrigt sich wohl zu sagen, dass seine Weihnachtsgrüße schließlich den entscheidenden Unterschied kommunizierten.

Fazit: Sie können Ihr Differenzierungsmerkmal gar nicht oft genug kommunizieren.

Ein echte Besonderheit lässt sich auch sehr gut als Mittel der Motivation einsetzen. Als es bei Avis hieß, dass man sich als Nummer zwei mehr anstrengen werde, nahmen sich das auch die Mitarbeiter zu Herzen. Sie waren stolz darauf, die „Underdogs“ zu sein.

Als wir vor einigen Jahren für die United-Jersey-Bank den Slogan von der „schnellen Bank“ erfanden, wussten die Angestellten sofort, worum es ging. Sie wollten schneller sein als ihre Konkurrenten in der großen Stadt (die wir als „lethargisch“ bezeichneten). Sie wollten schneller sein, wenn es um die Gewährung von Darlehen und die Bearbeitung von Beschwerden ging. Sie erkannten ihren besonderen Kundennutzen darin, schneller zu reagieren.

Über Mitarbeitermotivation hört man in amerikanischen Unternehmen jede Menge Unsinn. Verantwortlich sind dafür die Verfechter der „Spitzenleistungen“, die ständig sündhaft teure Motivationskampagnen anzetteln.

Mitarbeiter brauchen keine geheimnisvollen Antworten darauf, wie man seine „wahren Fähigkeiten freilegt“. Sie müssen wissen, wodurch sich ihr Unternehmen von anderen unterscheidet.

Das bietet ihnen ein Identifikationsmodell, für das sie sich engagieren können.

Wirkliche Motivation beginnt mit der Waffe der Differenzierung. Wenn man einmal über diese Waffe verfügt, kann man seine Truppen dazu auffordern, diese Idee im Verkauf, in der Produktentwicklung, im technischen Bereich oder wo auch immer lebendig werden zu lassen.

Einige Bemerkungen über Ressourcen

Eine gute Differenzierungsidee zu haben genügt allerdings noch nicht. Man braucht die erforderlichen Ressourcen, um ein Kommunikationsprogramm zu entwickeln, das dem Markt die Einzigartigkeit des Unternehmens vermittelt.

Man wird auch mit der besten Idee der Welt nicht weit kommen, wenn man nicht das Geld hat, diese entsprechend umzusetzen. Erfinder, Unternehmer und viele Kreative scheinen zu glauben, dass ihre guten Ideen nur professionelle Marketinghilfe brauchen und sonst nichts.

Nichts ist weiter von der Wahrheit entfernt. Marketing ist ein Spiel, das in der Wahrnehmung der potenziellen Käufer stattfindet. Man braucht Geld, um in die Wahrnehmung der Menschen einzudringen. Und man braucht Geld, um zu bewirken, dass das Wahrgenommene in ihrem Gedächtnis haften bleibt.

Mit einer mittelmäßigen Idee und einer Million Dollar kommt man garantiert weiter als mit einer tollen Idee, aber ohne einen Cent.

Werbung ist teuer

Für manche Unternehmer gibt es nur eine Antwort auf die Frage, wie man sich zu den Köpfen der potenziellen Käufer Zutritt verschafft: durch Werbung. Werbung ist nicht billig. Der Zweite Weltkrieg hat pro Minute

9.000 Dollar gekostet. Der Vietnamkrieg hat pro Minute 22.000 Dollar gekostet. Eine einminütige Werbung bei einem Super-Bowl-Spiel der National Football League kostet fast 2 Millionen Dollar.

Steve Jobs und Steve Wozniak hatten eine tolle Idee. Aber es waren die 91.000 Dollar von Mike Markkulas, die aus Apple etwas machten. (Markkula bekam für sein Geld ein Drittel des Unternehmens: Er hätte Anspruch auf die Hälfte erheben sollen.)

Ohne Geld sind Ideen wertlos. Na ja, nicht ganz. Aber man muss sich mit seiner Idee auf die Suche nach Kapital und nicht nach Marketingunterstützung machen. Das Marketing kommt später.

Manche Unternehmer halten Öffentlichkeitsarbeit für eine günstige Möglichkeit, in das Bewusstsein der potenziellen Käufer einzudringen. Sie sehen Öffentlichkeitsarbeit als eine Art „kostenlose Werbung". Öffentlichkeitsarbeit kostet Geld. Die Faustregel lautet: 5 – 10 – 20. Eine kleine PR-Agentur verlangt 5.000 Dollar im Monat, um sich etwas für ein Produkt zu überlegen, eine mittlere Agentur 10.000 und eine große Agentur 20.000 Dollar monatlich.

Manche Unternehmer halten Risikokapitalgeber für die Lösung ihrer Geldprobleme. Aber nur ganz wenige kommen so an die finanziellen Mittel, die sie brauchen.

Manche Entrepreneure gehen davon aus, dass amerikanische Konzerne bereit und finanziell dazu in der Lage sind, ihrer Geschäftsidee aus den Windeln zu helfen. Wir können ihnen nur viel Glück wünschen. Sie werden es brauchen. Nur ganz selten greifen große Unternehmen Ideen von außerhalb auf. Eine wirkliche Chance hat man nur, wenn es einem gelingt, ein kleineres Unternehmen zu finden und es von den Vorzügen der eigenen Geschäftsidee zu überzeugen.

Denken Sie daran: Ohne Geld ist eine Idee wertlos. Rechnen Sie damit, dass die Finanzierung Sie einiges kosten wird.

Reich sein hilft

Im Handel werden die Reichen oft reicher, weil sie über die Mittel verfügen, die man braucht, um ein Produkt im Gedächtnis der potenziellen Käufer zu verankern. Sie tun sich jedoch schwer, zwischen guten und schlechten Ideen zu unterscheiden und nicht für zu viele Produkte und Programme Geld auszugeben.

Der Wettbewerb ist hart. Marktgiganten stecken eine Menge Geld in ihre Marken. Procter & Gamble und Philip Morris geben jährlich mehr als 2 Milliarden Dollar für Werbung aus. Bei General Motors sind es 1,5 Milliarden Dollar.

Anders als im Konsumgüterbereich braucht man im technischen Bereich oder im Produktionsgüterbereich für ein Produkt weniger Marketingkapital, weil die Liste potenzieller Kunden kürzer und die Medien billiger sind. Aber auch für ein technisches Produkt benötigt man entsprechende Mittel für Broschüren, Verkaufspräsentationen, Messen und Anzeigen.

Das Scheitern von Iron Computer

Denken Sie an die traurige Geschichte jener einzigartigen Computerfirma, die sich auf PCs für schwierige Umgebungen wie heiße Restaurantküchen spezialisierte.

Da niemand derartigen Härten trotzende Computer baute, lieh sich ein Mann namens John Opincar von Familienangehörigen und Freunden 50.000 Dollar und gründete die Firma Iron Computer.

Aber er setzte riskanterweise zu sehr darauf, sein Produkt über das Internet zu lancieren. Es kam nicht sehr viel Geld herein und er konnte sich kein wirkliches Marketing leisten. Iron Computer ging trotz der wunderbaren Idee bankrott.

Ohne Geld tut sich im Verkauf nichts. Wer heute erfolgreich sein will, muss über ausreichende finanzielle Mittel verfügen, um die Räder der Marketingmaschinerie in Gang zu halten.

9

Differenzierung findet in der Wahrnehmung statt

Wie wir in Kapitel 8 gesehen haben, ist der letzte Schritt bei der Definition eines Alleinstellungsmerkmals die Entwicklung eines Programms, mit dessen Hilfe man den Menschen bewusst machen kann, worin man sich von seinen Konkurrenten differenziert.

Dazu gehört, sich am Markt zu „positionieren“ – ein Thema, über das wir seit 1969 schreiben. Obwohl heute der Begriff in aller Munde ist, wissen viele nicht, was Positionierung eigentlich bedeutet: Sich positionieren heißt nichts anderes, als den differenzierenden Nutzen seines Produkts im Kopf der potenziellen Kunden zu verankern.

Für alle, die keine unserer zahlreichen Buchpublikationen, Reden und Artikel zum Thema kennen, wollen wir im folgenden Exkurs darauf eingehen, wie die Wahrnehmung und das Gedächtnis funktionieren und welche Grundsätze der Positionierung eines Produkts es gibt.

Wer das versteht, wird auch verstehen, worum es bei der Positionierung eines Produkts geht. Die erläuterten Grundsätze werden die in den folgenden Kapiteln gegebenen Anleitungen in punkto Differenzierung untermauern.

Wahrnehmung und Gedächtnis sind überfordert

Wenn das menschliche Gedächtnis auch noch immer ein Rätsel sein mag, steht ein Umstand außer Frage: Es ist unter Beschuss.

In den meisten westlichen Gesellschaften gibt es ein Übermaß an Information. Die Explosion medialer Formen und die damit verbundene Zunahme des Umfangs an Kommunikation haben zu einer dramatischen Veränderung der Art und Weise geführt, in der Menschen die ihnen gebotenen Informationen entweder aufnehmen oder ignorieren.

Die Informationsflut hat den gesamten Bereich der Kommunikation und der Beeinflussung von Menschen verändert. Die Überlastung der 1970er Jahre hat sich inzwischen in einem ungeahnten Ausmaß potenziert.

Im Folgenden einige Zahlen, welche die Dramatik der Entwicklung vor Augen führen:

- In den letzten 30 Jahren wurden mehr Informationen produziert als in den 5000 Jahren zuvor.
- Die Gesamtheit der gedruckten Informationen verdoppelt sich alle vier oder fünf Jahre.
- Eine Wochentagsausgabe der *New York Times* enthält mehr Informationen als ein Mensch im elisabethanischen England durchschnittlich in seinem ganzen Leben zu sehen und zu hören bekam.
- Weltweit werden 4000 Bücher täglich publiziert.
- Ein durchschnittlicher Angestellter verbraucht 70 Kilogramm Papier im Jahr, was einer Verdoppelung der Menge innerhalb der letzten zehn Jahre entspricht.

Das elektronische Bombardement

Und wie steht es um die elektronische Seite unserer kommunikationsüberlasteten Gesellschaft?

Zu den vielen hundert Millionen Websites kommen der Zeitschrift *Scientific American* zufolge täglich eine Million elektronischer Seiten dazu. Wo immer man sein mag, schicken Satelliten endlose Botschaften in jede Ecke der Welt. Bevor ein Kind in Großbritannien 18 Jahre alt wird, hat es bereits 140.000 Fernsehwerbungen gesehen. In Schweden erreichen den Konsumenten durchschnittlich 3000 Werbebotschaften täglich.

Was Werbebotschaften betrifft, gibt es heute in Europa 11 Länder, in denen jährlich mehr als 6 Millionen Fernsehspots ausgestrahlt werden. In den USA geht der Angriff an der elektronischen Front gnadenlos weiter. Experten zufolge wird es in den Vereinigten Staaten bald nicht mehr 150, sondern 500 Fernsehkanäle geben. (Bis man da etwas findet, ist die Sendung vorbei.)

Und dann gibt es noch die Computer und den viel gepriesenen „information superhighway“, der einem via Glasfaserkabel oder mittels CD-ROM oder was auch immer riesige Mengen von Information ins Haus liefern soll.

Das heißt, dass die Idee, mit deren Hilfe man sich vom Wettbewerb differenzieren will, einfach und möglichst anschaulich sein und immer und immer wieder in allen Medien auftauchen muss. Politiker müssen ihre Botschaft predigen, Marketingleute den differenzierenden Nutzen ihrer Produkte.

Wahrnehmung und Erinnerungsvermögen haben ihre Grenzen

Es gibt oft einen Konflikt zwischen den Marketingexperten und den Köpfen der Menschen, die sie beeinflussen wollen.

Unglücklicherweise sind nämlich die Köpfe, vor denen die verschiedenen Argumente ausgebreitet werden, nicht dafür gemacht, die ganzen wunderbaren Informationen zu verarbeiten.

Die Wahrnehmung des Menschen ist selektiv. Und sein Gedächtnis ist äußerst selektiv. Der Mensch ist insofern physiologisch beschränkt, als er nicht eine unendliche Menge an Reizen verarbeiten kann. Das heißt, dass in einem Bereich, in dem sich viele Anbieter tummeln, der differenzierende Nutzen durch den man sich abgrenzen will, entsprechend deutlich sein muss.

Die Welt sehen und fotografieren ist nicht dasselbe. Sehen bedeutet, Bilder wahrzunehmen, aber nicht festzuhalten. Das Gedächtnis ist kein Aufnahmegerät, das man anstellen kann und das dann alle Informationen speichert.

Ob man seine Botschaft den Kunden vermitteln kann, hängt vor allem davon ab, welches Produkt man verkauft und welchen Stellenwert die Wahrnehmung der Verbraucher ihm vor dem Hintergrund über Jahre im Gedächtnis angesammelter Daten und Produktkategorien einräumt.

Eine Schuhwerbung ist z.B., unabhängig von der Marke und ihren besonderen Vorzügen, doppelt so interessant wie eine Werbung für einen Fußbodenbelag.

Auch Werbung für Parfüm – und zwar fast für jedes Parfüm – wird von doppelt so vielen Menschen wahrgenommen wie Anzeigen für Möbel.

Es gibt sogar eine für das Publikum „uninteressante" Kategorie von Produkten, an deren Markennamen man sich nicht erinnert: Särge. Die führende US-Marke heißt Batesville. Das hat man aber nach ein paar Absätzen bereits wieder vergessen.

Diese Interessenunterschiede oder Neigungen sind bereits fest verankert, bevor wir ein Magazin oder eine Zeitschrift auch nur in die Hand nehmen. Das erklärt auch, warum die Marken, die als Erstes und Zweites auf dem Markt waren, später eingeführten Produkten gegenüber einen ungeheuren Wahrnehmungsvorteil haben.

Das menschliche Gehirn mag kein Chaos

Bei Menschen spielen Lernprozesse eine wesentlich wichtigere Rolle als bei jeder anderen Spezies.

Lernen ist die Form, in der sich Tiere und Menschen neue Informationen aneignen. Erinnern ist die Form, in der sie diese Informationen über eine bestimmte Zeit hinweg behalten. Aber Erinnern ist nicht nur die Fähigkeit, etwa eine Telefonnummer nicht zu vergessen. Erinnern ist vielmehr ein dynamischer Prozess, der bei den verschiedensten Formen der Verarbeitung von Gedanken beteiligt ist. Wir verwenden die Erinnerung, um zu sehen. Wir verwenden die Erinnerung, um sprachliche Äußerungen zu verstehen. Wir verwenden die Erinnerung, um uns zurechtzufinden.

Wenn also die Erinnerung eine so zentrale Rolle spielt, warum bleibt dann jemandem das eine im Gedächtnis und das andere nicht?

Als man Einstein fragte, was ihm am meisten dabei geholfen habe, die Relativitätstheorie zu entwickeln, soll er geantwortet haben: „Dass ich herausgefunden habe, wie man über das Problem nachdenken kann."

Die halbe Schlacht ist geschlagen, sobald man den Kern des Problems erkannt hat. Im Großen und Ganzen heißt das nichts anderes, als dass man seine Konkurrenten und deren Stellenwert in der Wahrnehmung und dem Erinnerungsvermögen der potenziellen Kunden genau kennen muss.

Es geht nicht darum, was man selber tun möchte. Es geht darum, was einen die Konkurrenz tun lässt.

Die Macht des Einfachen

Das Grundkonzept mancher Produkte verheißt Misserfolg. Nicht weil es nicht funktioniert, sondern weil es keinen Sinn ergibt. Denken Sie an das Vitamin-E-Deodorant von Mennen. Ganz richtig: Man sollte sich ein Vitamin in die Achselhöhle sprühen. Ein solches Produkt ergibt keinen Sinn, außer man legt es darauf an, die gesündesten, wohlgenährtesten Achselhöhlen im ganzen Land zu haben. Der Misserfolg ließ nicht lange auf sich warten.

Denken Sie an den Newton von Apple: einen Pen-Computer, der gleichzeitig Faxgerät, Beeper und Terminplaner war. Das Ding war zu kompliziert. Heute ist es vom Markt verschwunden und der viel einfachere Palm Pilot ist ein Riesenerfolg.

Der beste Weg, sich einen Platz im Verbraucherbewusstsein, das etwas gegen komplizierte Dinge und gegen Chaos hat, besteht darin, die Botschaft extrem zu vereinfachen.

Einige der herausragendsten Konzepte konzentrieren sich auf einen einzigen Nutzen (Wells Fargo: schnell, Volvo: sicher, Listerine: keimtötend).

Es kommt also nicht darauf an, eine ganze Geschichte zu erzählen. Konzentrieren Sie sich auf den wichtigsten differenzierenden Nutzen und kommunizieren Sie diesen Ihren potenziellen Kunden über alle verfügbaren Kanäle!

Diese plötzliche Erkenntnis – sozusagen ein kreativer Geistesblitz –, wie die Lösung eines Problems auf einfachste Weise aussehen kann, ist etwas ganz anderes als allgemeine Intelligenz.

Sofern es überhaupt einen Trick gibt, wie man die Botschaft in wenigen Worten kondensieren kann, besteht er darin, die Lösung des Problems auf die Quintessenz zu reduzieren.

Streichen Sie alles, was Ihre Wettbewerber imitieren können. Vergessen Sie alle Nutzen, die nur durch aufwändige Untersuchungen bewiesen werden können. Vermeiden Sie alles, was nicht im Einklang mit der Wahrnehmung Ihrer Kunden steht.

Das Bewusstsein ist unsicher

Reine Logik ist keine Garantie dafür, dass sich ein Argument durchsetzt. Wie wir in Kapitel 5 gesehen haben, ist das Bewusstsein sowohl emotional als auch rational. Warum kauft jemand, was er kauft? Warum verhält er sich am Markt, wie er sich verhält?

Fragt man jemanden, warum er ein bestimmtes Produkt gekauft hat, erhält man oft unpräzise und wenig aufschlussreiche Antworten.

Entweder kennt der Befragte den wahren Grund, will einem diesen aber nicht verraten. Oder er ist sich, was häufiger vorkommt, über seine Motive nicht wirklich im Klaren.

Denkt man zurück, erinnert man sich oft an Dinge, die es gar nicht mehr gibt. Daher bleiben einem gut eingeführte Marken oft lange präsent, auch wenn sie nicht mehr beworben werden. Der Marktpionier hat dabei einen ungeheuren Vorteil (siehe Kapitel 10).

Mitte der 1980er Jahre wurde eine Befragung über Haushaltsmixer durchgeführt. Man bat Konsumenten, alle Marken anzugeben, die ihnen einfielen. General Electric landete auf Platz zwei, obwohl das Unternehmen seit 20 Jahren keine Mixer mehr produzierte.

Kaufen, was andere kaufen

Mehr als die Hälfte aller Dinge wird gekauft, weil die Menschen glauben, dass man dies oder jenes haben muss. Verbraucher sind Herdentiere, sie folgen der Masse.

Brauchen wirklich so viele Menschen ein Fahrzeug mit Allradantrieb? Nein. Wenn dem so wäre, hätten sich die Fahrzeuge doch schon vor Jahren durchgesetzt.

Der Hauptgrund für dieses Verhalten ist Unsicherheit – ein Thema, mit dem sich viele Wissenschaftler in umfangreichen Abhandlungen beschäftigt haben. Wenn man am Markt etabliert ist, bringen die Verbraucher einem Vertrauen entgegen. Sie sind sich sicher, wenn sie etwas kaufen. Deshalb ist Tradition ein gutes Differenzierungsmerkmal (siehe Kapitel 13).

Das Bewusstsein ist aus verschiedensten Gründen unsicher; ein Grund liegt in der Erkenntnis des Risikos, das mit einer so grundsätzlichen Entscheidung wie einem Kauf verbunden ist. Die Verhaltenslehre – der sogenannte Behaviorismus – kennt fünf verschiedene Risikoarten:

1. *Finanzielles Risiko* (Es besteht Gefahr, dass ich durch den Kauf Geld verlieren könnte.)
2. *Funktionsrisiko* (Vielleicht erfüllt das Produkt nicht die erwartete Funktion.)
3. *Körperliches Risiko* (Das Produkt macht einen gefährlichen Eindruck – ich könnte mich verletzen.)
4. *Soziales Risiko* (Was meine Freunde wohl denken werden, wenn ich mir das kaufe?)
5. *Psychologisches Risiko* (Wenn ich es kaufe, fühle ich mich vielleicht schuldig oder verantwortungslos.)

Das erklärt, warum Verbraucher zwar Sympathie für weniger etablierte Produkte hegen, aber letztlich doch die als Marktführer wahrgenommenen Produkte kaufen. (Wenn alle das kaufen, sollte ich das auch tun.)

Fixe Zuordnungen

Wie sinnlos es ist, bestimmte Einschätzungen ändern zu wollen, zeigen folgende Beispiele:

- Xerox verlor hunderte Millionen Dollar, als das Unternehmen den Markt überzeugen wollte, dass Xerox-Geräte, die keine Kopien machen, auch ihr Geld wert sind. Niemand wollte Xerox-Computer kaufen. Xerox-Kopierer waren nach wie vor gefragt.
- Die Volkswagen-Aktien fielen um mehr als 60 Punkte, als der Konzern den Markt davon überzeugen wollte, Volkswagen biete mehr als ein kleines, verlässliches, sparsames Auto wie den Käfer. Niemand kaufte die großen, schnellen Autos. Jetzt bringt Volkswagen den Käfer wieder auf den Markt und eine Menge Leute kaufen ihn.
- Coca-Cola setzte sowohl sein Ansehen als auch eine Menge Geld aufs Spiel, um den Markt zu überzeugen, das Unternehmen habe mehr zu bieten als „the real thing". Doch niemand interessierte sich für die New Coke. Das klassische Produkt hingegen verkaufte sich wie eh und je.

Wenn der Markt einmal über ein Produkt eine Entscheidung getroffen hat, ist diese nicht mehr zu ändern.

John Kenneth Galbraith hat einmal gesagt: „Wer vor der Wahl steht, seine Meinung zu ändern oder zu begründen, warum er bei seiner Meinung bleibt, entscheidet sich fast immer für die zweite Möglichkeit."

Die Sache mit dem Fokus

Oft verlieren Marken in der Kundenwahrnehmung an Konturen, was meistens an einer Markenausdehnung liegt. Kein Marketingthema ist so umstritten.

Unternehmen betrachten Marken aus der Perspektive der Gewinnmaximierung. Um sich Kostenvorteile zu verschaffen und vom Handel akzeptiert zu werden, sind Unternehmen bereit, eine Marke mit einem ganz klaren Fokus, die für eine bestimmte Art von Produkt oder eine bestimmte Idee steht, zu verwässern und daraus eine Marke ohne klare Konturen zu machen, die für verschiedene Arten von Produkten oder Ideen steht.

Betrachten Sie die Frage der Markenausdehnung einmal vom Stand der Kundenwahrnehmung aus. Je zahlreicher die mit einer Marke verbundenen Variationen sind, desto schwerer fällt es zu differenzieren, wofür die Marke genau steht. Eine klar differenzierte Marke wie z. B. Chevrolet kann so allmählich jede Bedeutung verlieren.

Scott, der amerikanische Marktführer bei Toilettenpapier, hat seine Produktpalette um *Scotties, Scottkins* und *Scott Towels* erweitert. Bald wurde „Scott“ auf dem Einkaufszettel austauschbar und Charmin übernahm die Führung. (Mehr zu diesem Thema in Kapitel 19.)

Einige überraschende Studien

Bedenkt man, dass 70 Prozent aller neuen Produkte unter bekannten Markennamen auf den Markt kommen, sollte man meinen, dass die betreffenden Unternehmen über genügend Daten verfügen, um die Vorteile der Markenausdehnung zu untermauern. Das Gegenteil ist der Fall.

Das *Journal of Consumer Marketing* hat eine großangelegte Untersuchung über die Einführung von 115 neuen Produkten in fünf US-amerikanischen und britischen Märkten veröffentlicht.[1] Die Studie verglich die Marktanteile von Produkten, die unter dem Namen einer etablierten Familien- oder Konzernmarke eingeführt wurden, mit den Marktanteilen von Produkten, die unter einem neuen Markennamen auf den Markt gebracht wurden.

Die Marktanteile wurden jeweils zwei Jahre nach Einführung des Produkts gemessen. Das Ergebnis: Die Produkte, die unter einer bestehenden Marke eingeführt wurden, schnitten wesentlich schlechter ab als die unter einem neuen Markennamen eingeführten Artikel.

Auch der *Harvard Business Review* hat eine Untersuchung zur Erweiterung von Produktpaletten veröffentlicht.[2] Im Rahmen der Studie stellte sich unter anderem heraus, dass Markenausdehnungen das Image einer Marke schwächen und sich nachteilig auf die Handelsbeziehungen auswirken. (Mehr zu den Gründen dafür in Kapitel 19.)

Die Vorteile der Spezialisten

Wenn man vergangene Marketingschlachten betrachtet, stellt man fest, dass sich eher Spezialisten durchsetzen, die einen differenzierenden Nutzen anzubieten haben (siehe Kapitel 14).

Im Folgenden noch einige Anmerkungen dazu, warum sich Spezialmarken besser einzuprägen scheinen.

Erstens kann sich ein Spezialist auf *ein* Produkt, auf *einen* Vorteil, auf *eine* Botschaft konzentrieren. Dieser Schwerpunkt erlaubt es dem Marketing, die Botschaft so zu pointieren, dass sie leicht im Gedächtnis bleibt.

Call-A-Pizza kann sich auf Lieferservice konzentrieren. Pizza Hut dagegen muss seine verschiedenen Pizzen, seinen Lieferservice und den Service in seinen Lokalen hervorheben.

Zweitens kann sich ein Spezialist als Experte oder als Nummer eins in seinem Bereich positionieren. Wenn er sich darauf beschränkt, muss er allerdings sehr gut sein.

Und drittens kann ein Spezialist erreichen, dass seine Marke für eine bestimmte Produktkategorie zum generischen Begriff wird. Xerox wurde zum Begriff für Kopierer, Federal Express zu einem Synonym für die Zustellung am nächsten Tag. Wenn es Anwälten auch gegen den Strich geht, gibt es im harten Marketingwettbewerb kein besseres Mittel, als den Markennamen zur generischen Bezeichnung zu machen. Aber dazu sind nur Spezialisten in der Lage. Einem Generalisten wird das nicht gelingen.

10

Pionier sein ist ein differenzierender Nutzen

Mit einer neuen Idee, einem neuen Produkt, einem neuen Zusatznutzen Aufmerksamkeit erregen zu können ist ein ungeheurer Vorteil. Das hat damit zu tun, dass der Mensch – wie wir im letzten Kapitel gezeigt haben – Einschätzungen nur ungern revidiert.

Psychologen sprechen in diesem Zusammenhang vom „Festhalten am Gewohnten". Zahlreiche Versuche belegen die magnetische Anziehungskraft des Status quo. Die meisten Entscheidungsträger lassen eine deutliche Neigung zu Lösungen erkennen, die nichts am gegenwärtigen Zustand ändern.

Kurz gesagt: Menschen neigen dazu, an den Dingen festzuhalten, die sie haben. Auch wenn man jemanden trifft, der eine bessere Partie wäre als die eigene Frau oder der eigene Mann, wird man sich nicht für einen Tausch entscheiden, wenn man an die Anwaltskosten und die Probleme denkt, welche die Aufteilung des Besitzes und der Kinder mit sich bringen würde.

Waren Sie mit einem Produkt der Erste und versuchen Konkurrenten, es zu kopieren, unterstützen Letztere eigentlich nur Ihr Produkt. Es ist viel einfacher, sich als Erster durchzusetzen, als jemanden davon zu überzeugen, dass man etwas Besseres anzubieten hat als das Produkt, das als Erstes auf dem Markt war.

Pioniere, die noch immer die Ersten sind

Harvard war das erste College Amerikas und gilt noch immer als erste Adresse.

Time ist *Newsweek* noch immer voraus. *People* schlägt *US*. *Playboy* hat eine höhere Auflage als *Penthouse*.

Chrysler hat den Minivan erfunden und ist in diesem Bereich auch heute noch Marktführer. Hertz, die erste Leihwagenfirma, ist auch heute noch am erfolgreichsten.

Hewlett-Packard führt bei Desktop-Laserprintern, Sun bei Workstations, Xerox bei Kopierern. Die Liste ist endlos.

Dass diese Firmen in einer bestimmten Produktkategorie oder bei einem bestimmten Produkt Pioniere waren, differenziert sie für den Kunden von ihren Wettbewerbern. Man räumt ihnen einen gewissen Status ein, weil sie den Gipfel als Erste bezwungen haben.

Evian gibt daher auch 20 Millionen Dollar im Jahr für Werbung aus, um die Kunden daran zu erinnern, dass sein Wasser „l'original" ist.

Ähnlichkeit mit Familienstrukturen

Pionierprodukte haben viel von erstgeborenen Kindern: Sie wirken bestimmt, hoch motiviert und sind oft dominierend.

Produkte, die in ihrer Kategorie nicht die Ersten sind, werden – wie spätergeborene Kinder – oft für weniger erfolgreich gehalten und stellen die etablierte Ordnung in Frage.

(Deshalb sind erfolgreiche Produkte, die nicht die Ersten in ihrer Kategorie sind, oft so genannte Flankenprodukte, die sich durch eine unangefochtene Eigenschaft oder Idee unterscheiden.)

Erstgeborene wachsen in dem Bewusstsein auf, dass sie „größer, stärker und gescheiter sind als ihre jüngeren Geschwister", meint der Wissenschaftshistoriker Dr. Frank Sulloway vom Massachusetts Institute of Technology. Erstgeborene seien auch eifersüchtiger, statusbewusster und eher bereit, ihr Revier zu verteidigen, weil sie erlebt haben, wie Neuankömmlinge in ihr Revier eingedrungen sind.[1]

Sulloway hat im Lauf von zwei Jahrzehnten an die 2000 verschiedene Untersuchungen zur Geburtenfolge und deren Wirkungen unter die Lupe genommen. Sein überzeugender Schluss: Erstgeborene identifizieren sich unabhängig von Geschlecht, Klasse und Nationalität mit Autoritäten und sehen es daher als ihre Lebensausgabe an, den Status quo zu verteidigen.

Mit Firmen und Produkten, die als Erste da waren, verhält es sich genauso.

Warum die Ersten die Ersten bleiben

Die Menschen haben das Gefühl, dass der Erste auf dem Markt das Original darstellt und alle anderen ihn kopieren. Und das Original zu sein heißt, über mehr Wissen und Fachkenntnisse zu verfügen. Deshalb hat die „real thing"-Kampagne von Coca-Cola so eingeschlagen. (Man hätte diese Idee nie fallen lassen dürfen.)

Studien belegen, dass Produkte, die als erste ihrer Kategorie auf den Markt kommen, in den meisten Fällen späteren Konkurrenzprodukten gegenüber einen wesentlichen Vorteil besitzen, was den Marktanteil betrifft. Für später auf den Markt drängende Produkte gilt es, eine eigene Positionierungsstrategie zu entwickeln.

Das „the choice of the new generation"-Konzept von Pepsi ist ein Beispiel dafür. Wenn Coca-Cola das Original war, dann war es offensichtlich etwas für die Älteren. Pepsi fügte der Cola noch etwas Zucker hinzu und konzentrierte sich auf junge Zielgruppen. Diese Idee kam beim Zielpublikum auch an. (Auch diese Idee hätte man nie fallen lassen dürfen.)

Wenn es die Zweiten nicht schaffen

Pepsi-Cola hat einen Weg gefunden, sich zu differenzieren. Wer das nicht schafft, überlebt selten.

Advil war das erste frei erhältliche Ibuprofen-Schmerzmittel. Davor gab es nur Motrin und das war rezeptpflichtig. Advil wurde mit dem Slogan „Nichts anderes als das rezeptpflichtige Motrin" eingeführt. Das signalisierte den Kunden, dass es sich bei Advil um ein qualitativ hochwertiges Medikament zu einem allerdings niedrigen Preis handelte.

Das zweite Markenprodukt in diesem Bereich war Nuprin, das dritte Medipren. Aber diese beiden Marken haben nie ein Merkmal gefunden, durch das sie sich von Advil hätten differenzieren können. Daher haben sie sich nicht durchgesetzt.

Überlebt hat schließlich nur Motrin IB, auf das etwa weniger als ein Drittel des Marktanteils von Advil entfällt. Warum Motrin IB es geschafft hat und andere Mittel nicht, hat damit zu tun, dass Motrin das erste Ibuprofen-Schmerzmittel auf dem Markt war.

Der Markenname als generischer Begriff

Die erste Marke bleibt oft die Nummer eins, weil der Name zur generischen Bezeichnung wird. Xerox, das erste Kopiergerät, das mit einfachem Papier funktionierte, wurde zum Begriff für alle Kopiergeräte dieser Art. Man bittet um ein Kleenex, auch wenn Scott auf der Schachtel steht. Und man bietet eine Coke an, auch wenn man nur Pepsi im Haus hat.

Wer fragt schon nach einem Zellophanband statt nach Tesa? Nur wenige. Viele verwenden Markennamen als Begriffe: Tempo, Kleenex, Aspirin, Gore-Tex, Q-tips, Tesa und Nescafé – um nur ein paar der gebräuchlichsten Namen zu nennen. Und manche versuchen, um jeden Preis aus einem Markennamen einen Begriff zu machen: „FedExen Sie das Päckchen an die Küste." Wenn man das erste Produkt seiner Art einführt, sollte man immer einen Namen aussuchen, der auch als generischen Begriff funktioniert. (Rechtsanwälte raten einem das Gegenteil – aber was wissen die schon von Marketing?)

Und jetzt die schlechte Nachricht

Große Pionierideen entwickeln sich manchmal langsam und es kann lange dauern, bis sie sich kommerziell durchsetzen.

- Die 35-mm-Kamera tauchte erstmals in den 1920er Jahren auf, doch erst in den1960er Jahren (nach 40 Jahren) hatten japanische Firmen damit Erfolg.
- Mikrowellenherde wurden 1946 entwickelt, konnten sich aber erst Mitte der 1970er Jahre (nach 30 Jahren) durchsetzen.
- Videorekorder wurden 1956 eingeführt, aber erst 1975 (nach 20 Jahren) startete der Verkauf für den Privatbereich durch.
- Auch wenn man bereits in den späten 1950er Jahren langsam an Anrufbeantwortern zu arbeiten begann, explodierte die Nachfrage erst Mitte der 1980er Jahre (nach 25 Jahren).
- Mit Videospielen ging es 1972 los; der Markt boomte, brach dann aber ein. Erst 1985 (13 Jahre später) setzte mit dem Auftreten von Nintendo eine langfristige Nachfrage ein.
- Kaum jemand wollte kalorienarmes Bier, während die Pioniere in diesem Bereich neun Jahre lang nach einem Weg suchten, den Kunden das Produkt zu verkaufen.

Worauf kommt es also an? Dass man als Erster am Ball bleibt und sich seine Idee von niemandem stehlen lässt.

Noch eine schlechte Nachricht

Auch wenn man Marktpionier ist und sich damit eine gewisse Zeit behauptet, ist das noch immer keine Garantie für dauerhaften Erfolg. Im Folgenden einige Beispiele für Kopien, die den Originalen den Rang abgelaufen haben:

- Jahrzehntelang stand Leica, was die Technik betraf, für 35-mm-Kameras. Leica war Marktführer, bis die Japaner die deutsche Technik kopierten, sie verbesserten und die Preise senkten. Leica versäumte es, entsprechend zu reagieren und spielt nur mehr eine untergeordnete Rolle.
- Reynolds und Eversharp waren bis zu den ausgehenden 40er Jahren, als die Hochzeit der Kugelschreiber vorübergehend abflaute, die Pioniere auf diesem Gebiet. Bic, ein Hersteller von billigen Wegwerfkugelschreibern, war als letztes Unternehmen in den Kugelschreibermarkt eingestiegen. Die Pioniere sind inzwischen draußen.
- Digital Research war das erste Unternehmen, das CP/M-Betriebssysteme für PCs einführte. Das System war damals Standard, aber Digital Research rüstete keine IBM-PCs nach. Microsoft erwarb ein Upgrade, welches das System kopierte, und wurde zum neuen Standard. Dann kam Windows und der Rest ist bekannt.
- Diner's Club brachte 1950 die erste Kreditkarte heraus. Das Unternehmen hatte zu wenig Kapital für ein Geschäft, in dem Geld der Schlüssel zu allem ist. Heute ist Visa überall, Diner's Club nirgends.
- De Havilland war ein britischer Flugzeugfabrikant, der im Eiltempo mit einem Jet auf den Markt drängte, der häufig abstürzte. Boeing folgte mit sichereren, größeren und antriebsstärkeren Jets, die nicht abstürzten. Raten Sie, wer sich durchgesetzt hat.
- Es war die Firma Sunshine Biscuits, die als Erste sogenannte Sandwich-Kekse mit einer Schokoladenschicht in der Mitte auf den Markt brachten. 1912 führte National Biscuit (Nabisco) seine Oreo Cookies ein. Mit ihrer klaren Überlegenheit in Vertrieb und Werbung verhinderten sie eine Marketingschlacht. Oreo Cookies wurden zu einem amerikanischen Original, obwohl von Original überhaupt nicht die Rede sein kann.

Die Liste der Verlierer ist lang, aber es ist klar, worauf wir hinauswollen. Der Erste zu ein, ist eine Sache, der Erste zu bleiben, eine andere. Es bedarf enormer Anstrengungen und Energien, um das zu schaffen. Gillette war der Pionier bei Rasierklingen und beherrscht bis heute den Markt. Gelungen ist das mithilfe zahlloser Neuerungen und rücksichtsloser Anleihen bei jedem

Konkurrenten, der mit einer neuen Idee auf den Markt kam (die rostfreie Klinge etwa stammt von Wilkinson).

Gute Ideen gesucht

Erfolgreiche neue Ideen haben keinen Haken. Es sind meistens gute Ideen. Umgekehrt sind nicht erfolgreiche neue Ideen meistens nicht gut.

R.J. Reynolds hat für die erste rauchlose Zigarette ein Vermögen ausgegeben. Das war das Gegenteil von gesundem Menschenverstand. Man dachte, rauchlose Zigaretten würden bei Nichtrauchern ankommen. Leider kaufen Nichtraucher aber keine Zigaretten.

Für die verfehlte Einführung der Premier-Zigaretten wurden an die 325 Millionen Dollar verpulvert. Es war schwierig, die Zigaretten anzuzünden, es bildete sich keine Asche (Rauchern gefällt es, Asche abzuklopfen oder wegzuschnipsen) und die Zigaretten rochen schlecht. Der Aufsichtsratvorsitzende von Reynolds selbst soll gesagt haben, dass die Zigaretten „wie Scheiße“ schmecken. Premier mag das erste Produkt seiner Art gewesen sein, die Idee war aber einfach schlecht.

Zu erwähnen wäre auch Frosty Paws, das erste Hundeeis. „Es ist kein Eis, aber Ihr Hund wird es für Eis halten“ – so die Einführungswerbung. Besinnen wir uns einmal. Wenn auch außer Zweifel steht, dass Waldi so ziemlich alles frisst, was man ihm vor die Nase hält, stellt sich doch die Frage, ob es unbedingt ein teures Eis sein muss, das gar keines ist. Wer wird das seinem Liebling schon kaufen?

Wenn man als Erster eine dumme Idee hat, ist das – na ja – dumm. Eine solche Idee bringt nichts.

Noch eine traurige Geschichte

Es kommt wesentlich darauf an, wenn möglich als Erster mit einer Idee auf den Markt zu kommen. Es muss allerdings eine Idee sein, die funktioniert.

Man erinnere sich an die traurige Geschichte von Rosen Motors, eines Unternehmens, das von 1993 bis 1997 existierte.

Die Gebrüder Rosen waren ein beeindruckendes Paar. Harold Rosen war Ingenieur bei Hughes Electronics gewesen und hatte sich für geostationäre Kommunikationssatelliten eingesetzt. Ben Rosen war Aufsichtsratvorsitzender von Compaq und eine Legende der PC-Welt.

Die Rosens investierten 24 Millionen Dollar und drei Jahre Zeit in die Entwicklung eines Kraftfahrzeuggetriebes mit einem speziellen Schwungrad. Das System speicherte die sonst beim Bremsen verlorene Energie und gab diese für plötzliche Beschleunigungen ab, die eine Turbine allein nicht zustande brachte. Eine hübsche Idee für einen Testwagen, aber nicht für Detroit. Kein Autohersteller würde die Produktion ausgerechnet des Motors als „Herz" eines Autos je einem anderen Hersteller überlassen.

Sie erteilten dem visionären Rosen-Antrieb eine Abfuhr, weil sie andere Pläne hatten und ihnen die Schwungradtechnik nicht ins Konzept passte. Rosen Motors ging die Luft aus, weil sich die Idee, durch die das Unternehmen sich von anderen Produzenten differenzieren wollte, nicht umsetzen ließ. Die Entwicklung war nichts anderes als Wunschdenken.

Ein Pionier, der nichts aus seinem Vorteil macht

Blättert man in den USA auf der Suche nach einem Hersteller für Klimaanlagen im Branchenbuch, stößt man auf Trane, Fedder, Carrier und viele andere Firmen, die einen solchen Auftrag übernehmen zu können behaupten. Sieht man sich die Slogans an, liest man Sprüche wie „Entspannen Sie sich mit Rheem!", „Lennox. Eine Sache weniger, um die Sie sich Sorgen machen müssen!", „Maßgeschneidertes Raumklima!" oder „Ihre individuelle Umwelt". Eine Differenzierung wird man da kaum ausmachen können. Sind die Firmen wirklich alle gleich? Da gibt es nur eines: den Nachbarn besuchen und ihn fragen, woher seine Klimaanlage kommt.

Beschäftigt man sich allerdings ein wenig eingehender mit Klimaanlagen, stellt man fest, dass alles 1902 begann. Nur wenige Menschen kennen den Namen des Mannes, dem sie den Komfort in ihren vier Wänden verdanken. Dieser Mann wurde nie berühmt, weil er den Großteil seines Lebens in seinem Labor verbrachte, um seine Erfindung zu verbessern. Er hieß Willis Carrier.

Das Unternehmen hätte also die Möglichkeit, auf seine Tradition zu setzen und neue Klimageräte mit einem etwas anderen Design auf den Markt zu bringen.

Statt sich unter der Überschrift „Wir kennen uns aus" zu präsentieren, könnten sie sich auf ihre Vergangenheit besinnen und sich von ihren Konkurrenten durch einen Slogan abheben, der den Kunden verrät, dass Carrier die ersten Klimageräte herstellte.

Eine gesunde Neuheit

Im Folgenden ein paar Bemerkungen über ein neues Produkt, das unserer Meinung nach gute Chancen hat, sich durchzusetzen.

Es heißt Airborne und ist das erste Mittel gegen Keime und Viren, die sich durch die Luft verbreiten. Es handelt sich um eine Kombination von Vitaminen und Pflanzenstoffen, die Vielflieger vor der ungesunden Luft in über 10.000 Meter Höhe schützt.

In der Nahrungsmittelergänzungsbranche werden bereits 14 Milliarden Dollar umgesetzt. Das neue Medikament bedient die von Medienberichten genährten Ängste, dass man als Reisender in den engen Flugzeugen die Keime der anderen Passagiere einatmet.

Der Herdentrieb könnte Airborne boomen lassen. Es ist unter den Hollywoodstars verbreitet und auch die Trainer der San Francisco 49ers schwören darauf.

Die Geschichte einer Fusion

Ein Unternehmen namens Kranson Industries kaufte mehrere Firmen auf, die Verpackungen vertrieben – Firmen also, die selbst keine Materialien dieser Art herstellen, sondern anderen Unternehmen, die nur eine begrenzte Menge von Verpackungen im Jahr brauchen, ein breites Spektrum von Lösungen in diesem Bereich anbieten.

In kurzer Zeit war Kranson doppelt so groß wie das zweitgrößte Unternehmen dieser Art und fünfmal so groß wie die meisten anderen Betriebe in diesem Bereich. Jetzt war man so weit, etwas Besonderes zu werden.

Kranson fusionierte seine beiden größten Distributeure Tricor und Braun und wurde zu TricorBraun, dem „ersten Super-Distributeur der Branche".

Dieser neugebildete Koloss konnte mehr Druck im Einkauf ausüben, mehr Design- und Entwicklungsunterstützung anbieten und verfügte über mehr Wissen bei der Lösung komplexer Verpackungsprobleme als alle anderen Anbieter.

Das Unternehmen stellte sich und seine neue Struktur auf einer großen Branchenmesse vor und „pustete seine kleineren Konkurrenten einfach weg", wie sein CEO Richard Glassman es formulierte.

Werden Sie zum Pionier und Sie verfügen automatisch über ein Differenzierungsmerkmal. Gelingt es Ihnen, diese Position zu verteidigen und Ihre Konkurrenten in Schach zu halten, werden Sie großen Erfolg haben.

Die Ersten auf dem Hobbygärtnermarkt

Eine Gruppe gewiefter Entrepreneure in Austin, Texas, gründete Garden.com, das erste Internetunternehmen, das sich dem in Amerika populärsten Hobby, der Gartenarbeit, widmet.

Überraschenderweise ist dieses Hobby ein Bereich, in dem jährlich 46 Milliarden Dollar umgesetzt werden. (Das ist etwa doppelt so viel wie auf dem Buchmarkt, den der E-Commerce-Liebling Amazon.com zu beherrschen versucht.)

Der Gartenmarkt ist sehr fragmentiert. Das Angebot ist regional stark unterschiedlich, abhängig von Klima und Boden. Hobbygärtner sind passionierte, meist wohlhabende Menschen. Kein Anbieter in diesem Markt scheint über mehr als 1 Prozent Marktanteil zu verfügen.

Garden.com unterscheidet sich deutlich von vielen schnelllebigen E-Commerce-Betreibern. Das Unternehmen hat bereits 500.000 Abonnenten gewinnen können. Das Angebot im Netz umfasst 16.000 Artikel. Wer die Website besucht, schaut sich durchschnittlich eine halbe Stunde lang um.

Das Unternehmen hat 51 Millionen Dollar aus privaten Mitteln aufgebracht. Der Gang an die Börse verspricht weitere 50 Millionen. Ein weiteres Beispiel für die Vorteile einer Pionierstellung.

Gutes tun kann Erfolg bringen

Es gibt etwa 500 verschiedene Mineralwassermarken. Die Bandbreite reicht von Marktgiganten bis zu Kleinunternehmen. (Mehr über Wasser in Kapitel 11). Auf einmal taucht eine Marke namens Keeper Springs Mountain Spring Water auf, die sich auf wirklich interessante Weise von allen anderen differenziert: Die Firma arbeit als Non-profit-Organisation.

Keeper Springs ist ein Produkt von Tear of the Clouds L. L. C., einer Umweltschutzgruppe, die auf diesem Weg Mittel schaffen will, um verschmutzte Gewässer reinigen zu können.

Jede Flasche weist auf diesen Unterschied hin: Alle Gewinne fließen in den Umweltschutz. Das Produkt wurde mit einem aussagekräftigen Satz vorgestellt: „Nach nur einem Schluck haben Sie mehr für die Umwelt getan als die meisten Politiker.“

Der Werbechef des Unternehmens betont, worum es geht: „Wir sind der Überzeugung, dass wir uns deutlich von anderen Mineralwasserherstellern differenzieren und auf diesen Unterschied sollten wir uns konzentrieren.“[2]

Das trifft die Sache. Auf seine gesamten Gewinne verzichten, um Gutes zu tun, stellt sicherlich ein einzigartiges Angebot dar. Außerdem wird es nicht viele geben, die das Konzept kopieren wollen.

Man muss das Rad nicht neu erfinden

Ist man in einem bestimmten Teil der Welt mit einem Konzept Pionier, heißt das nicht, dass sich nicht jemand die Idee „leihen" und in einem anderen Teil der Welt damit als „Erster" auf den Markt kommen kann.

So ist z. B. der Spanier Leopoldo Fernandez Pujals vorgegangen, der in Ford Lauderdale in Florida aufwuchs. Pujals hatte keine Skrupel, sich das Lieferkonzept des Pizzaservices Domino zu kopieren. Er ließ sich einen einprägsamen Namen einfallen und gründete mit einem Startkapital von 80.000 US-Dollar TelePizza, den ersten Pizza-Service von Madrid.

Nach etwas mehr als zehn Jahren hatte TelePizza in einem halben Dutzend Länder fast 600 Geschäfte eröffnet. Die „geliehene Idee" ist inzwischen 1,85 Milliarden Dollar wert.

Thomas Edison riet zu Folgendem: „Man sollte es sich zur Gewohnheit machen, nach neuen und interessanten Ideen Ausschau zu halten, die andere erfolgreich verwendet haben."

Mit anderen Worten: Der Erste zu sein heißt oft nichts anderes, als den Markt aufmerksam zu verfolgen.

11

Die Besetzung einer bestimmten Eigenschaft ist ein differenzierender Nutzen

Der Begriff „Eigenschaft“ ist eines der Schlagworte, die im Marketing häufig verwendet, aber nicht wirklich verstanden werden. Bevor wir fortfahren, wollen wir den Begriff also definieren.

Erstens bezeichnet Eigenschaft ein Charakteristikum, eine Besonderheit oder ein bestimmtes Merkmal einer Person oder Sache.

Zweitens ist jede Person oder Sache eine einzigartige Kombination verschiedener Eigenschaften. Jeder Mensch unterscheidet sich durch sein Geschlecht, seine Größe, seine Intelligenz, seine Fertigkeiten und seine Attraktivität von anderen Personen. Je nach Kategorie verfügt auch jede Sache über eine Reihe verschiedener Eigenschaften. Jede Zahnpasta etwa unterscheidet sich in mehrfacher Hinsicht von anderen Zahnpasten: Wie schützt sie vor Löchern und Plaque? Wie weiß werden die Zähne? Verhindert sie Mundgeruch? Wie schmeckt sie?

Besetzen Sie eine Eigenschaft

Ein Mensch oder ein Produkt wird dadurch einzigartig, dass er oder es für eine bestimmte Eigenschaft bekannt ist. Marilyn Monroe war für ihre Attraktivität bekannt. Crest-Zahnpasta ist dafür bekannt, dass sie die Entstehung von Karies verhindert. Ob Marilyn Monroe sehr intelligent war oder nicht, spielte keine Rolle. Sie wurde durch ihre Pinup-Schönheit zu etwas Besonderem. Für Crest galt das Gleiche: Es ging nur darum, dass die Zahnpasta der Entstehung von Karies vorbeugte. Wie sie schmeckte, war egal.

Weist ein Produkt oder eine Dienstleistung eine besondere Eigenschaft auf, gibt es wahrscheinlich keine bessere Möglichkeit, diese von anderen Produkten oder Dienstleistungen abzugrenzen, als sich auf diese Eigenschaft zu konzentrieren.

Aber Achtung: Ihr Produkt oder Ihre Dienstleistung darf nicht dieselbe Eigenschaft oder Positionierung aufweisen wie das Produkt oder die Dienstleistung Ihrer Konkurrenten. Sonst müssen Sie sich eine andere Eigenschaft suchen.

Allzu oft versuchen Unternehmen, den Marktführer zu kopieren. „Die müssen doch wissen, wo es langgeht. Also werden wir etwas Ähnliches versuchen ...“ – so das Argument. Das ist keine gute Idee.

Es ist viel besser, nach einer wirklich differenzierenden Eigenschaft zu suchen, die es einem erlaubt, sich gegen die Nummer eins in Position zu bringen. Auf Differenzierung kommt es also an, nicht auf Ähnlichkeit.

Coca-Cola ist das Original und daher das Getränk, für das sich reifere Menschen entscheiden. Pepsi positionierte sich erfolgreich als Getränk-Option für die jüngere Generation.

Der Bourbon-Markt wird von den zwei Js beherrscht: von Jim Beam und Jack Daniel's. Also setzte Maker's Mark auf eine Eigenschaft, die seine niedrigeren Absätze attraktiver aussehen lassen sollte, und unterstrich den aufwändigen handwerklichen Aspekt seiner Produktion („Handcrafting our bourbon to produce a smooth, soft taste“).

Weil Crest das Thema Karies besetzt hatte, vermieden andere Zahnpastahersteller dieses Gebiet und konzentrierten sich auf Eigenschaften wie

Geschmack, weißere Zähne, die Verhinderung von Mundgeruch und in letzter Zeit auf Baking Soda als Putzkörper.

Wenn man nicht die Nummer eins ist, sollte die Eigenschaft, über die man sich positionieren will, punktgenau definiert sein. Wichtiger noch ist allerdings, dass dieses Merkmal in der entsprechenden Produktkategorie „verfügbar" ist. Es darf noch nicht von einem anderen Wettbewerber besetzt sein.

Auf den Fokus kommt es an

Die wirkungsvollsten Eigenschaften sind einfach und bringen einen Zusatznutzen zum Ausdruck. Wie kompliziert die Produkte oder die Anforderungen des Marktes auch sein mögen – sich auf einen Begriff oder einen differenzierenden Nutzen zu konzentrieren und dabei zu bleiben ist immer besser, als es mit drei oder vier Merkmalen zu versuchen. Der wesentliche Unterschied zwischen Pepsi-Cola und Coca-Cola lag immer darin, dass Pepsi auf die Jugend abzielte. Mit Slogans wie „the joy of cola" entfernt sich Pepsi von seinem zentralen Differenzierungsmerkmal.

Außerdem geht von Eigenschaften eine bestimmte Aura aus. Streicht man bei einem Produkt einen bestimmten Nutzen besonders hervor, wird der Kunde diesem auch eine Menge anderer Vorzüge zuschreiben. Eine cremige Spaghettisauce etwa impliziert Qualität, bestimmte Nährstoffe, dass man für sein Geld auch etwas bekommt usw. Ein „sichereres" Auto impliziert ein besseres Design und eine bessere Technik.

Ob das nun das Ergebnis einer gezielten Kampagne ist oder nicht, die erfolgreichsten Firmen oder Marken sind die, die in der Wahrnehmung der Kunden einen Begriff besetzt haben, der mit einem Nutzen verbunden ist.

Die folgenden Abschnitte beschreiben einige Marketinggefechte, die sich Unternehmen im Kampf um eine bestimmte Eigenschaft geliefert haben.

Nicht alle Eigenschaften sind gleichwertig

Manche Eigenschaften sind Kunden wichtiger als andere. Man sollte immer versuchen, die wichtigste zu besetzen.

Für eine Zahnpasta gibt es keinen größeren Nutzen als den der Kariesprophylaxe. Diese Eigenschaften muss man einfach besetzen. Was wir das Gesetz der Exklusivität nennen, verweist aber auf die einfache Wahrheit, dass differenzierender Nutzen verloren geht, sobald es einem Konkurrenten gelungen ist, ihn zu kopieren erfolgreich angeeignet hat. Dann muss man sich auf eine weniger wichtige Eigenschaft konzentrieren und sich damit abfinden, ein kleineres Segment zu bedienen. Es kommt darauf an, sich auf einen neuen differenzierenden Nutzen zu konzentrieren, seinen Wert zu dramatisieren und dadurch seinen Marktanteil wieder zu vergrößern.

Das war etwa in der Autoindustrie so, als zuerst Deutschland und dann Japan den bis dahin den US-Markt dominierenden amerikanischen Herstellern mit neuen Nutzen den Markt streitig zu machen begannen.

Autos

Mit seinen Eigenschaften „groß“, „PS-stark“ und „bequem“ beherrschte Detroit jahrelang den amerikanischen Automarkt.

Dann tauchte Volkswagen mit dem ersten Kleinwagen auf, der „sparsam“, „verlässlich“ und „hässlich“ war. Das kostete Detroit ein Lachen, war man doch überzeugt, dass „Amerika schnittige Straßenkreuzer will. Unsere Untersuchungen bestätigen das.“

Dann kam Japan mit seinen kleinen, aber optisch attraktiveren Autos. Detroit verging das Lachen, als 1997 1.348.046 Kleinwagen verkauft wurden. 40 Prozent davon entfielen auf deutsche und japanische Firmen.

Sieht man sich die Autobranche an, wird man feststellen, dass die stärksten Marken mit wichtigen Eigenschaften verbunden werden:

BMW	Fahrfreude
Volvo	Sicherheit
Mercedes	Technik
Jaguar	Design
Toyota und Honda	Verlässlichkeit
Ferrari	Geschwindigkeit

Marken wie Chevrolet, Nissan, Mercury und Oldsmobile sind schwach, weil sie keinen Fokus gesetzt haben und auf keinen differenzierenden Nutzen Anspruch erheben können.

Keine Eigenschaft bleibt unbeachtet

Bei Gillette lacht niemand über neue Eigenschaften, die das Gegenteil dessen sind, was das Unternehmen gerade im Angebot hat. Die Vorherrschaft des weltweit marktführenden Rasierklingenherstellers beruht auf seinen technisch ausgereiften Rasierern und Klingensystemen. Als ein junges französisches Unternehmen in Form von Einwegklingen eine gegensätzliche Eigenschaft ins Spiel brachte, hätte Gillette diese abtun und Umfragen aus der Schublade ziehen können, die belegten, dass amerikanische Verbraucher schwere, teure High-Tech-Rasierer wollen. Gillette hat das nicht getan.

Gillette kam mit einem eigenen Einwegrasierer namens Good News auf den Markt. Mit viel Geld gelang es Gillette, den Kampf um dieses Segment für sich zu entscheiden.

Heute ist der Good News von Gillette die Nummer eins unter den Einwegrasierern – ein Segment, das stetig gewachsen ist und inzwischen das Rasierklingengeschäft beherrscht.

Man kann nie wissen, welchen Marktanteil ein neuer Nutzen erobern wird, und sollte daher alle ernst nehmen.

Kreditkarten

Visa hat im Kreditkartengeschäft die Marktführerschaft errungen, indem es den differenzierenden Nutzen der weltweiten Akzeptanz für sich in Anspruch genommen hat. Auf Visa entfallen heute 53 Prozent der sich jährlich auf 1,16 Billionen Dollar belaufenden Kreditkartentransaktionen. 1985 waren es erst 44 Prozent. Lag Visa damals mit MasterCard schon fast gleichauf, hat das Unternehmen heute den doppelten Marktanteil.

MasterCard hat das Problem, kein eigenes Alleinstellungsmerkmal vorweisen zu können. Das Unternehmen versucht, Visa zu kopieren. (Das ist ein großer Fehler.) Wenn Visa in seinen beeindruckenden Globetrotter-Werbeanzeigen und -spots „weltweit zu Hause" ist, hätte sich MasterCard auf das Differenzierungsmerkmal „für jeden Tag und jede Situation" konzentrieren sollen. MasterCard hätte versuchen sollen, sich als *die* Kreditkarte für den täglichen Einkauf in den Haupteinkaufsgebieten, an Tankstellen und im lokalen Supermarkt zu positionieren. (Kurioserweise versucht das nun American Express.)

Keinen differenzierenden Nutzen bieten zu können ist MasterCard teuer zu stehen gekommen.

Der Einzelhandel

Der Kampf tobt nirgends härter als im Massenkonsumgeschäft, wo die großen Ketten gegeneinander antreten. Wer sich hier von anderen Wettbewerbern differenziert, dem geht es gut. Wer das nicht tut, hat Probleme.

Die größte und wahrscheinlich gnadenloseste Einzelhandelskette ist Wal-Mart. Das Differenzierungsmerkmal, auf das Wal-Mart setzt, ist einfach: Dauertiefstpreise. Das Unternehmen hat die Macht und die Technologie, das Konzept umzusetzen.

Target, ein 21-Milliarden-Dollar-Unternehmen, das zu Dayton Hudson gehört, hat sich von seinem spartanisch-billigen Discounterimage verabschiedet, indem es günstiges Einkaufen zu einer Mode gemacht hat. Das Differenzierungsmerkmal des Unternehmens könnte man mit „Masse mit

Klasse“ umschreiben. Unterstrichen wird dies durch die Werbung und das ansprechende Produktdesign. (Fans von Target sprechen den Namen gern französisch aus: „tar-schey“.)

Ames ist ein regionales Unternehmen, das 4 Milliarden Dollar umsetzt. Diese Kette hat recht gut überlebt, indem sie sich auf ein Kundensegment unterhalb des Wal-Mart-Segments spezialisiert hat. Das Differenzierungsmerkmal dieses Unternehmens könnte man mit „Masse ohne Klasse“ umschreiben. Um dieses Konzept zu verstärken, hat Ames die Kosten gesenkt und ein Sortiment aufgebaut, das sich vor allem an Arbeiter, alte und übergewichtige Menschen richtet. Vor allem bei Acryltextilien ist Ames einsame Spitze.

Caldor war eine Kette mit 140 Verkaufsfilialen im Nordosten der USA. Das Unternehmen verfügte über kein Differenzierungsmerkmal und verschwand Anfang 1999 vom Markt.

Es gibt nur zwei Möglichkeiten: Differenzieren oder verlieren.

Das Fastfood-Geschäft

Burger King schaffte es nicht, McDonald's den Zusatznutzen „schnell“ wegzunehmen. Was hätte Burger King tun sollen? Sich auf das Gegenteil verlegen? „Langsam“ taugt im Fastfood-Bereich nun einmal nichts (auch wenn der Burger-King-Slogan „have it your way“ ein gewisses Element der Langsamkeit hat).

Ein Besuch bei McDonald's genügt, um festzustellen, welches andere Differenzierungsmerkmal das Unternehmen noch besetzt hat: „Kinder“. McDonald's ist tatsächlich das Fastfood-Lokal, in das Kinder ihre Eltern schleppen (was sich an den Spielgerüsten in zahlreichen Niederlassungen ablesen lässt.) Aus dieser Konstellation ergibt sich eine Möglichkeit, die sich auch im Kampf von Pepsi gegen Coca-Cola gezeigt hat. Wenn McDonald's Kinder als Kunden anspricht, hat Burger King die Möglichkeit, sich für ein älteres Publikum zu positionieren, und das heißt auch für alle Kinder, die nicht mehr als Kinder angesehen werden wollen. Was im Allgemeinen für alle gilt, die älter als zehn sind. (Kein schlechter Markt.)

Damit die Strategie funktioniert, müsste Burger King einen Verzicht leisten und alle Kinder unter zehn an McDonald's „abtreten". Burger King müsste sich zwar von ein paar Schaukeln verabschieden, hätte aber die Möglichkeit, McDonald's mit dem Etikett „Kinderland" abzustempeln (mehr über Verzicht in Kapitel 20).

Um den Kunden das Konzept so zu präsentieren, dass sie es nicht vergessen, müsste Burger King einen Begriff wie „erwachsen" besetzen – „Erwachsene gönnen sich den natürlichen Grillgeschmack von Burger King".

Wasser

Sogar Wasser kann sich durch ein Alleinstellungsmerkmal abheben. Natürlich kann man Wasser als langweiliges Produkt ansehen – am Markt ist es ein heißer Artikel. In den USA liegt er bei über 11 Milliarden Litern. (Bei kohlensäurehaltigen Erfrischungsgetränken sind es 55 Milliarden Liter.)

Wenn die Menschen für schlichtes Wasser Geld zu zahlen bereit sind, glauben die Marketingexperten schon flüssiges Gold in den Flaschen zu sehen. Es kann daher nicht überraschen, wenn überall auf der Welt in diesem Segment um Marktanteile gerungen wird. Aus Belgien z. B. gibt es ein leicht sprudelndes Mineralwasser aus den Ardennen. Genau genommen entspringt das Wasser in Stoumont im Amblève-Tal, einem Naturschutzgebiet. Hier die Geschichte dazu:

Perlend in Belgien

Bru sprudelte nur leicht und lag damit in der Mitte zwischen stillen Sorten und Sorten mit hohem Kohlensäuregehalt. Dadurch fehlte ihm das Besondere.

Nun, wer Zitronen hat, macht Limonade.

Das Unternehmen setzte auf das Differenzierungsmerkmal „leicht sprudelnd", sprach von „perlend" und nannte sein Mineralwasser „l'eau perlée", „perlendes Wasser". Von 1981 bis 1996 schnellte der Verkauf von 1 Million

Liter auf 42 Millionen Liter hinauf. Heute ist Bru mit seinem Attribut „perlend“ bei kohlensäurehaltigem Mineralwasser in Belgien die Nummer eins.

Geringer Natriumgehalt in Argentinien

In Argentinien ist Villavicencio bei in Flaschen abgefülltem Mineralwasser die Nummer eins. Der Marktanteil des Bergquellwassers liegt bei etwa 30 Prozent. Die Nummer zwei mit einem Anteil von etwa 10 Prozent heißt Eco des los Andes.

Wenn Eco seinen Marktanteil ausbauen will, muss es einen Weg finden, sich vom Marktführer zu differenzieren und muss den Kunden einen Grund liefern, seiner Marke den Vorzug zu geben. Ein schneller Blick auf die Etiketten offenbart bereits den Unterschied. Aufgrund seines Abfüllungsortes weist Villavicencio mit 272 mg/1,5 l im Vergleich zu Eco de los Andes mit 10,4 mg/1,5 l einen sehr hohen Natriumgehalt auf. Interessanterweise entspricht der Natriumgehalt von Eco des los Andes genau der von der American Heart Association empfohlenen täglich erforderlichen Menge.

Durch seinen geringen Natriumgehalt konnte sich Eco des los Andes als „Wasser aus den Bergen mit geringem Natriumgehalt“ positionieren. Jetzt verfügt das Unternehmen über ein klares Alleinstellungsmerkmal, mit dem es sein Produkt nicht nur als das gesündere, sondern auch das andere Wasser anbieten kann. (Rosser Reeves hätte seine Freude gehabt.)

Der Einsatz „negativer“ Differenzierungsmerkmale

Man kann seinem Konkurrenten eine negative Eigenschaft anhängen, so wie McDonald’s das Etikett „Kinderland“ und Villavicencio den hohen Natriumgehalt.

Das kann ein sehr zielführender Weg sein, sich mit seinem Differenzierungsmerkmal durchzusetzen. Man spricht in diesem Zusammenhang oft von einer „Repositionierung der Konkurrenz“.

Die Mundwassermarke Scope hat das getan, als sie Listerine das Etikett „schlechter Geschmack“ verpasste, um sein Produkt als „gut schmeckendes Mundwasser“ zu positionieren. (Das war leicht.)

BMW hat das Mercedes gegenüber getan, als es mit in den USA dem Vergleich

Die ultimative Freude am Sitzen („the ultimat sitting machine")

versus

Die ultimative Freude am Fahren („the ultimate driving machine")

antrat. Indem BMW Mercedes als „Wohnzimmer auf Rädern“ bezeichnete, konnte das Unternehmen sofort das Differenzierungsmerkmal „Fahrfreude“ für sich besetzen.

Wenn es im Rahmen der Differenzierungsanstrengungen gelingt, seinem Konkurrenten ein negatives Merkmal zuzuordnen, verfolgt man eine doppelt wirksame Strategie.

Ohne Blutverlust in New Jersey

Es gibt Zeiten, in denen man ein Merkmal erfinden muss.

Das war beim Englewood Hospital and Medical Center in New Jersey der Fall. Dieses Krankenhaus fand einen Weg, sich von den 82 anderen Kliniken in den drei Bundestaaten um New York zu differenzieren. Es erfand das Differenzierungsmerkmal „Medizin und Chirurgie ohne Blutverlust“.

Begonnen hat alles mit dem Versuch, sich den den Zeugen Jehovas angehörenden Bewohnern der Region anzubieten, die aufgrund ihrer religiösen Überzeugung Bluttransfusionen ablehnen. Sobald man einmal die entsprechenden Techniken und Vorgehensweisen eingeführt hatte, zog die Bewerbung dieses Differenzierungsmerkmals nicht nur Angehörige der Zielgruppe, also Zeugen Jehovas, sondern auch ein breiteres Publikum an. (Wer will schon Blut verlieren?)

Aus der Einführung und Besetzung des Alleinstellungsmerkmals „Medizin und Chirurgie ohne Blutverlust" ergab sich ein wirkungsvoller Unterschied. Patienten aus 22 Bundesstaaten und zehn Ländern sind inzwischen nach Englewood gekommen, weil sie glauben, dass Operationen dort ganz anders verlaufen.

Größer in Massachusetts

Bei Museen heißt größer nicht unbedingt besser. Schließlich dauert es ja manchmal Tage, bis man die endlosen Gänge so mancher Museen abgelaufen ist.

Für zeitgenössische Künstler ist Größe kein Hindernis. Moderne Kunstwerke können ungeheure Ausmaße haben. Der Titel eines Werks von Robert Rauschenberg aus dem Jahr 1981 ist keine Übertreibung: The $^1/_4$ Mile or 2 Furlong Piece („Das Viertelmeilen- oder 2mal-220-Yard-Stück"). Die meisten Galeristen können nicht einmal im Traum daran denken, ein solches Monumentalwerk in ihren Räumen zu zeigen.

Da öffnet in North Adams in Berkshire das Massachusetts Museum of Contemporary Art seine Tore. Mit einem Saal in der Größe eines Fußballfelds und einer Raumhöhe von 12 Metern profiliert sich das Mass MoCA, wie sein Spitzname lautet, stolz als größtes Zentrum für bildende und darstellende Kunst in den USA (wenn nicht in der Welt).

Woher kommt der ganze Platz? Das Museum ist in einem weitläufigen stillgelegten Fabrikkomplex des 19. Jahrhunderts untergebracht, der sich über 52.600 Quadratmeter erstreckt. Bis heute hat man sechs Gebäude davon umgebaut und damit mehr als 23.000 Quadratmeter Raum für Galerien und Theatersäle geschaffen.

Einfach in Massachusetts

Es gibt Zeiten, in denen man sich die Branchenbedingungen zunutze machen kann, um ein Alleinstellungsmerkmal zu besetzen.

Das ist z. B. in unserer hochtechnisierten Welt der Fall, wenn Unternehmen für ihre Betriebe oder zwischen ihren Betrieben und ihren Kunden Intranetstrukturen aufbauen wollen. Die Einrichtung solcher Strukturen ist komplex, bedarf externer Fachkräfte und ist kostenintensiv.

Eine Firma namens IntraNetics entwickelte vor Jahren eine Software, mit deren Hilfe es Unternehmen möglich war, in kürzester Zeit Softwaremodule zu installieren, die sich leicht modifizieren und mit Kunden und anderen Geschäftspartnern vernetzen ließen.

IntraNetics konnte mit Fug und Recht Anspruch darauf erheben, „endlich eine einfache Lösung für leistungsstarke Intranetstrukturen gefunden zu haben". In einer komplexen Welt funktioniert es immer, wenn man als Erster das Differenzierungsmerkmal „einfach" in Anspruch nehmen kann.

Ist „grün sein" ein Differenzierungsmerkmal?

Wie steht es eigentlich um das Merkmal „ökologisch"?

In unserer in Umweltfragen sensiblen Zeit meinen viele Firmen, sich über „grüne" Ziele profilieren zu können. Es ist aber noch nicht klar, ob das funktioniert. Die Diskussion hat sich polarisiert.

Eine Gruppe von Wirtschaftswissenschaftlern behauptet, dass es sich auszahlt, grün zu sein. Sie vertritt die These, dass Firmen ihre Profite steigern können, wenn sie sich ehrgeizige Umweltziele stecken. Eine andere Gruppe von Managern und Wissenschaftlern hingegen ist der Ansicht, dass Firmen in erster Linie Aktionärsinteressen dienen und dass es nicht sehr realistisch sei, sich für die Umwelt zu engagieren.

Im Folgenden einige Richtlinien für alle, die sich durch ihre Sensibilität in Umweltfragen von ihren Wettbewerbern differenzieren wollen. Will man ein Produkt ökologisch erfolgreich positionieren, sind drei Anforderungen zu erfüllen:

1. Das Unternehmen muss bei den Kunden die Bereitschaft vorfinden oder herstellen, für Umweltschutz Geld zu zahlen.
2. Das Unternehmen muss glaubwürdige Informationen über die umweltschützenden Aspekte seiner Produkte geben können.
3. Das Unternehmen muss seine Innovation gegen Nachahmung durch seine Konkurrenten verteidigen können.

Keine leichte Aufgabe. Unsere gegenwärtige Einschätzung lautet, dass Unternehmer durchaus gute Mitglieder der Gesellschaft sein, aber andere Wege suchen sollten, sich von ihren Konkurrenten zu differenzieren.

12

Marktführerschaft ist ein differenzierender Nutzen

Es gibt keine viel versprechendere Möglichkeit, seine Marke von anderen zu differenzieren, als in einer Kategorie die Nummer eins zu sein. Der Grund dafür liegt darin, dass dies der direkteste Weg ist, einer Marke Referenzen zu verschaffen. Referenzen sind eine wertvolle Hilfe bei der Absicherung des Markenerfolgs.

Als Marktführer hat man eine beinahe uneingeschränkte Glaubwürdigkeit (und zwar gerade aufgrund der marktführenden Position.)

Die Psychologie der Marktführerschaft

Menschen neigen dazu, „Größe" mit Erfolg, Status und Führungsqualität gleichzusetzen. Wir respektieren und bewundern das, was am größten ist.

In ihrem Buch *Mindwatching: Why People Behave The Way They Do* (dt.: *Der durchsichtige Mensch: Wie uns Psychologen sehen*) beziehen sich die Psychologen Hans und Michael Eysenck auf eine berühmte Studie.[1]

Dabei wurde ein Mann namens „Mister England" verschiedenen Klassen an amerikanischen Colleges vorgestellt, und zwar entweder als „Herr

England, ein Student aus Cambridge“ oder als „Professor England aus Cambridge“.

Nachher bat man die Studenten, die Größe des Mannes zu schätzen. Der Statusunterschied zwischen Student und Professor schlug sich in einer Differenz von bis zu zwölf Zentimetern nieder.

Größe schlägt sich auch in Geld nieder. Eine Befragung männlicher Absolventen der Universität von Pittsburgh ergab, dass alle, die mindestens 188 cm groß waren, ein durchschnittliches Anfangsgehalt erhielten, das um mindestens zwölf Prozent über dem ihrer höchstens 183 cm großen Kollegen lag.

So verhält es sich auch im Geschäftsbereich, wo Größe eine Frage des Umsatzes oder des Marktanteils ist.

Wenn man eine Kategorie beherrscht

Mächtige marktführende Unternehmen können einen Besitzanspruch auf den für eine Produktkategorie stehenden Begriff erheben. Die Gültigkeit eines solchen Anspruchs lässt sich durch einen Assoziationstest überprüfen.

Nehmen wir einmal die vier Kategorien Computer, Kopierer, Schokolade und Cola, sind die vier Worte, die in den USA damit am häufigsten assoziiert werden, IBM, Xerox, Hershey's und Coca-Cola.

Ein cleveres Unternehmen, das eine Führungsposition einnimmt, wird noch einen Schritt weiter gehen, um seine Stellung abzusichern. Das Wort Ketchup gehört Heinz. Aber Heinz hat auch das wichtigste Ketchup-Differenzierungsmerkmal besetzt. Mit seinem Slogan „das langsamste Ketchup des Westens“ beansprucht Heinz das Merkmal dickflüssige Konsistenz für sich. Dass das Unternehmen den Begriff „dickflüssig“ besetzt hält, sichert ihm einen Marktanteil von 50 Prozent.

Wer die Nummer eins ist, sollte auch damit werben

Trotz der genannten Vorteile, über die ein Unternehmen verfügt, wenn es als Nummer eins gilt, stößt man immer wieder auf Firmen, die marktführend in ihrem Bereich sind, aber nicht darüber sprechen wollen. Fragt man sie, warum sie damit so hinterm Berg halten, lautet die Antwort meist, dass man damit nicht angeben wolle.

Etwas Besseres als jemand, der seine führende Stellung nicht öffentlich machen will, kann der Konkurrenz gar nicht passieren. Wenn man sich mühsam nach oben gekämpft hat, sollte man am Gipfel seine Fahne aufstellen und sich fotografieren lassen.

Übrigens gibt es viele sympathische Arten, darauf hinzuweisen, dass man die Nummer eins ist. Einer unserer diesbezüglichen Lieblingsslogans lautet: „Fidelity Investments. 12 Millionen Kunden vertrauen uns."

Wenn man das Verdienst für das, was man erreicht hat, nicht in Anspruch nimmt, wird das Unternehmen, das einem auf den Fersen ist, garantiert einen Weg finden, darauf Anspruch zu erheben und sich aneignen, was rechtmäßig jemand anderem gehört.

Wer das nicht glauben will, erinnere sich an die im folgenden Abschnitt erzählte Geschichte aus Brasilien.

Zwei führende brasilianische Marken

Jahrelang waren Antarctica und Brahma die beiden großen Biermarken Brasiliens. Antarctica war die Nummer eins, Brahma lag nur knapp dahinter.

Dann startete Brahma eine Werbekampagne, in der die Marke den Anspruch auf die Führung erhob (die „cerveja" Nummer eins). Ein Zeigefinger verwies an den Verkaufsstellen auf die Marktführerschaft von Brahma. Und jetzt kommt die Überraschung: Als die Kampagne begann, war Antarctica noch immer die Nummer eins, aber niemand wusste es, weil das Unternehmen versäumt hatte, Flagge zu zeigen.

Raten Sie einmal, wer auf dem ersten Platz lag, als sich der Wirbel gelegt hatte. Sie ahnen es bereits: Heute ist Brahma die Nummer eins. Warum: Als die Leute vermeintlich feststellten, dass sie nicht die führende Marke konsumierten, wechselten sie zu Brahma, wodurch die ursprüngliche Unwahrheit bald zur Wahrheit wurde.

Was kann man daraus lernen? Die Leute sympathisieren zwar mit Verlierern, kaufen aber Siegermarken.

Die Geschichte hat aber ein Happy End: Antarctica und Brahma sind fusioniert. Jetzt können sie gemeinsam als Nummer eins auftreten.

Ein führendes Unternehmen nach unserem Geschmack

Hertz macht kein Geheimnis daraus, Marktführer zu sein. Das Unternehmen ist ein klassisches Beispiel dafür, wie man jahrelang seine Führung zum Verkaufsargument machen kann, ohne dass es langweilig oder sinnlos wird.

Heute lautet die Message: Hertz auf der einen Seite, „not exactly" auf der anderen. Brian Kennedy, der geschäftsführende Vice President für Marketing und Vertrieb betont, dass es bei der „not exactly"-Werbung darum geht, „dass wir uns von unseren Konkurrenten differenzieren".[2]

Der Slogan ist das vorläufig letzte einer langen Reihe von Statements, mit denen Hertz seine marktführende Stellung hervorgehoben hat. Zu Beginn des Mietwagengeschäfts versprach Hertz Flugpassagieren, sie „ans Steuer" zu setzen.

Als sich das Unternehmen als eindeutiger Marktführer durchgesetzt hatte, bot es zusätzliche Leistungen an: „Die Größten sollten mehr für Sie tun. Das ist nur gerecht."

1975 begann der berühmte Football-Spieler O. J. Simpson als Testimonial durch Flughäfen zu eilen. Er war „the superstar in rent-a-car". Hertz auch.

Später hieß es dann in Abwandlung dieser Idee „the number one way to rent a car“ und „where winners rent“.

Als Hertz Urlaubs- wie Geschäftsreisende ins Auge fasste, lauteten die Slogans „number one for everyone“ und „America's wheels“.

Ganz schön eintönig, oder? Jahrzehnte hindurch Amerika eine Idee zu verkaufen, die es mag: Marktführer zu sein.

So eintönig, dass Hertz heute in den USA 2,3 Milliarden Dollar einnimmt, über eine Flotte von 500.000 Fahrzeugen in 140 Ländern der Welt und einen Marktanteil von 30 Prozent verfügt.

Wie heißt das größte Autoverleihunternehmen der Welt? Exactly.

Verschiedene Arten von Marktführerschaft

Es gibt verschiedene Arten von Marktführerschaft, von denen aber jede ein taugliches Mittel ist, sich von seinen Konkurrenten zu differenzieren. Im Folgenden ein kurzer Überblick:

- *Marktführerschaft im Verkauf.* Die von führenden Unternehmen am häufigsten eingesetzte Strategie ist der Verweis auf die Absatzstärke. Der Toyota Camry ist das in den USA am meisten verkaufte Auto. Allerdings können andere Unternehmen auch für sich in Anspruch nehmen, die absatzstärkste Marke zu sein, wenn sie eine Methode der Zählung zu ihren Gunsten finden. Der Lincoln ist das am meisten verkaufte Luxusauto, der Dodge Caravan von Chrysler der am meisten verkaufte Minivan, der Ford Explorer der am meisten verkaufte Geländewagen. Die Methode ist wirksam, weil die Menschen dazu neigen, das zu kaufen, was auch andere kaufen.
- *Technische Marktführerschaft.* Unternehmen mit einer langen Geschichte technologischer Innovationen können sich durch diese Art der Führungsposition von ihren Konkurrenten abheben. Ein österreichischer Viskosehersteller namens Lenzing ist zwar nicht die absatzstärkste Marke, aber der „Weltmarktführer“, was die Materialtechnologie betrifft.

Lenzing hatte bei vielen Neuerungen und Verbesserungen des Materials die Nase vorn. In Cincinnati gibt es eine Firma namens Milacron, die Maschinen produziert und zu den „weltbesten“ Unternehmen im produktionstechnischen Bereich zählt. Milacron hat das größte Angebot an Kunststoffmaschinen und Schneidegeräten. Die Methode funktioniert, weil sich Kunden von Firmen beeindrucken lassen, die neue Technologien entwickeln. (Sie nehmen an, dass solche Unternehmen über ein größeres Wissen verfügen.)

- *Marktführerschaft in der Leistung.* Manche Unternehmen haben Produkte, die sich zwar nicht großartig verkaufen, aber Ungeheures leisten. Auch das kann man sich zunutze machen, um sich von seinen Wettbewerbern zu differenzieren, deren Produkte weniger leisten. Silicon Graphics ist z.B. ein solches Unternehmen. Es arbeitet mit Supercomputern der Marke Cray, visuellen Workstations, mit denen es für Hollywoodfilme Spezialeffekte auf die Leinwand zaubert, und Hochleistungsbreitbandservern, die Grafiken und Daten besser verarbeiten als die meisten Geräte. Daher ist Silicon Graphics „weltweit die Nummer eins der Hochleistungscomputerbranche“. Diese Methode funktioniert, weil finanzkräftige Unternehmen oft das Beste wollen, was der Markt bietet, auch wenn es für ihre Bedürfnisse überdimensioniert ist.

Marktführerschaft ist eine Plattform

Ist man die Nummer eins, ist das eine ganz hervorragende Plattform, um der Welt mitzuteilen, wie man Marktführer geworden ist. Wir haben schon einmal darauf hingewiesen: Die Menschen glauben einem nahezu alles, wenn sie einen für die Besten halten.

Man denke an Dreyer's Grand Ice Cream. Diese Firma hat zwei Marken: Dreyer's im Westen der Rocky Mountains und Edy's im Osten der Rocky Mountains. (Die Namen gehen auf die Gründer des Unternehmens William Dreyer und Joseph Edy zurück.)

Die beiden Marken haben das Unternehmen zum führenden Eiscremehersteller der USA gemacht, worüber es sich wiederum bei den Kunden profiliert.

Was die Firma aber auch einzigartig macht und sie wesentlich zur Nummer eins hat werden lassen, ist, dass sie direkt an Geschäfte liefert. Im Unterschied zu ihren wichtigsten Wettbewerbern verfügt das Unternehmen über eine Flotte von Kühlwagen, mit denen Fachkräfte den Geschäften die Eiscreme zustellen. Das Umgehen der üblichen Kühlspeditionen stellt sicher, dass das Produkt den Kunden frischer erreicht. (Tiefkühlen ist der Qualität von Eiscreme abträglich.) Die Firmenphilosophie: Eine besondere Eiscreme erfordert besondere Sorgfalt.

Die Führungsstellung zusammen mit der Direktlieferung bietet eine überzeugende Begründung dafür, dass das Unternehmen „das Lieblingseis Amerikas" herstellt.

Die Stärke einer Führungsposition

Ein Unternehmen wird weder durch seine Produkte noch durch seinen Service stark. Stark ist ein Unternehmen aufgrund der Position, die es in der Wahrnehmung der Kunden einnimmt. Die Stärke von Hertz hat nichts mit der Qualität seines Leihwagenservice zu tun, sondern ist das Resultat seiner Führungsposition. Es ist leichter, an der Spitze zu bleiben, als dorthin zu gelangen.

Kennen Sie ein Unternehmen, dem es gelungen ist, die Nummer eins zu stürzen? Ja, Crest hat es dank des Gütesiegels der American Dental Association mit seiner Zahnpasta geschafft. (Allerdings hat Colgate dann wieder mit seiner keimtötenden Zahnpasta namens Total die Führungsposition übernommen.) Duracell hat es dank Alkali mit seinen Batterien geschafft, Budweiser bei Bier, Marlboro bei Zigaretten. Aber das kommt selten vor.

Eine Aufstellung von 25 führenden Marken des Jahres 1923 belegt das. Heute sind 21 dieser Marken noch immer die Nummer eins. Drei sind auf Platz zwei zurückgefallen und eine Marke findet sich auf Platz 5.

Selbst die Reihenfolge verändert sich selten. Wäre Marketing ein Pferderennen, wäre es eine todlangweilige Angelegenheit. In den 56 Jahren seit dem Ende des Zweiten Weltkrieges kam es bei den drei großen amerikanischen Autoherstellern nur einmal zu einer Veränderung: 1950 überholte die Ford Motor Company die Chrysler Corporation und schob sich auf Platz zwei. Seit damals liegt Chrysler hinter Ford und Ford hinter General Motors. Nicht gerade abwechslungsreich, oder?

Die „Beharrlichkeit" von Unternehmen oder Marken im Wettkampf um den Kunden, also die Tendenz, Jahr für Jahr denselben Platz einzunehmen, verweist darauf, wie entscheidend es ist, sich von Anfang an einen guten Platz zu sichern. Seine Position zu verbessern mag schwierig sein – wenn man das aber einmal geschafft hat, ist es relativ einfach, den Platz zu behalten.

Sobald Sie zur Spitze vorgedrungen sind, sollten Sie dafür sorgen, dass sich der Markt dessen bewusst ist. Zu viele Unternehmen sehen ihre Führungsstellung als selbstverständlich an und machen sich diese nicht zunutze. Wenn Sie Gelegenheit dazu haben, schlagen Sie der Konkurrenz die Tür vor der Nase zu!

Der Lutscher Nummer eins?

In jeder Kategorie gibt es eine Nummer eins, aber nicht jede Nummer eins ist auch bekannt. Nehmen wir einmal ein so bescheidenes Produkt wie Lutscher her. Auch wenn Sie das Gefühl haben, die Dinger Ihr ganzes Leben lang gesehen zu haben, würde es Ihnen wohl schwer fallen, die Frage zu beantworten, wer denn weltweit die meisten Lutscher verkauft.

Sicher wären Sie einigermaßen beeindruckt, wenn Sie erführen, dass die Nummer eins der Branche doppelt so viele Lutscher verkauft wie das Unternehmen auf Platz zwei. Noch mehr überraschen würde Sie sicher, dass der Marktführer seine Lutscher in 170 Ländern der Welt verkauft. Und garantiert platt wären Sie, wenn Sie hörten, dass das Unternehmen 20 Millionen Lutscher am Tag herstellt und die Jahresproduktion reichen würde, die Erde zwölf Mal zu umspannen.

Und wenn man Ihnen schließlich erzählt, wie beliebt die Lutscher bei Kindern wie bei Erwachsenen sind, werden Sie wahrscheinlich sagen: „Die müssen wirklich Wahnsinnslutscher machen. Ich will auch einen."

Die Lutscher, die Sie probieren sollten, heißen Chupa Chups – es sind die Lieblingslutscher der ganzen Welt. Fündig werden Sie in Barcelona.

Verstehen Sie jetzt, was so ein bisschen Marktführerschaft bewirken kann?

13

Tradition ist ein differenzierender Nutzen

Wir haben in Kapitel 9 darüber gesprochen, dass Wahrnehmung und Gedächtnis unsicher sind. Jede Strategie, die Menschen ihre Unsicherheit zu überwinden hilft, ist eine gute Strategie.

Das Erbe der Vergangenheit kann ein Produkt auszeichnen. Tradition kann ein entscheidendes Differenzierungskriterium sein, weil es eine natürliche psychologische Bedeutung zu haben scheint, ob man auf eine lange Geschichte verweisen kann, die Menschen bei ihrer Entscheidung Sicherheit gibt.

Als wir uns zu fragen begannen, warum das so ist, nahmen wir an, dass man bei Unternehmen, die lange im Geschäft sind, wie selbstverständlich davon ausgeht, dass diese wissen, was sie tun. Die Verbraucher glauben, dass sie etwas richtig gemacht haben müssen.

Im Unterschied zu Ländern wie China und Japan, in denen man älteren Menschen mit größter Ehrfurcht begegnet, hat Alter in unserer Kultur einen negativen Stellenwert. Alle wollen jung sein. Alt und weise heißt altmodisch und verstaubt.

Die Psychologie der Tradition

Wir haben uns bei der Konsumpsychologin Dr. Carol Moog nach der Bedeutung von Traditionen erkundigt. Sie hob folgende Punkte hervor:

> Die psychologische Bedeutung von Traditionen hat vermutlich etwas mit der Macht zu tun, die damit verbunden ist, ein Glied in einer geschlossenen Kette zu sein, die einem ein Existenzrecht verleiht und mit einer Geschichte verbindet, die man aus einer lebendigen Vergangenheit über seinen Tod hinaus in die nächste Generation hineinträgt. Diese Verbindung ist eine Verbindung mit der Unsterblichkeit. Ohne ein Gefühl für Tradition, für die eigenen Vorfahren fühlen sich Menschen leicht isoliert, verlassen, emotional abgeschnitten und entwurzelt. Ohne eine Verbindung zur Vergangenheit ist es schwer, an eine Verbindung zur Zukunft zu glauben.
>
> Bei Traditionen geht es also vor allem um Dauer, darum, dem Tod zu trotzen, indem man Teil dessen bleibt, was weiterströmt. Menschen halten an Firmen und Produkten mit einer Geschichte fest, weil sie dadurch mit einem fortdauernden Leben verbunden sind. Wenn Traditionen weitergegeben werden, erfüllt einen das Leben der Vorfahren. Man nimmt die Dauer in sich auf, eignet sie sich an. Die Menschen wachsen; das Leben geht weiter. Wenn Einheiten wie Unternehmen ihr Erbe untergehen und verlöschen lassen, brechen sie buchstäblich eine Vertrauensverbindung, lassen Menschen im Stich, die auf diese Verbindung gesetzt haben, und öffnen Passivität und emotionaler Abstumpfung Tür und Tor. Misstrauen, Zynismus und Distanz tragen eindeutig nicht dazu bei, den Verkauf zu fördern.[1]

Nun also – was Sie schon immer über Tradition wissen wollten, aber nicht zu fragen wagten.

Ein Ersatz für Marktführerschaft

Eine andere Möglichkeit in diesem Zusammenhang wäre, potenziellen Kunden das Gefühl zu vermitteln, dass sie es mit einem in der Branche führenden Unternehmen zu tun haben, weil man bereits lange im Geschäft ist. Vielleicht ist das Unternehmen nicht das größte, aber das mit der längsten Tradition.

Kein Wunder also, dass Marketingexperten die Tradition und Kultur des Unternehmens herausstellen, um ihren Kunden zu vermitteln, wodurch sich das Unternehmen von anderen unterscheidet.

Bereits 1919 wurde in einer Werbung ein Steinway-Flügel als „Instrument der Unsterblichen" bezeichnet.

In jüngerer Zeit pries Cross seine Schreibgeräte unter dem Titel „Makellose Klassiker – seit 1846" an.

Das berühmte Auktionshaus Sotheby's steht um ein Jahrhundert besser da: Es wurde 1744 gegründet.

Glenlivet präsentiert sich als „the father of all Scotch": „Die Regierung seiner Majestät hat der Glenlivet-Brennerei laut Gesetz von 1823 die erste Lizenz erteilt, in den Highlands Single Malt Whiskey zu brennen."

Budweiser erklärt sein Bier zu „Amerikas klassischem hellem Bier seit 1876".

Manche der genannten Marken sind in ihrer Kategorie führend, andere nicht. Aber sie kommen einem alle recht beeindruckend und einzigartig vor.

Traditionell, aber zeitgemäß

Tradition allein sei oft nicht genug, meint ein Wirtschaftsjournalist der Associated Press. „Unternehmen aller Schattierungen haben in den letzten Jahren neue Marketingstrategien entwickelt, die Vertrauen erweckende Tradition mit der Wandlungsfähigkeit zu verbinden versuchen, die für dauerhaften Erfolg entscheidend ist."[2]

Die Wells Fargo Bank, die zur Zeit des Pony Express und der Postkutschen gegründet wurde, greift ihre ursprüngliche Idee wieder auf und verleiht ihr durch folgende schlichte Feststellung Relevanz: „Fast then. Fast now." Der Unterschied zu früher besteht darin, dass heutige Postkutschen über modernste Computernetzwerke mit Lichtgeschwindigkeit reisen.

L.L. Bean gestaltet seinen Katalog dynamisch, geht online und bietet Damenbekleidung an – behält aber sein konservatives Image sorgfältig bei.

Ein Sprecher des Unternehmens formuliert es folgendermaßen: „Es geht darum, unseren klassischen Stil einer neuen Generation nahe zu bringen."

Der nicht abreißende Erfolg der Chilisauce Tabasco ist ein Beispiel für ein gelungenes Gleichgewicht zwischen Respekt vor der Tradition und Aufgeschlossenheit gegenüber Neuem.

Einerseits schlägt die Werbung traditionelle Themen wie die schönen alten Bayous von Louisiana und das langsame Reifen der Chilimasse in Eichenfässern an. Andererseits präsentiert sich das Unternehmen aber auch als modern und zeitgemäß mit Tabasco-Krawatten, Festivals mit Cajun-Küche und neuen Tabasco-Drinks, deren Rezepte aus ländlichen Austernbars von Louisiana stammen.

Ein sehr beliebtes Getränk namens Präriefeuer besteht aus einem Schuss Tequila mit einem Spritzer Tabasco.

„Im Marketing bedarf es oft einer Reihe von Balanceakten", so der President des Unternehmens, Paul C. P. McIlhenny.

Und Robert Sobel, ein emeritierter Professor für Wirtschaftsgeschichte der Hostra University unterstreicht, dass „man in der amerikanischen Geschichte immer wieder auf Unternehmen trifft, die sich dem wandelnden Markt nicht anpassen konnten. Es ist gefährlich, wenn ein Unternehmenschef sich darauf beruft, dass dieses oder jenes Produkt auf seinen Vater zurückgehe und man es – solange er da sei – nicht aus dem Angebot streichen werde, weil es ihm ein Denkmal setze. Dieser Unternehmenschef wird vermutlich keine vier Jahre durchhalten. Wer sich an der Vergangenheit festklammert, ist zum Scheitern verurteilt."[3]

Tradition in Politik und Recht

Man denke an den frühen Erfolg, den George W. Bush als Präsidentschaftskandidat hatte. Er war der „mitfühlende Konservative" aus Texas. Aber was ist ein „mitfühlender Konservativer"? Na ja, das wusste niemand so recht.

Aber man wusste, dass George W. Bush bezüglich der Präsidentschaft über eine gewisse Familientradition verfügte. (Er sieht sogar aus wie sein

Vater, der ehemalige Präsident.) Er trat also mit einem Erbe an, durch das er sich von den anderen Kandidaten differenzierte.

Die Anwaltskanzleien RisCasi & Davis und Trantolo & Trantolo, die beide in Neuengland ihren Sitz haben, sind zwei gute Beispiele dafür, wie sich Tradition in diesem Bereich vermarkten lässt. Beide sind früheren Generationen sehr verbunden und setzen diese Bande erfolgreich dazu ein, sich von ihren Konkurrenten abzugrenzen. Die Firma Trantolo & Trantolo hat das besonders wirkungsvoll getan, indem sie in ihrer Werbung die Einwandererwurzeln des „ersten" Trantolo und dessen Einsatz für unterprivilegierte Immigranten ansprach. Die Firma bedient sich zu ihrer Positionierung beider historischer Positionen, des langen Dienstes an der Gesellschaft und der Unterstützung Unterprivilegierter und setzt als Verbindungsglied zur Tradition auf die Idee des „Kampfes für den kleinen Mann".

Es ist nie zu spät

Es ist nie zu spät dafür, auf seine Tradition zurückzugreifen. Man denke etwa an Franzia, die am meisten verkaufte Weinmarke Amerikas. Der Wein wird in Fünfliterbehältern mit einer Art Zapfhahn verkauft. Das Unternehmen hat eine erstaunliche und wenig bekannte Tradition, die dem Leser nun zur Kenntnis gebracht wird.

Hier die topaktuelle Geschichte von Franzia:

Teresa Franzia: Die kleine Italienerin, die das amerikanische Weingeschäft zu dem machte, was es heute ist

Wenn sie auch nur 1,47 groß war, spielte die italienische Einwanderin eine entscheidende Rolle in diesem heute riesigen Geschäft.

Sie kam im Jahr 1900 nach San Francisco und ließ sich auf einem Gut im kalifornischen Zentraltal nieder. Sie und ihre Familie begannen auf dem nahrhaften, sandigen Lehmboden, der heute noch zu den besten der Gegend gehört, Wein anzubauen.

Nachdem die Prohibition aufgehoben wurde, entschloss sich Teresa, ihre Trauben zu Wein zu machen. Um mit der Weinproduktion beginnen zu können, lieh sie sich von A.P. Giovanni, dem Gründer der Bank of

America, 10.000 Dollar. Die Hälfte des Darlehens gab sie ihrer Tochter und deren Mann Ernest Gallo.
Der Rest ist Geschichte. Teresa Franzia hat das amerikanische Weingeschäft zu dem gemacht, was es ist. Heute kommen mehr als 50 Prozent des in den USA hergestellten Weins aus den Kellereien von Franzia und Gallo.

Diese Geschichte macht aus einem gewöhnlichen Tafelwein einen ganz speziellen Tafelwein mit einer einzigartigen Tradition.

Also: Es ist nie zu spät, seine Lebensgeschichte zu erzählen. (Aber sie muss interessant sein.)

Immer klappt es nicht

DDB Worldwide Communications ist eine große Werbeagentur. Früher hieß die Firma Doyle Dane Bernbach. Viele sind der Auffassung, sie habe die moderne Werbung erfunden. (Wir sind in Kapitel 5 auf Bill Bernbach zu sprechen gekommen.)

Doyle Dane wurde 1949 gegründet. DDB hat sich sein 50-jähriges Bestehen zunutze gemacht, um seinen Ruf aufzupolieren und sich von den zahllosen Konkurrenzfirmen zu differenzieren.

Laut *New York Times* ging es dem Leiter der Agentur Keith Reinhard um Folgendes: „Wir wollen auf das Bernbach-Erbe Anspruch erheben. Dieses Erbe von Doyle Dane stellt ein Markenkapital dar, das wir einsetzen sollten."

Wenn es auch eine gute Idee gewesen sein mag, auf diese Tradition zurückzugreifen, gab es freilich ein grundsätzliches Problem: Das Erbe war mit einem Namen verbunden, den es längst nicht mehr gab. Wie meinte einer der Kreativen in dem zitierten Artikel? „Es war ein schrecklicher Fehler, den Namen nach dem Zusammenschluss zu ändern. Das war so, als ob man den Namen von Coca-Cola geändert hätte."[4]

Es scheint zu spät gewesen zu sein. Das Erbe von Bill Bernbach ist mit seiner Agentur untergegangen.

Manchmal muss man sein Erbe modernisieren

Es gibt Zeiten, in denen man sich ändern muss, wenn man überleben will. Man denke an den Fall des legendären Greenbrier-Hotels, eines 222 Jahre alten Hauses in West Virginia.

Die Leitung des Hotels erwägt den Anbau eines Kasinos, weil sie hofft, dadurch die Top-Kunden halten zu können. Sie will den Spielsaal nach dem Modell des großzügigen Hôtel Hermitage in Monte Carlo gestalten lassen.

Ted Kleisner, der Präsident des Hotels, weist darauf hin, dass das Greenbrier das Kasino braucht, wenn es konkurrenzfähig bleiben und nicht Gefahr laufen will, „als einer von vielen ehrwürdigen alten Kästen zu enden“.

Der lokale Aspekt

Die Herkunft spielt im Hinblick auf Traditionen eine entscheidende Rolle.

Wenn man Wodka verkauft und aus Russland kommt, kann man das sicher in ein paar spannende Geschichten verpacken.

Wenn man Computer verkauft und aus den USA kommt, hat man einen großen Vorteil.

Wenn man Autos verkauft und aus Jugoslawien kommt, tut man sich hingegen nicht gerade leicht. (Wie man an der Geschichte des zum Scheitern verurteilten Yugo sieht.)

Die Herkunft ist deshalb so wichtig, weil Länder bestimmte Assoziationen auslösen.

Im Lauf der Jahre werden Länder für bestimmte Produkte bekannt. Infolgedessen stellt das Ursprungsland einem Produkt gewisse Referenzen aus. Wenn etwas aus diesem oder jenem Land kommt, muss es gut sein – so der Schluss. Oder umgekehrt: Ein Produkt, das aus diesem oder jenem Land kommt, kann nur schlecht sein. Im Folgenden eine kurze Aufstellung einiger Länder und ihres Beitrags, was lokale Traditionen betrifft:

Vereinigte Staaten	Computer, Flugzeuge
Japan	Autos, Elektronik
Deutschland	Maschinenbau, Bier
Schweiz	Banken, Uhren
Italien	Design, Kleidung
Frankreich	Wein, Parfüm
Großbritannien	Königtum, Rennautos
Rußland	Wodka, Kaviar
Argentinien	Rindfleisch, Leder
Neuseeland	Lammfleisch, Kiwis
Australien	Crocodile Dundee

Es kommt also mit einem Wort darauf an, nicht in die Falle zu tappen, in die das Unternehmen mit seinem Yugo gegangen ist, dem seine Herkunft nicht nur nicht half, sondern sogar abträglich war.

High-Tech aus Argentinien?

Nehmen wir z.B. die Geschichte eines High-Tech-Produkts mit der Tradition eines Landes, das für Steaks und nicht für Halbleiter bekannt ist.

Die Firma heißt Multiscan und erzeugt ein Laser-Barcode-Lesegerät. Sie war auf dem besten Weg dazu, in diesem Bereich die Nummer eins zu werden. Wir rieten dem Unternehmen, sich über seine Führungsstellung zu positionieren. Wir hinterfragten jedoch, ob die Käufer davon zu überzeugen sein würden, dass ein führendes Unternehmen im High-Tech-Bereich aus Argentinien kommen kann. Glücklicherweise hatte die Firma ein Büro in den USA und zeigte sich bereit, sein Ursprungsland zu verschleiern.

Multiscan übersiedelte mit seiner Zentrale von Argentinien in die Vereinigten Staaten. Nun hatte die Firma die richtige Tradition und damit ein High-Tech-Exportgeschäft, das sich als sehr erfolgreich erwiesen hat.

Traditionen, die sich gegen die Konkurrenz verwenden lassen

Manchmal kann man die Tradition eines Wettbewerbers zu dessen Nachteil nutzen. Dazu entschied sich vor einigen Jahren etwa Stolichnaya mit folgendem Slogan:

> Die meisten amerikanischen Wodkas sehen russisch aus.
> Stolichnaya ist anders. Stolichnaya ist russisch.

Als aber Stolichnaya nicht mehr auf seine Tradition setzte, um sich zu differenzieren, übernahm Absolut die Führung bei hochwertigem Wodka. Der gesunde Menschenverstand und die Geschichte sagen einem, dass sich für Stolichnaya keine andere Strategie anbietet.

Stolichnaya sollte sich des wenig bekannten Umstands bedienen, dass Absolut in Schweden hergestellt wird.

Das Unternehmen sollte sich bemühen, Absolut neu zu positionieren – und zwar dort, wo diese Marke hingehört, nämlich nach Schweden – und sich selber seines russischen Erbes besinnen. Der Slogan könnte etwa folgendermaßen lauten:

Absolut Swedish versus Absolut Russian

Schwedischer Wodka klingt einfach nicht so gut wie russischer Wodka. Jeder weiß, dass es nur einen echten Wodka gibt: russischen.

Oder man denke an den Kampf, der zwischen Procter & Gamble und Wal-Mart entbrennen wird, wenn Wal-Mart *Sam's American Choice*, ein eigenes Waschmittel, einführen wird, um *Tide* Konkurrenz zu machen.

Procter & Gamble scheint das 25 bis 30 Prozent billigere Waschmittel keine Kopfzerbrechen zu bereiten. Vielleicht plant man, die Verbraucher darüber aufzuklären, dass Wal-Mart es von der Firma Huish Detergents Inc. herstellen lässt.

Würden Sie Ihre Wäsche einem Unternehmen mit dem Namen Huish anvertrauen? Eher nicht, oder?

Ein französischer Erfolg

L'Oréal ist ein französischer Kosmetikgigant, der sich seine lokale Tradition in einer Art und Weise zunutze macht, die ihm im letzten Jahrzehnt zweistellige Wachstumsraten gesichert hat.

Das Geheimnis des Unternehmens liegt darin, dass es über seine Tradition mit seiner großen Produktpalette den Reiz verschiedener Kulturen vermittelt. Ob L'Oréal mit seinen Marken nun italienische Eleganz, New Yorker Coolness oder französische Schönheit verkauft – es wird quer durch alle Einkommensschichten und Kulturen ein breites Spektrum von Menschen angesprochen.

In einem Bericht der *Business Week* konnte man lesen: „Während viele Unternehmen versuchen, ihre Marken zu standardisieren, damit sie in möglichst vielen Kulturen ankommen, ist Owen-Jones, CEO von L'Oréal, den umgekehrten Weg gegangen. Er will, dass die Produkte von L'Oreal das Land ihres Ursprungs verkörpern und verwandelt damit das, was viele Marketing-Gurus für eine Beschränkung halten, in einen Marktvorteil."[6]

Wenn Maybelline von L'Oréal in den USA auch eine mittelmäßige Marke sein mag, ist sie, eben weil sie aus Amerika kommt, in Shanghai total in. (Und einmalig.)

Familientradition

In einer Welt, in der die Großen immer größer werden, kann man sich auch wirksam von der Masse der nach Wachstum strebenden Unternehmen abgrenzen, indem man ein Familienunternehmen bleibt. Auch wenn die Besteuerung und nachkommende Generationen es einem nicht immer leicht machen, ist das eine sehr Erfolg versprechende Strategie, sofern es gelingt, die Familie zusammenzuhalten.

Einem Familienunternehmen scheinen die Menschen positivere Gefühle entgegenzubringen als einer kalten, unpersönlichen Gesellschaft, die einem Haufen gieriger Aktionäre verpflichtet ist. Familienmitglieder können zwar genauso gierig sein, aber in einem Familienbetrieb werden solche Dinge eben unter Verschluss gehalten und dringen nicht nach außen.

Die Menschen glauben außerdem, dass sich ein Familienunternehmen mehr um seine Produkte kümmert als um den Aktienkurs des Unternehmens. Ebenso werden Familienunternehmen für sozialer gehalten: Oft stammt die Familie aus derselben Stadt, in der die Firma gegründet wurde. Wir haben auch festgestellt, dass in Familienunternehmen die Belegschaft eher wie eine Familie behandelt wird. Die Angestellten verbindet das Gefühl, zusammen aufgewachsen zu sein.

Es gibt kein besseres Beispiel für ein Familienunternehmen als das Milliarden-Dollar-Unternehmen Rich's Frozen Foods. Dass der Betrieb in Familienbesitz ist, macht ihn zu etwas Besonderem. Dieser Umstand und seine Größe haben das Unternehmen zu einem Gegenpol der großen unpersönlichen Aktiengesellschaften werden lassen, die seine Hauptwettbewerber sind.

Herausgestrichen hat Rich's Frozen Foods diesen Unterschied mit dem Slogan „Wir kümmern uns um unsere Kunden, wie das nur eine Familie kann."

Der Slogan enthält auch die Botschaft, dass ein Familienunternehmen in der wettbewerbsorientierten Welt von heute seinen Kunden einen besseren Service bieten kann. Der einfache Grund: Ein Familienunternehmen braucht sich um Aktien, Erträge und die Wall Street nicht zu kümmern. Die gesamte Energie fließt in seine Produkte.

Das ist ein sehr schönes, logisches Argument dafür, dass sich das Unternehmen durch seine Familientradition nicht nur von den anderen differenziert, sondern auch besser ist als sie.

Ein Wahrzeichen der Tradition

Ein Familien-Einzelhandelsunternehmen kann für die Gemeinschaft sehr wichtig werden. Man denke etwa an das Troast Vision & Hearing Center in Ridgewood in New Jersey, einem Vorort von New York.

Robert C. Troast, der Patriarch der Familie, der einmal zum „Amerikanischen Optiker des Jahres" gekürt wurde, formuliert es folgendermaßen: „Als ich mit dem Geschäft anfing, dachte ich nicht daran, dass daraus einmal ein Familienbetrieb werden könnte. Mir ging es in erster Linie darum, meinen Nachbarn einen guten Service zu bieten. Heute, nach 47 Jahren, sind wir fast so etwas wie ein Wahrzeichen. Einer Gemeinschaft anzugehören ist etwas ganz Besonderes. Viele meiner Kunden kenne ich seit ewigen Zeiten. Kommt ein neuer Kunde zu uns, kenne ich oft seine Eltern, seine Tanten und Onkel, seine Cousinen und Cousins. In manchen Fällen sind unsere Kinder zusammen aufgewachsen und auf einmal kommen die Enkel zu uns."

Apropos Kinder: Heute führen sein Sohn Rod und seine Schwiegertochter Karen den Familienbetrieb. Sie sind in der Handelskammer, in der Kirche und in der *Little League* aktiv.

Dadurch differenzieren sie sich deutlich von ihren Konkurrenten. Und es geht ihnen gut – trotz der großen Kaufhäuser in den nahen Einkaufszentren.

Wahrzeichen

Eine interessante Möglichkeit, sich das Erbe einer Marke zunutze zu machen, besteht darin, sich des Wahrzeichens bzw. der Figur zu bedienen, durch welche die Marke ursprünglich bekannt wurde.

Der Jolly Green Giant, Colonel Sanders von Kentucky Fried Chicken und der Thunfisch-Charlie von Star-Kist – solche Figuren sind Differenzierungsmerkmale von Marken.

Man braucht sich nicht zu wundern, dass viele dieser Figuren heute entstaubt werden und wieder eingesetzt werden sollen. So ist etwa der Jolly

Green Giant auferstanden und setzt sich für Konserven- und Tiefkühlgemüse ein. Und Mr. Peanut von Planters kehrt als würdiger Baseballwerfer mit Tradition zurück.

Laut *New York Times* sieht David Yale, der Geschäftsführer von Planters, die Sache folgendermaßen: „Mr. Peanut ist zu einer Schlüsselfigur geworden, wenn es um die Qualität, den Geschmack und den Spaß geht, die uns von anderen Erdnüssen unterscheiden.“[6]

Die Figur wurde 1916 von einem Schüler erfunden. Ihn wieder zum Leben zu erwecken schlägt aus der Nostalgie älterer Käuferschichten und dem Umstand Kapital, dass viele junge Menschen so genannte Retro-Artikel cool finden.

So erscheint alles Althergebrachte nicht nur wieder neu, sondern auch anders.

14

Spezialisierung ist ein differenzierender Nutzen

Firmen, die sich auf eine bestimmte Tätigkeit oder ein bestimmtes Produkt konzentrieren, haben die Nase vorn. Sie gelten als Experten, und tatsächlich tendiert man leicht dazu, Experten mehr Wissen und Erfahrung zu unterstellen, als diese tatsächlich besitzen. Dieses Phänomen ist aber nicht wirklich überraschend, denkt man nur an die Definition des „Experten"-Begriffs: Ein Experte ist „jemand, der in einem bestimmten Bereich über eine besondere Ausbildung und viel Wissen verfügt".

Umgekehrt gesteht man einem Generalisten – unabhängig von dessen tatsächlicher Qualifikation – nur selten Fachwissen in mehreren Bereichen zu. Gemeinhin gilt vielmehr, dass eine einzige Person oder Firma nicht in allen möglichen Bereichen Experte sein kann.

Eine Lektion

Vor vielen Jahren ließ sich am Beispiel von General Electric beobachten, was es heißt, als Generalist gegen Experten anzutreten:

General Electric war damals gerade dabei, sein Konzept des „schlüsselfertigen Kraftwerks“ vorzustellen. Die Idee war einfach: General Electric verfügte über die Kompetenz, alle für eine entsprechende Einrichtung notwendigen Elemente zusammenzubauen, um Energieversorgungsbetrieben schlüsselfertige Kraftwerke anzubieten. (Ein One-stop-Shopping-Konzept also.)

Keine schlechte Idee, oder?

Im Gegenteil. Die Antwort der Versorgungsbetriebe lautete: „Vielen Dank für das Angebot. Was die Turbinen betrifft, kommen wir ins Geschäft. Doch die Regler, die Schalter usw. werden wir von anderen Experten beziehen.“

Obwohl es also das Unternehmen General Electric war, das sozusagen die Elektrizität erfunden hatte, wollten die Versorgungsgesellschaften die jeweils Besten der einzelnen Branchen: die Spezialisten.

Lektion Nummer zwei

Na gut, dachten sich die Leute bei GE, die Energieversorger halten sich wohl für besonders klug. Darum werden wir uns an die Hausfrauen wenden und ihnen eine „General-Electric-Küche“ anbieten.

Die Reaktion blieb im Endeffekt dieselbe: Die Antwort der Hausfrauen lautete: „Vielen Dank für das Angebot. Den Kühlschrank kaufen wir bei Euch. Aber den Geschirrspüler wollen wir von Siemens, die Waschmaschine von AEG usw.“

Und obwohl das Angebot von General Electric, also sozusagen dem Guru der Küchengeräte, kam, wollten die Hausfrauen die jeweils Besten: die Spezialisten.

Große Namen sind schwach

Diversifizierte Unternehmen wie General Electric haben trotz ihrer großen Namen eine schwache Marktposition.

Man denke z. B. an Kraft, einen großen Namen im Nahrungsmittelbereich. Doch wenn dieser mit Markennamen von Spezialisten konkurrieren soll, schaut er alt aus. Bei Mayonnaise wird Kraft von Thomy geschlagen, bei Marmeladen bekommt Kraft Saures von Schwartau, bei Senf bleibt Kraft gegen Develey auf der Strecke und bei Joghurt hat Kraft gegen Nestlé keine Chance.

Glücklicherweise hat Kraft selbst ein paar Spezialmarken entwickelt. Die wichtigste werden in der Tat nur wenige Menschen mit der Firma Kraft in Verbindung bringen: Philadelphia-Streichkäse. Auch wenn Kraft auf der Verpackung steht, nehmen das die Menschen nicht wahr. Die meisten Kunden verbinden mit dem Produkt irgendwelche kleinen Käsereien in Philadelphia.

Auch der Einzelhandel ist betroffen

Sehen wir uns einmal den Einzelhandel an. Welche Sparte von Einzelhändlern steckt heute in der Krise? Die Kaufhäuser. Und was ist ein Kaufhaus? Ein Geschäft, das alles verkauft. Eben das ist aber ein Garant für Katastrophen, weil es ungeheuer schwierig ist, als Ort für alles und jeden Differenzierungskriterien zu finden.

Die großen amerikanischen Kaufhäuser Campeau, L. J. Hooker und Gimbel's haben bereits Bankrott gemacht. Die Hills-Kaufhäuser haben Insolvenz angemeldet, ebenso wie Macy's, das größte Kaufhaus der Welt. Wenn auch einige Kaufhäuser weiterhin gut funktionieren, zeigt diese Bilanz doch, wie schwierig das Überleben in dieser Branche geworden ist.

Auch die Interstate-Kaufhäuser haben Bankrott gemacht. Also nahm man sich die Bücher vor und beschloss, sich auf das einzige zu konzentrieren, was bisher Gewinn brachte: auf Spielsachen. Mit dieser Fokussierung auf den Spielwaren-Sektor änderte das Unternehmen auch gleich seinen Namen und hieß nun ‚Toys "R" Us'. Heute kann Toys "R" Us in den USA etwa 20 Prozent des Umsatzes im Spielzeugeinzelhandel für sich verbuchen.

Wie wir bereits angemerkt haben, restrukturieren sich viele Einzelhandelsketten mit Erfolg nach dem Muster von Toys "R" Us, konzentrieren sich also auf einen nicht zu weiten Produktbereich und bieten in diesem Sektor eine große Auswahl an. Staples und Blockbuster Video sind gute Bespiele.

Überhaupt sind im Einzelhandel Spezialisten der große Erfolg:

- *The Limited:* anspruchsvolle Kleidung für arbeitende Frauen
- *The Gap:* Freizeitkleidung für die Junggebliebenen
- *Benetton:* Woll- und Baumwollsachen für junge Leute
- *Victoria's Secret:* aufregende Unterwäsche
- *Foot Locker:* Sportschuhe
- *Banana Republic:* gehobene Freizeitkleidung

(Wenn eine Kette mit dem Namen ‚Banana Republic' Erfolg haben kann, erkennt man, dass man in einer Zeit der Spezialisten lebt.)

Spezialisten verfügen über bestimmte Waffen

Da Differenzierung im Kopf stattfindet, verfügen Spezialisten über bestimmte Waffen, um ihr Alleinstellungsmerkmal im Bewusstsein der Menschen zu verankern.

Sie können sich auf ein Produkt, einen Vorzug oder eine Botschaft konzentrieren. Das hat etwa Duracell getan, als es sich für Alkalibatterien entschied. Eveready, der Generalist in diesem Bereich, hatte zwar solche Batterien im Angebot, spezialisierte sich aber nicht auf diese.

Duracell kam mit einem Produkt auf den Markt, das einen genialen Namen hatte, beanspruchte das Attribut „langlebig" für seine Batterien und schon blühte das Geschäft. Nicht einmal das Energizer-Häschen von Eveready konnte den Spezialisten stoppen, der heute mit 45 Prozent Marktanteil die Nummer eins der Branche ist.

Wie man zum Spezialisten wird

Spezialisten haben die Möglichkeit, aus ihrer besonderen Kompetenz ein Differenzierungskriterium zu machen.

In der Umweltberatung mischen heute viele Firmen mit, große und kleine – und alle tun mehr oder weniger das Gleiche. Ein Unternehmen in Boston namens ENSR hat sich mit einer ganz speziellen Qualifikation profiliert: einer so genannten „Umwelt-Due-Diligence".

Mit anderen Worten: Bei internationalen Immobilien- oder Businesstransaktionen bietet die Firma an, die Umweltaspekte des Geschäfts mittels ihrer globalen Informationsquellen zu evaluieren. Durch diese spezielle Dienstleistung differenziert sich ENSR nicht nur von seinen Konkurrenten, sondern positioniert sich bereits als möglicher Kandidat für die Lösung der Probleme, welche die Evaluierung ergeben hat.

Der Traum eines jeden Verlegers

Wer kein Autonarr ist, wird wahrscheinlich nie von einem Monatsmagazin namens *Hemmings Motor News* gehört haben. Im Verlagswesen, in dem Publikationen in speziellen Bereichen ohnehin das Nonplusultra sind, ist diese Zeitschrift der ultimative Erfolg in Sachen Spezialisierung auf ein bestimmtes Thema.

Hemmings verkauft monatlich 265.000 Exemplare. Die Bruttoeinnahmen belaufen sich auf 20 Millionen Dollar im Jahr. Eine Nummer hat durchschnittlich 800 Seiten und ist mit etwa 20.000 Inseraten vollgepackt: Die Bandbreite reicht von einer Radlagergarnitur für einen Ford T (für „nur 55 Dollar!") bis zu einem Rolls-Royce Henley Roadster aus dem Jahr 1932 – für einen Preis von 650.000 Dollar ein echtes Schnäppchen.

Der Großteil des Magazins besteht aus kleinen Schwarzweiß-Inseraten, die per Scheck oder Kreditkarte im Voraus zu bezahlen sind. Der redaktionelle Teil ist verschwindend gering. Die Verkaufsabteilung ist winzig.

Terry Ehrich, der Eigentümer der Zeitschrift, die zu den größten Cashcows der Verlagsbranche gehört, meint, dass er sich mit seinen

Hemmings Motor News die Modewelle des Autosammelns und -restaurierens zunutze gemacht habe und darauf nach oben geschwommen sei. „Ich bin nur ein mittelmäßiger Reiter auf einem Wahnsinnspferd“, sagt er.[1] Einem Pferd, das freilich eine außerordentlich spezielle Idee ist.

Die Marke als generischer Begriff

Wie bereits erwähnt, gibt es für einen Spezialisten nichts Besseres, als den Namen seines Produkts zur generischen Bezeichnung zu machen. In diesem Fall repräsentiert der Markenname Produkt und Kategorie.

Gatorade ist ein sehr mächtiger Spezialist, der im Bereich der Sportgetränke diese Ebene erreicht hat.

Sicher ist es nicht leicht, bei Kopiergeräten ein zweiter Xerox oder bei Klebebändern ein Tesa-Film zu werden, aber nur der Spezialist hat, was den Erfolg seiner Marke betrifft, die Möglichkeit, das höchste Ziel zu erreichen.

Und jetzt die schlechte Nachricht

Ein erfolgreicher Spezialist muss auf jeden Fall Spezialist bleiben und darf nicht anfangen, in andere Geschäftsfelder zu expandieren, denn dadurch würde er sein Image als Spezialist untergraben. (Dazu mehr in Kapitel 19.)

Die meisten Marketingleute wollen sich jedoch nicht auf ein Geschäft oder ein spezielles Produkt beschränken. Sie wollen auf möglichst vielen Hochzeiten tanzen und begreifen nicht, dass sie so einer anderen Firma die Möglichkeit geben, in ihrem angestammten Bereich den Spezialistenstatus für sich zu reklamieren, sobald sie sich anschicken, selbst etwas anderes zu werden. Heinz war z. B. der Spezialist für Essiggurken. Dann begann Heinz Ketchup zu verkaufen. Heute hat das Unternehmen bei Essiggurken gegen die US-Marken Vlasic und Mt. Olive so gut wie keine Chance mehr.

Volkswagen war einmal der Spezialist für Kleinwagen. Dann machte Volkswagen auf groß, schnell und Freizeit. Heute haben die Japaner und die Amerikaner im Kleinwagengeschäft die Nase vorn.

Scott war einmal Amerikas Toilettenpapier Nummer eins, bis es dann zu einem Sammelbegriff für alle möglichen Papierprodukte wurde. Heute heißt der Marktführer Charmin.

Man hüte sich vor den Hobbys des CEO

Magna International ist ein Spezialist. Das Unternehmen ist einer der großen Zulieferbetriebe von Autoteilen und versorgt die besten Firmen der Welt. Zu seinen Kunden zählen Marken wie Chrysler, Ford, Jeep, Dodge, Chevrolet, Mercedes und Cadillac. Die Umsätze belaufen sich auf etwa 6 Milliarden Dollar im Jahr. Magna zählt zu den Pionieren eines Trends in der Automobilindustrie, die bei immer größeren und komplexeren Teilen wie etwa ganzen Sitzeinheiten auf Zulieferbetriebe setzt.

Der Aufsichtsratsvorsitzende von Magna, Frank Stronach, ist ein begeisterter Fan von Pferderennen und nennt hunderte Pferde sein Eigen. Es war daher keine völlige Überraschung, als das Unternehmen plötzlich einige Werte wie etwa die Pferderennbahn von Santa Anita in Kalifornien erwarb, die sicher nicht dem Kernbereich von Magna zuzurechnen sind. Der Erwerb weiterer Rennbahnen ist im Gespräch.

Nun will sich Frank Stronach auf Rennbahnen und Sportwetten verlegen. Es ist wohl nicht verwunderlich, dass viele Aktionäre nicht besonders von dieser Idee begeistert sind.

Wir wetten, dass dieses Umsatteln nichts als Ärger bringen wird.

Sagen, wie es ist

Man sollte nicht von der Annahme ausgehen, dass alle wissen, wer in einer Kategorie der Spezialist ist. Wir raten unseren Kunden unter anderem, sich als „der Spezialist für ...“ zu positionieren.

Die Menschen brauchen diese Information, weil sie wissen wollen, wer in diesem Bereich der Spezialist ist. Und wenn das genau das ist, was Sie anbieten, stellen Sie bitte sicher, dass die Menschen das auch mitbekommen.

Denken Sie an Subaru, ein japanisches Autounternehmen, das in Schwierigkeiten steckte. Als George Muller 1993 Geschäftsführer wurde, fragte er: „Worauf verstehen wir uns?" und „Was macht unsere Identität aus?" Die Antwort lautete: die Technik des Allradantriebs.

Sofort beschloss er, sich wieder darauf zu konzentrieren und gab bekannt: „Wir haben uns darauf festgelegt, nur Autos mit Allradantrieb zu verkaufen, um uns von Toyota und Honda zu differenzieren."

Und in seinen Werbungen verkündet Subaru von nun an stolz, dass das Unternehmen keine Autos herstellt, sondern sich ausschließlich auf Fahrzeuge mit Vierradantrieb spezialisiert. Dieser Schachzug brachte Subaru, das bislang nur ein Autounternehmen unter vielen war und mit Umsatzeinbußen von rund 60 Prozent gegenüber den Spitzenjahren auf den Abgrund zusteuerte, den Umschwung.

Das Unternehmen überlebte, weil es sich als Spezialist profilieren konnte.

Zu viele Spezialisten

Manchmal genügt es allerdings nicht, ein Spezialist zu sein. Vor allem dann nicht, wenn man von anderen Spezialisten umgeben ist.

Im Internet ist es oft z.B. nur eine Frage von Monaten, bis eine ganze Armee von Spezialisten dieses oder jenes Informationsbereichs auf ihren Websites darum kämpft, sich ein Stück vom Kuchen zu sichern.

Nehmen wir eine der verbreitetsten Cybermoden her: Websites, die sich mit Gesundheit beziehungsweise mit Krankheiten befassen. Die Zielgruppe ist groß: alle Hypochonder mit Internetanschluss. Im Folgenden eine kleine Liste samt der jeweiligen Präsentation. Mal sehen, ob Sie aufgrund der Angaben den Anbieter mit den größten Erfolgschancen herausfinden.

Medscan Inc. Holen Sie sich Ihre medizinischen Informationen von der Website, die Ärzte aufsuchen.	
medscape.com	
WebMD Inc. Sie kommen wegen des Inhalts – und bleiben wegen der „Gemeinschaft".	
webmd.com	
Drkoop.com. Inc. Vertrauen Sie Dr. Koop!	
drkoop.com	
American's Health Network. Es wird operiert und Sie sind dabei.	
ahn.com	
Mediconsult.com Inc. Information für Patienten und alle, die im Pflegebereich arbeiten.	
mediconsult.com	
InteliHealth Inc. Von John-Hopkins-Ärzten geprüfte Informationen – mit Feingefühl präsentiert.	
intelihealth.com	
AmericasDoctor.com Inc. Ein Arzt ist immer für Sie da.	
americasdoctor.com	
ThriveOnline. Wellness und „neue Gesundheit".	
thriveonline.com	
On Health Network Co. Die ganzheitliche Gesundheitssite.	
onhealth.com	

Wenn Sie getippt haben, dass Dr. Koops Website die besten Chancen auf Erfolg hat, liegen Sie richtig. Als er an die Börse ging, verdoppelte sich der Wert der Aktie binnen zwei Tagen – und das trotz der starken Konkurrenz und eines Umsatzes von nur 404.000 Dollar.

Indem auf der Site Name und Referenzen des Oberarztes zu finden sind, unterscheidet sie sich von allen anderen. Die Site war von Anfang an ein toller Erfolg, weil sie anders war. Die meisten anderen werden wahrscheinlich nicht überleben.

15

Der präferierte Anbieter zu sein ist ein differenzierender Nutzen

Unserer Erfahrung nach wissen Menschen nicht, was sie wollen. (Warum sollte man sie also fragen?)

Die Leute kaufen meist Dinge, die sie glauben haben zu müssen. Sie sind wie Schafe, die der Herde folgen.

Brauchen wirklich so viele Menschen einen Wagen mit Allradantrieb? (Nein.) Wenn dem so wäre, warum wurden diese Autos dann nicht schon vor Jahren beliebt? (Weil sie damals nicht Mode waren.)

Der Hauptgrund für dieses Verhalten liegt in der Unsicherheit des Menschen – ein Thema, über das ausführliche wissenschaftliche Studien existieren.

Der Herdentrieb

Eine der interessanten Arbeiten über den Herdentrieb der Menschen stammt von Robert Cialdini. Er bezeichnet den „Prinzip der sozialen Bestätigung" als mächtiges Mittel der Beeinflussung.

Diesem Grundsatz zufolge halten wir für richtig, was andere für richtig halten. Dies gilt insbesondere für Entscheidungen im Hinblick auf das richtige Verhalten. Wir erachten ein Verhalten in einer bestimmten Situation in dem Maß als richtig, in dem wir andere sich so verhalten sehen.

Die Neigung, eine Handlung als angemessen zu betrachten, wenn andere so handeln, funktioniert im Allgemeinen recht gut. In der Regel begehen wir weniger Fehler, wenn wir in Übereinstimmung mit dem gesellschaftlich Bewiesenen handeln, als wenn wir uns dazu in Widerspruch bewegen. Im Normalfall gilt: das zu tun, was viele Menschen tun, ist die richtige Entscheidung.[1]

Die soziale Bestätigung

Verfügbar zu machen, was „andere Menschen für richtig halten" – um nichts anderes geht es, wenn man auf Präferenz setzt. Umsetzen lässt sich diese Strategie deshalb so gut, weil es so viele verschiedene Varianten davon gibt.

Der Hersteller von Tylenol, der Nummer eins bei schmerzstillenden Mitteln in Amerika, hat sein Geschäft auf den Umstand aufgebaut, dass das Medikament bevorzugt in Kliniken eingesetzt wird.

Die Firma Nike, bei Sportschuhen die Nummer eins, verdankt einen großen Teil ihres Geschäfts dem Umstand, dass eine ganze Reihe berühmter Sportler Nike-Schuhen den Vorzug geben. (Weil man sie dafür bezahlt.)

Und die Firma Lexus mit ihrem trendigen Luxusgefährt hat erfolgreich auf die Untersuchungen von J. D. Powers in Sachen Kundenzufriedenheit gesetzt.

Midwest Express Airlines wirbt damit, dass die Fluglinie von *Condé Nast Traveler* als die beliebteste eingestuft wurde.

Science Diet, ein hochpreisiges Hunde- und Katzenfutter, ist das Produkt, mit dem Tierärzte ihre Lieblinge verwöhnen.

Menschen, Einrichtungen, Berichte in den Medien, Untersuchungen – egal was, Unternehmen werden es verwenden. Sobald die Geschichte etwas Authentisches hat, besteht die Chance, dass man sich dadurch von seinen Wettbewerbern differenzieren kann.

Sich zu differenzieren ist im Internet viel schwieriger, da der Kunde sich dort leicht von den vielen Möglichkeiten überwältigen lässt.

Sagen wir einmal, Sie wollen im Internet Tierfutter einkaufen. Eine Suchmaschine nennt Ihnen Pets.com, Petsmart.com und Petstore.com. Wenn Sie diese Geschäfte besuchen, werden Ihnen mehr oder weniger gleich vorkommen. Sie alle sind nach Tierarten strukturiert, bieten eine kaum überschaubare Zahl von Produkten an und die Preise unterscheiden sich um Cent-Beträge.

Eine Site hat allerdings eine zusätzliche Waffe der Beeinflussung. Das Erste, was man oben auf der Homepage von Petstore.com sieht, ist ein Emblem und den Vermerk „in exklusiver Partnerschaft mit der American Animal Hospital Association“. Diese Firma macht ihren guten Ruf im Netz öffentlich. (Auch wenn man die Organisation nicht kennt, die Referenz klingt authentisch). Hier ist man auf eine Herde gestoßen, der es sich zu folgen lohnt.

Britisches Regenwetter

Niemand weiß mehr über Regenschirme als die Briten.

Und wer ist dafür in Großbritannien die Nummer eins?

Wohl die Schirme der Firma Brigg, der die königliche Berechtigung erteilt wurde, den Prinzen von Wales mit Schirmen zu beliefern.

Das Gütesiegel, den gleichen Schirm zu schwingen wie Prince Charles und John Steed in der Serie „Mit Schirm, Charme und Melone“, ist allerdings ein teures Vergnügen. Briggs-Schirme kosten je nach Material zwischen 200 und 800 Dollar.

Obwohl den meisten Menschen klar ist, dass die Königsfamilie nicht viel von Schirmen versteht, wissen sie auch, dass deren Mitglieder sich die besten Schirme leisten können.

Und das genügt ihnen.

Bier für Chile

Heineken hat in Chile eine moderne Brauerei aufgebaut und eine Biermarke namens Becker eingeführt. Die Strategie des Unternehmens zielte darauf ab, ähnlich wie auch Cristal, der lokale Marktführer, ein hochwertiges Bier zu einem günstigeren Preis anzubieten.

Wie man sich vorstellen kann, stieß die Einführung dieses Biers auf den erbitterten Widerstand der heimischen Brauereien. Als sich die Wogen geglättet hatten, erwiesen nach einiger Zeit Untersuchungen, dass Kunden mit höherem Einkommen der Marke Becker den Vorzug gaben. Solche Kunden, die auch beim Bier internationale Qualität suchen. Kunden, die sich jedes Bier leisten können.

Wir rieten Heineken, diese Präferenz als Instrument zu nutzen und auf genau diese Gruppe von Biertrinkern und all jene Menschen zu setzen, die zu dieser Gruppe gehören wollten.

Die Präferenz wurde in der Werbung auf einfache Weise angesprochen: Becker war das Bier für alle, „die den Unterschied schmecken".

Wer will schon zu denen gehören, die den Unterschied nicht schmecken?

Jede Stimme zählt

Um keinen Zweifel offenzulassen, wer der absolute Nummer-eins-Broker im Internet ist, ließ sich Charles Schwab etwas einfallen, was man die ultimative Präferenzstrategie nennen könnte. In einem dreiseitigen Inserat im *Wall Street Journal* führte die Firma an, welche unabhängigen Autoritäten ihr Platz eins der Branche zuerkannt hatten:

- Das Magazin *Money* hatte Schwab.com die Bestnote im Onlinebereich verliehen und das Unternehmen an die Spitze gesetzt; mit fünf Sternen waren besonders „benutzerfreundliche Bedienung" und „Produkte und Instrumente" hervorgehoben worden. Auch in der Kategorie Kleinanleger und als Makler für betuchte Investoren war Schwab von *Money* auf Platz eins eingestuft worden.

- Für die Zeitschrift *Smart Money* war Schwab bei Online-Geschäften die Nummer eins gewesen. Die Begründung: „Schwab war einfach an mehr Fronten im Einsatz als alle seine Konkurrenten."
- Die *PC World* hatte Schwab 1999 einen World-Class Award in der Kategorie „Beste Web-Brokerage Site" verliehen und Schwab als den „unbestrittenen König der Onlinebroker" bezeichnet.
- CIO hatte die Charles Schwab Corporation mit einem CIO-100-Preis ausgezeichnet und die Entscheidung damit begründet, dass das Unternehmen „mithilfe der Technik" Kundenbeziehungen auf- und ausgebaut habe.
- Für die *Financial Net News* war Schwab insgesamt die beste Finanzwebsite des Jahres 1998.
- Das *PC Magazine* hatte Schwab ausgezeichnete Noten in den Bereichen Kundensupport, Darstellung und Research gegeben.

Für alle, denen das noch nicht reichte, umriss Schwab seine Beliebtheit bei unabhängigen Investoren:

- Mehr Online-Investoren: Über 2,5 Millionen Kunden haben sich für Schwab entschieden, als sie nach einem Partner für Online-Investitionen suchten.
- Mehr Online-Geschäfte: Tag für Tag wickelt Schwab mehr Online-Geschäfte ab als jeder andere Broker.
- Mehr Online-Anlagemöglichkeiten.

Jeder, der das Inserat las, wusste nun, wer der beliebteste Online-Broker war. Niemand wagte, dies auch nur in Frage zu stellen

Ein fragwürdiger Fall

Die Kehrseite dessen, wofür Schwab.com steht, findet sich in den Hamburger-Kriegen, als Burger King sich bemühte, etwas für seinen berühmten

Whopper zu tun und im ganzen Land eine Fernsehwerbung schaltete, die behauptete, dass der Whopper „der Lieblingsburger Amerikas" sei.

Diese Behauptung beruhte nicht auf den Umsätzen. McDonald's verkaufte offensichtlich in seinen doppelt so vielen Filialen mehr Big Macs. Der Beliebtheitsanspruch leitete sich vielmehr aus einer Telefonumfrage des Unternehmens ab, bei der 700 Leute im ganzen Land angerufen und nach ihrem Lieblingshamburger gefragt worden waren.

Der Whopper war am häufigsten genannt worden. (Burger King sprach von 33 Prozent.)

Wenn Ihr Konkurrent mehr verkauft als Sie, die Untersuchung nicht von einer bekannten unabhängigen Einrichtung durchgeführt wurde und nur ein Drittel der Befragten Ihrem Produkt den Vorzug gibt, haben wir so unsere Zweifel, ob das ausreicht, um darauf eine Präferenzkampagne aufzubauen.

Selbst die *New York Times* stellte die Strategie in Frage. Eine Kolumne, die sich mit der Kampagne auseinandersetzte, begann mit dem Satz: „Is Burger King telling us a Whopper?"*

Je begründeter, desto besser

Die Whopper-Geschichte verweist auf einen entscheidenden Punkt in Sachen Präferenz.

„Was andere Menschen für richtig halten" – der Grundsatz der sozialen Bestätigung – gewinnt sogar noch an Gewicht, wenn ein Anspruch überprüft wird. Je begründeter ein Anspruch, desto besser.

Gibt man selbst eine Umfrage in Auftrag, sollte man bei der Auswahl der Interviewer nicht sparen, was das Team betrifft, das die Befragung durchführen soll.

Zitiert man aus bestehenden Umfragen, sollte man sich über das Ansehen der Autoren im Klaren sein. (J. D. Powers und Zagat's etwa sind ausgezeichnete Beispiele.)

---

* (A.d.Ü.: Ein Wortspiel – „Whopper" heißt auch „faustdicke Lüge")

Hat sich noch nie jemand mit der Branche beschäftigt, um die es einem geht, sollte man eine unabhängige Wirtschaftspublikation zu überzeugen versuchen, das zu tun. Das Thema kann für sie vom Neuigkeitswert her eine gute Story und für den Gewinner eine vielleicht tolle Geschichte in Sachen Präferenz abgeben.

Die Werbelegende David Ogilvy hat den Einfluss der Presse in dieser Hinsicht verstanden. „Ein Artikel wird durchschnittlich von etwa sechsmal so vielen Leuten gelesen wie ein Inserat. Journalisten kommunizieren besser als Werbeleute."

Ein moralisch sensibler Bereich

In manchen Fällen ist es unangenehm, sich aggressiv zu profilieren. Ärzte und Praxisgemeinschaften wären besser beraten, sich nicht als Verkäufer profilieren zu wollen.

Patienten fehlt jedoch der Einblick, um komplizierte medizinische Entscheidungen treffen zu können. (Es ist schon schwer genug, sich festzulegen, ob man einen Mercedes oder einen Lexus kaufen soll.) Wie soll man sich also in dem Riesenangebot zurechtfinden und den richtigen Spezialisten auswählen?

„Was andere Menschen für richtig halten" kann auch hier zum Sieg verhelfen. Für diese Strategie können sich sogar Menschen erwärmen, die sich über werbende Ärzte und ähnliches Sorgen machen.

Der Ethiker Randy Cohen erläuterte „eine praktikable Möglichkeit wie man Patienten erfolgreich dazu verhilft, den richtigen Therapeuten zu finden". Seine Anregung lautet: „Man könnte die medizinischen Methoden von Ärzten durch einen neutralen Begutachter bewerten lassen, wie das etwa *Barron's* bei Hochschulen tut. Oder aus Umfragen unter Klinikpatienten könnte man einen Ärzteführer à la Zagat's machen. Keine der beiden Lösungen würde Ärzte in eine moralisch unangenehme Situation bringen."[2]

Beliebte Sportschuhe

Nike hat für seinen guten Ruf und seinen Umsatz eine Menge Geld für „Partnerschaften“ mit Sportlern und Mannschaften ausgegeben. Das Unternehmen hat in fast allen wichtigen Sparten auf der ganzen Welt etwa 4000 Sportler unter Vertrag: von Michael Jordan über Tiger Woods bis zu Mia Hamm und Pete Sampras, 13 wichtige amerikanische Collegeteams sowie drei Rugby- und 20 Fußballmannschaften der Nationalliga. Wenn jemand im Sport eine Rolle spielt, trägt er sicher irgendwo das Nike-Logo am Körper.

Die Präferenzstrategie des Unternehmens könnte man mit „Was die besten Sportler der Welt tragen“ zusammenfassen.

Auch Brooks Sports mischt im Sportschuhbereich mit. Während Nike einige finanzielle Rückschläge einstecken musste, hat Brooks eine recht gute Arbeit im Finanzbereich gezeigt und kräftige Zuwachsraten erzielt.

Brooks konzentriert sich auf die Beliebtheit seiner Schuhe bei Profis. Die Einzigen, die Gratisschuhe bekommen, sind 200 Wettkampfläuferinnen und -läufer. Wenn auch Namen wie Regina Joyce und John Sence nicht jedem geläufig sind, für die Läufergemeinde sind sie Idole.

Brooks gibt jährlich lächerliche 750.000 Dollar für Inserate in Fachzeitschriften wie *Runner's World* und *Running Times* aus. (Schon die Produktion eines seiner beeindruckenden Spots kostet Nike mehr.)

Fazit: Wenn man nicht zum Liebling aller werden kann, sollte man eine spezielle Gruppe finden, die einem den Vorzug gibt.

Die Kunst des Wetteiferns

Stanley Resor, einer der Gründer der Werbeagentur J. Walter Thompson Co., beschäftigte sich vor Jahren unter dem Aspekt des Wetteifers mit dem Thema Präferenz und meinte: „Wir wollen die kopieren, deren Geschmack, Wissen oder Erfahrung wir als überlegen erachten.“[3]

Es gab einmal eine Zeit, in der europäische Opernstars die vorteilhafte Wirkung von Zigaretten der Marke Lucky Strike auf ihre Stimme priesen. (Heute würden sie wohl ein anderes Lied anstimmen.)

Und Camel schaltete tatsächlich ein Inserat, das stolz verkündete, dass „Camel die bei Ärzten beliebteste Marke" ist. (Davon kann Virginia heute nur träumen.)

Die Königin von Rumänien erklärte, dass sie, was ihre Schönheit betrifft, allein einer Creme von Pond's vertraue. Auf das betreffende Inserat im *Ladies Home Journal* hin gingen 9400 Antwortcoupons ein. (Von einer Ausländerin wollte man sich nicht übertreffen lassen: Bei einem Inserat mit Reginald Vanderbilts Gattin waren es 10.300 Antworten.)

„Neun von zehn Filmstars", verkündete 1927 eine Werbung, „sorgen mit Lux-Toilettenseife für ihre Haut."

Gegen Jahresende überschlugen sich die Epigonen. In einer einzigen Nummer einer populären Zeitschrift verbürgte sich eine Schauspielerin namens Constance Talmadge für acht verschiedene Produkte von Rohren bis zu Weckern.

Heute sind an die Stelle der Schauspieler Sportler getreten, die sich von Milch über Banken bis zu Blechverkleidungen für alles Mögliche stark machen. Sie sind die Helden von heute.

Es muss passen

In Japan und China können Stars wahrscheinlich so gut wie jedes Produkt bewerben. In den Vereinigten Staaten muss der Star schon zum Produkt passen, sonst wird die Werbung zur reinen Geldverschwendung. Die Amerikaner sind anspruchsvoller und lassen sich von bekannten Namen weniger beeindrucken. Die Verbindung zwischen Star und Produkt muss ihnen einleuchten.

Den inzwischen verstorbenen Schauspieler Robert Mitchum dafür einzusetzen, Müllsäcke ohne Bänder zum Verschließen anzupreisen, war Quatsch.

James Garner und Cybill Shepherd für Rindfleisch werben zu lassen, entwickelte sich ebenfalls zur Katastrophe. James Garner bekam Probleme mit dem Herzen und bei Cybill Shepherd stellte sich heraus, dass sie lieber Gemüse aß als rotes Fleisch.

Catherine Deneuve und Chanel. Michael Jordan und Nike. Paul Hogan und der Subaru Outback. Das hingegen passt perfekt. Steve Young und Milch. Na ja, da sind wir uns nicht so sicher.

China liebt Helden

Wie bereits erwähnt, kommt es, wenn man in China etwas verkaufen will, darauf an, dass man einen Helden mit dem Produkt präsentiert – gleichgültig ob diese zusammenpassen oder nicht. Regional arbeitende Unternehmen bewerben ihre Produkte mit bekannten Persönlichkeiten, um sie so von anderen Marken differenzieren. Die Pekinger Haomen-Brauerei etwa verwendete für das Einkaufsviertel Wangfujing eine Fotografie, auf welcher ihr Geschäftsführer mit Präsident Clinton zu sehen war.

Man muss wohl nicht erwähnen, dass sich der Marlboro-Mann, Mickey Mouse und Michael Jordan in China schon einen festen Platz erobert haben.

Chinesen trinken gerne Cognac

Ein Viertel des Cognac-Umsatzes der Welt entfällt auf China. Dass Cognac in China so erfolgreich ist, hat damit zu tun, dass das Getränk stark an eine bestimmte Art von modernen Helden gekoppelt ist: an Magnaten der Geschäftswelt. Teuren importierten Cognac hat man als „gesellschaftliches Markenzeichen" positioniert, als das Getränk der Neureichen des Landes.

Angesichts dessen, dass viele Angehörige der chinesischen Mittelschicht das Bedürfnis haben, den Lebensstil solcher Magnaten zu kopieren, hat Joseph E. Seagram & Sons Inc. Martell Noblige, einen Cognac im mittleren Preisbereich, auf den Markt gebracht, der auf eine neue Generation von Konsumenten in Frankreich, China, Hongkong und Taiwan abzielt. Kaum war das Produkt auf dem Markt, war es schon in mehr als 60 chinesischen Klubs die Hausmarke.

Die Leute wollen trinken, was den Machern schmeckt.

Eine Präferenzstrategie für eine Luxushotelkette

Überlegen wir uns einmal rein zum Spaß eine Beliebtheitsstrategie für eine Luxushotelkette. Im Spitzenfeld gibt es zwei Konkurrenten: Die Ritz-Carlton-Kette hat in den Vereinigten Staaten 22 und weltweit 35 Häuser, die Vier-Jahreszeiten-Kette als würdiger Gegner in den USA 21 und weltweit 32 Häuser.

Die auf wohlhabende Reisende abzielende Zeitschrift *Condé Nast Traveler* hat 37.000 Leser nach ihren Lieblingshotels befragt. (Sie dürfen schon Ihre Platin-Kreditkarten zücken, meine Damen und Herren!)

Die Kategorie, die die Zeitschrift als „die Besten der Besten“ bezeichnete und die 100 schönsten Hotels, Urlaubsorte und Kreuzfahrten umfasste, wies neun Häuser der Ritz-Carlton-Kette und 14 Häuser der Vier-Jahreszeiten-Kette auf.

Sehen wir uns einmal an, wie es um die schönsten Plätze in den Vereinigten Staaten bestellt ist. Hier sind es 19 Häuser der Ritz-Carlton-Kette und 15 der Vier-Jahreszeiten-Kette.

Die *Business Travel News* haben 850 Personen, die Reisen von Geschäftsleuten planen, zu 14 Eigenschaften von Luxushotels befragt. Four Seasons landete auf dem ersten Platz, Ritz-Carlton auf dem zweiten.

Auch wenn die Sache knapp ausging, ergeben die Umfragen einen Vorsprung für Four Seasons. Sie sind die Beliebtesten der Besten. Das Unternehmen sollte seine nächste Kampagne darauf aufbauen, dass seine Hotels für Menschen, die es sich leisten können, dort abzusteigen, wo sie wollen, die erste Wahl sind. Vier-Jahreszeiten-Hotels sind „die Besten der Besten“.

16

Differenzierung durch eine einzigartige Produktbeschaffenheit

Viele Firmen arbeiten hart an der Entwicklung neuer Produkte. Scharen von Ingenieuren, Designern und Leuten in der Produktion verbringen zahllose Stunden damit, Dinge herzustellen und zu testen, die sie für einzigartig halten und die alles, was es auf dem Markt gibt, zu übertreffen versprechen.

Die Marketingfachleute dagegen, die sich von ihren Werbe-, Verpackungs- und Promotionüberlegungen hinreißen lassen, sehen diese Entwicklungsarbeit oft als selbstverständlich an.

Wir sind überzeugt, dass es sich auszahlt, sich genau mit einem Produkt auseinander zu setzen und herauszufinden, wie es wirklich funktioniert. In den meisten Fällen stoßen wir dann auf ein Differenzierungsmerkmal, das man bislang übersehen hat.

Magische Komponenten

Viele Produkte enthalten ein technisches Detail oder ein Konstruktionselement, ohne das sie gar nicht funktionieren würden. Oft handelt es sich um ein Patent. Marketingleute neigen dazu, diese Elemente als Differenzierungsmerkmal zu verwerfen, da sie diese für zu kompliziert oder verwirrend halten, um sie den Leuten zu erklären. Sie führen lieber Befragungen durch und konzentrieren sich auf die Vorzüge des Produkts oder das dadurch vermittelte Lebensgefühl. Einer ihrer Lieblingssätze lautet etwa: „Die Menschen interessieren sich nicht dafür, wie etwas gemacht ist. Sie interessieren sich nur dafür, was es ihnen bringt."

Dieser Standpunkt ist insofern nicht ganz unproblematisch, als es in vielen Sparten verschiedene Produkte gibt, die dem Kunden dasselbe bringen. Alle Zahnpasten verhindern die Entstehung von Karies. Alle neuen Autos fahren recht gut. Alle Waschmittel reinigen die Wäsche. Ein Unterschied zwischen ihnen besteht aber oft in den Verfahren, mit denen die einzelnen Produkte hergestellt werden.

Daher konzentrieren wir uns gerne ganz auf das Produkt und die Suche nach dessen technischer Besonderheit. Wenn wir diese gefunden haben, geben wir diesem Detail einen Namen und verpacken es als magisches Element, durch das sich das Produkt von den anderen differenziert. Und wenn die Firma darauf auch noch ein Patent hat, ist es nur umso besser.

Als Crest seine der Entstehung von Karies vorbeugende Fluoridzahnpasta einführte, tat die Firma alles dafür, dass auch jeder wusste, dass die Zahnpasta den Wirkstoff Fluoristan enthielt. Wusste jemand, was das war? Nein. Tat das etwas zur Sache? Nein. Es klang einfach beeindruckend.

Als Sony seinen Siegeszug im TV-Bereich antrat, machte das Unternehmen einen Riesenwirbel um Trinitron. Verstand jemand, worum es da ging? Nein. Tat das etwas zur Sache? Nein. Es klang einfach beeindruckend.

General Motors hat wahrscheinlich über 100 Millionen Dollar ausgegeben, um das Northstar-System des Cadillac zu bewerben. Verstand jemand, wie dieser Motor funktionierte? Nein. Tat das etwas zur Sache? Nein. Es klang einfach beeindruckend.

Magische Komponenten muss man nicht erklären, denn sie sind magisch.

High-Tech-Elemente

Je komplexer ein Produkt ist, desto dringender braucht man ein magisches Element, um es von Konkurrenzprodukten zu differenzieren.

Die Firma Silicon Graphics war der Pionier im Bereich der so genannten Visual- oder 3-D-Graphik-Workstations. Das waren beeindruckende, aber äußerst komplizierte Geräte. Wir stellten fest, dass ein einzigartiges Stück Technik dafür verantwortlich war, dass diese Workstations so hervorragend funktionierten, und das war der „geometry engine". Wir konnten Silicon Graphics davon überzeugen, dieses Konstruktionselement zum A und O seiner Marketingkonzepte zu machen. Es war der „geometry engine", der die Visual Workstations des Unternehmens nicht nur besser, sondern zu etwas Einzigartigem machte.

AccuRay ist ein Unternehmen des ABB-Konzerns, das Qualitätskontrollsysteme für die Papierindustrie herstellt. Es entwickelte ein neues Verfahren, mit dessen Hilfe es möglich war, bei der Produktion den gesamten Bogen zu überwachen. Alle Mängel wurden sofort entdeckt und die Techniker konnten unmittelbar Korrekturen vornehmen, was den Ausschuss enorm reduzierte. Der Vorteil dieses Maximums an Sichtbarkeit lag auf der Hand, aber wir wollten wissen, wie das Verfahren funktionierte. Wir entdeckten, dass dem Prozess ein magisches Element zugrunde lag, das wir als „Patentierte Prismentechnologie" bezeichneten. Wusste jemand, was das war? Nein. Tat das etwas zur Sache? Nein. Es klang einfach sehr beeindruckend. Es war etwas, was das Qualitätskontrollsystem von AccuRay nicht nur besser machte, sondern es von den Wettbewerbern differenzierte.

Den Unterschied dramatisieren

Wenn Sie etwas Differenzierendes anzubieten haben, zeigen Sie es offen!

Wenn man mit einer Neuerung auf den Markt kommt, sollte man diese unbedingt in Szene setzen. Cordis, eine Firma von Johnson & Johnson, die kardiologische Diagnostikgeräte herstellt, hat das z. B. getan.

Eine der erfolgreichsten (und einträglichsten) Produktserien von Cordis in den letzten sechs Jahren sind die Katheter der Marke Brite Tip. Das Produkt mit dem genialen Namen besitzt eine patentierte Vorrichtung mit biegsamer Spitze. Kardiologen können damit das distale Ende des Katheters ohne Schwierigkeiten „visualisieren". So können sie genau sehen, wo sich die Spitze gerade befindet, wenn sie den Katheter in die Arterie einführen, die mit einer Gefäßstütze versehen oder im Rahmen eines angioplastischen Eingriffs mithilfe eines Ballons gedehnt werden soll.

Vorher hatten die Ärzte dies auf gut Glück tun müssen und daher bei solchen Eingriffen viele Arterienöffnungen verletzt.

Die biegsame Spitze – das, was das Produkt einzigartig machte – war ein Herstellungswunder, das inzwischen von fast jedem Unternehmen der Branche kopiert wurde. Trotz seiner mindestens sieben Konkurrenten verfügt Brite Tip noch immer über einen Marktanteil von 60 Prozent. (Was wahrscheinlich damit zu tun hat, dass Brite Tip zum generischen Markennamen für die Sache geworden ist.)

Produktinnovation

Manche Produktideen liegen auf der Hand und haben nichts Magisches.

Dove-Seife ist in den USA seit Jahren die Nummer eins. Der Erfolg und die Besonderheit des Produkts stehen auf der Verpackung direkt unter dem Markennamen: Feuchtigkeitscreme. Dass die Seife Feuchtigkeitscreme enthält, stellt ihren Vorzug dar: eine bessere Pflege der Haut. Das Besondere an Dove ist, dass die Feuchtigkeitscreme in der Seife ist.

Viele Skier versprechen einem, dass man sich mit ihnen auf diesem rutschigen weißen Element namens Schnee besser fortbewegen kann. Eine Marke hat allerdings in jüngster Zeit eine Neuheit entwickelt, die den Vorzug der Kontrolle über den Ski wirklich auf den Punkt bringt. Die Marke heißt Dynastar. Die Firma nennt ihre Erfindung ihr „einzigartiges Pintail-Design". Mit dem Slogan „Pintail-Technik für punktgenaue Kontrolle" verbindet Dynastar Produktinnovation und Vorteilhaftigkeit. Damit bietet die Firma Skier, die sich von den anderen unterscheiden.

DiGiorno Pizza hat eine Technik entwickelt, mit der Tiefkühlpizzas nicht zweimal erhitzt werden müssen. Der Teig der Pizza ist noch nicht aufgegangen, wenn man sie zu Hause ins Rohr schiebt. Da sie wie eine Pizza schmeckt, die gerade zubereitet wurde, ist sie mit Pizzeria-Pizzen vergleichbar. Kurz und gut: Das ist eine Tiefkühlpizza, die sich von den anderen unterscheidet.

Systeminnovation

Man kann sich auch dadurch differenzieren, dass man sich auf etwas verlegt, das mit dem Produkt in Verbindung steht oder irgendwie einen Zusammenhang aufweist, in dem das Produkt eine Rolle spielt.

Genau das hat Black & Decker mit VersaPak, einer wiederaufladbaren Batterie, getan, die man für verschiedene Geräte verwenden kann. Black & Decker hat sogar ein eigenes Programm entwickelt, um dieses neue und andere Produkt vorzustellen, und VersaPak-Wagen durchs Land geschickt, damit die Kunden die kabellosen Geräte mit der neuen Technologie ausprobieren können.

Die Granite Rock Company in Watsonville, Kalifornien, hat lokalen Firmen Kies und Sand verkauft. (In dem Bereich gibt es nicht gerade viele Unterschiede.) Lastwagen zum Transport großer Mengen von Baumaterialien zu leihen kostet pro Minute einen Dollar und mehr: Zeit spielte also eine entscheidende Rolle.

Um den Vorgang zu beschleunigen, entwickelte das Unternehmen ein automatisches Verladesystem. Man schiebt eine Karte in ein Gerät, mit der man sich identifiziert, und erhält das Baumaterial und eine Bestätigung. Das so genannte GraniteXpress-System senkte die Ladezeit von 24 auf sieben Minuten.

Das ist ein gewaltiger Unterschied, wenn man Kies oder Sand kauft.

Es richtig machen

Man kann ein Produkt falsch oder richtig herstellen. Der falsche oder weniger erstrebenswerte Weg wird oft als kostengünstiges Verfahren vorgestellt. Berater sprechen in diesem Zusammenhang gern von einer Effizienzsteigerung in der Produktion, im Klartext: von Kosteneinsparungen. Der richtige Weg kostet mehr, weil man ja ein besseres Produkt herstellt.

Wenn eine Branche den falschen Weg eingeschlagen hat, kann man sich manchmal vom Wettbewerber abheben, indem man sich für den richtigen Weg entscheidet. Das hat etwa Stanislaus Food Products getan. Die Firma ist für viele italienische Restaurants in Amerika zur Nummer eins geworden, was Tomatensauce angeht. Und sie hat das trotz ihrer im Vergleich höheren Preise geschafft, indem sie nicht wie der Rest der Branche auf Tomatenkonzentrat umgestellt hat, das billiger herzustellen und einfacher zu transportieren ist.

Dino Cortopassi, der Eigentümer des Unternehmens, hielt es für besser, die Sauce frisch und unkonzentriert abzufüllen. So kostet die Sauce zwar mehr, schmeckt aber besser.

Das macht seine Differenzierbarkeit aus. Und, zum Unglück seiner Konkurrenten, sind die meisten echten italienischen Restaurants des Landes ebenfalls dieser Meinung.

Eine besser zubereitete Pizza

Auch John Schnatter, der CEO und Gründer von Papa John's Pizza, hält etwas von der Art, wie Dino Cortopassi seine Tomatensauce herstellt.

Er begann die Sauce zu verwenden, als er noch im Lokal seinen Vaters als Pizzabäcker arbeitete. Und obwohl die Sauce mehr kostete, blieb er dabei, als er seine Pizza-Kette Papa John's aufbaute. Da die anderen großen Ketten das weniger gute Konzentrat verwendeten, gelang es Papa John's, sich von den Wettbewerbern abzuheben, indem man den Kunden erklärte, wie die Pizzen gemacht werden. Die Botschaft war sehr direkt: Bessere Zutaten, eine bessere Pizza.

Heute hat Papa John's 2000 Geschäfte. Das Differenzierungsmerkmal der hochwertigen Tomatensauce hat das Unternehmen zur erfolgreichsten Pizzakette der Vereinigten Staaten gemacht.

Quadratische Hamburger

Es gibt wahrscheinlich keine bessere Produktgeschichte als die von White Castle. White Castle ist die erste Fastfood-Hamburger-Kette des Landes und in den USA eine Legende. Das Unternehmen verkauft seine quadratischen, handtellergroßen Hamburger oder „Slider" in über 330 Restaurants im Osten und Mittleren Westen.

Im Lauf der etwa 70-jährigen Geschichte des Unternehmens hat sich kaum etwas geändert. Die Form der Hamburger ist ebenso gleich geblieben wie die der burgartigen Gebäude der Kette. Tatsächlich ist der heutige CEO der Firma sogar der Enkel des Mitbegründers.

Die sorgfältig gepflegte Produktstrategie hat zahllose Konkurrenten überlebt. Die Firma hat eine Fangemeinde, deren Begeisterung sich von einer Generation auf die nächste überträgt. White Castle friert seine „Sliders" sogar ein und liefert sie an Supermärkte in Gegenden, in denen die Kette gar keine Filialen besitztt.

Die Ergebnisse sind verblüffend. Nur McDonald's verkauft pro Standort mehr Hamburger. White Castle ist ein Musterbeispiel dafür, wie man es mit Beständigkeit weit bringen kann.

Zubereitung nach altbewährter Methode

Eine ähnliche Geschichte ist die von Aron Streit Inc., dem letzten unabhängigen Matzen-Hersteller. (Matzen ist das authentische ungewürzte, ungesäuerte und überhaupt reinste Brot, von dem sich die Juden auf ihrer Flucht aus Ägypten ernährten.)

Obwohl der Markt von der Firma B. Manischewitz beherrscht wird und Aron Streit nur einen kleinen Anteil hat, haben die Leute bei Streit verstanden, dass ihre „Tradition“ genau das Differenzierungsmerkmal ist, das ihre Matzen auszeichnet. Trotz aller modischen Outsourcing-Maßnahmen bei vielen anderen Produkten stellt Streit seine Matzen noch immer in der Rivington Street in Lower Manhattan her – eben dort, wo man 1914 damit begonnen hatte.

Die Website, Streitsmatzos.com, zeigt, dass die Firma genau weiß, worin ihre Einzigartigkeit besteht: „Warum unterscheiden sich die Matzen von Streit von anderen heimischen Matzen-Marken? Weil Streit in seinen Öfen nur Matzen von Streit bäckt.“

Aron Streit macht seine Matzen eben auf die überlieferte Art.

Mit der Tradition brechen

Die Geschichte einer großen Ketchupmarke in Venezuela namens Pampero illustriert das genaue Gegenteil von Streits Konzept.

Als man uns um Unterstützung bat, hatten Del Monte und Heinz die Marke bereits vom ersten Platz verdrängt. Pampero verlor weiter an Boden. Wir brauchten ein Differenzierungsmerkmal, das über die bisherigen Ansprüche des Produkts, „intensivere Farbe“ und „besser“ zu sein, hinausging.

Warum war Pampero besser? Was tat die Firma mit ihren Tomaten? Nach einigem Suchen stellte sich heraus, dass Pampero zur Verbesserung von Geschmack und Farbe die Tomaten schälte. Gerade die großen Konkurrenten der Firma taten das bei ihrem Herstellungsprozess nicht.

Die Geschichte gewann noch an Attraktivität, da viele Kunden wissen, dass die meisten Rezepte, für die man ganze Tomaten braucht, einem raten, die Haut zu entfernen. Pampero konnte sich genau diese mit dem Attribut „geschält“ verbundene Vorstellung von Qualität und Geschmack zunutze machen.

Als wir Pampero zu erklären versuchten, dass das der beste und einzig mögliche Weg sei, das Image der Marke wieder aufzubauen, war die Bestürzung groß. Der Betrieb schien gerade dabei zu sein, aus Kostengründen auf einen automatisierten Produktionsprozess umzustellen, in dem (à la Del Monte und Heinz) die Haut nicht mehr entfernt werden sollte. Für die altmodische Art hatte Pampero nichts mehr übrig.

Wir empfahlen, die Modernisierung zu stoppen, weil die geschälten Tomaten das Differenzierungskriterium waren, auf das es ankam. Dinge so zu machen wie die großen Konkurrenten, kann einen im Wettbewerb das Leben kosten.

Ein wenig mehr verlangen

Wenn man darauf verweisen kann, dass das eigene Produkt besser hergestellt wurde, präsentiert man damit auch einen Grund, dafür ein wenig mehr zu verlangen. Dino Cortopassi hat für seine Tomatensauce etwas mehr verlangt. Das vermittelt den Kunden auch, dass die Konkurrenten Billigware verkaufen.

Genau das tut auch Fresh Samantha im dem bereits sehr engen Fruchtsaftsektor. Das Geheimnis der steigenden Zuwächse dieses Unternehmens liegt darin, dass es frische Früchte und Gemüse mit schweren Maschinen entsaftet. Das Ergebnis sind sehr teure, einzeln verpackte Fruchtsäfte. Sind die Produkte von Fresh Samantha wirklich besser als andere Säfte dieser Art? Wahrscheinlich nicht. Aber die gesundheitsbewussten Konsumenten Amerikas scheinen davon überzeugt zu sein. Das beweist, dass man sich manchmal durch die Produktionsweise eines Produkts abgrenzen kann.

Handarbeit aus Malaysia

Nichts ist so einzigartig wie Handarbeit.

Nicht weit außerhalb von Kuala Lumpur liegt die Fabrik von Royal Selangor. Das ist ein Unternehmen, das, wie viele meinen, das schönste Zinn der Welt herstellt.

Bei einem Rundgang durch die Fabrik sieht man, was das Royal-Selangor-Zinn so einzigartig macht. Es wird mit großer Sorgfalt von Hand hergestellt.

Wenn etwas Handarbeit ist oder als Handarbeit gilt, haben die Menschen das Gefühl, dass sie so etwas wie Kunst kaufen. Den Kunden ist es gleichgültig, dass die Menschen, die das Produkt herstellen, für Minimallöhne arbeiten. Sie sehen in ihnen lediglich Kunsthandwerker, die mit großer Sorgfalt und großem Geschick Dinge fertigen.

Auch wenn eine Maschine bessere Produkte herstellen könnte, wird Handarbeit als wertvoller und besser erachtet.

Der ultimative Rasenmäher ist ein Gerät namens Locke. Der im Vatikan, im Yankee Stadium und im Weißen Haus eingesetzte Mäher wird als von Hand montiert angepriesen. (Das Ding kostet 2500 Dollar.)

Wenn man also die Möglichkeit hat, bei seinen Produkten von Handarbeit zu sprechen, sollte man das unbedingt tun.

Eine andere Art Särge

Batesville ist bei Särgen in den Vereinigten Staaten der Marktführer. Es gibt niemanden, der sich mehr bemühen würde, sich von seinen Konkurrenten zu differenzieren.

Nur Metallsärge von Batesville bieten „kathodischen Schutz". Diese Technik schützt auch die Pipeline und die Tanker in Alaska vor Korrosionsschäden.

Batesville offeriert auch „Monoseal", ein System, das Lecks verhindert. Kaum zu glauben, aber das Unternehmen führt bei jedem Sarg Vakuumtests durch, um mögliche undichte Stellen zu eruieren. (Was wir beeindruckend finden, wenn man bedenkt, wie schnell ein Fehler in diesem Fall begraben ist.)

Die Krönung des Ganzen sind Särge mit einer 75-Jahre-Garantie.

Wenn Tante Miriam in einem Sarg von Batesville begraben wird, weiß die Familie, dass sie sich für den besten Sarg am Markt entschieden hat und dieser der Verstorbenen maximalen Schutz vor natürlichen Einflüssen gewähren wird.

Einzigartige Kekse

Tierkekse kennt in Amerika jeder. Seit fast 100 Jahren sind Barnum's Animals, die nach Zirkustieren geformten süßen Kekse, einer der Grundpfeiler der Firma Nabisco.

Die einmalige hellrote Schachtel, die wie ein Eisenbahnwagon aussieht – und die Keksformen sind seit Jahren ein Erfolg – obwohl das Unternehmen kaum etwas getan hat, um den Verkauf der Marke zu unterstützen.

Ja, tatsächlich, die Firma hat das Produkt weder im Fernsehen noch in den Printmedien noch im Radio beworben. Und doch gehören die Kekse zu den bekanntesten Marken und Produkten der Sparte.

Wieder ein Beispiel, das zeigt, dass das Differenzierungskriterium in der Machart liegen kann.

17

Differenzierung durch eine neue Produktgeneration

In der hoch technisierten, schnelllebigen Welt von heute hat man sich an „neue Generationen“ von Produkten gewöhnt. Man weiß nicht nur, dass es sie geben wird, man rechnet damit.

Wir raten Unternehmen, sich weniger darum zu bemühen, besser zu sein, sondern eher zu versuchen, die Firma zu sein, die mit der „neuen Generation“ eines Produkts auf den Markt kommt. Das ist ein sicherer Weg, sich zu differenzieren.

Der psychologische Vorteil liegt auf der Hand. Niemand fühlt sich wohl dabei, etwas vielleicht schon Überholtes zu kaufen. Man kann seine Konkurrenz also hinter sich lassen, indem man sich als derjenige positioniert, der das neue und bessere Produkt hat (der Schwerpunkt liegt auf „neu“).

Sich selbst übertreffen

Wir predigen seit Jahren, dass sich starke Marktführer durch die Vorstellung einer neuen Produktgeneration selbst Konkurrenz machen. Das trifft auf keine Firma so sehr zu wie auf Intel.

Die Reihe der Mikroprozessoren von Intel ist beeindruckend: 286er, 386er, 486er, Pentium, Pentium II, Pentium III, Pentium III Xeon, Pentium IV. Intel hat den anspruchsvollen Chipmarkt beherrscht, indem es auf Kosten seiner bestehenden Mikroprozessoren ständig eine „neue Generation" eingeführt hat. So war kein Mitbewerber in der Lage, das Unternehmen anzugreifen, nicht einmal über den Preis. (Billigere Angebote gab es schon, aber für veraltete Chips.)

Auch die Strategie von Gillette, immer wieder eine neue Generation von Rasierklingen auf den Markt zu bringen, ist ein Beispiel dafür, wie man so den Markt beherrschen kann.

Das gilt auch für General Electric und seine Anstrengungen, die schlichte Glühbirne zu verbessern. Das letzte Ergebnis in diesem Bereich trägt den Namen Enrich. Die einzigartige blaue Glasbirne betont die Farbkontraste und lässt dadurch die Farben von Möbeln und anderen Einrichtungsgegenständen stärker hervortreten.

Eine Skischuh-Story

Im Unterschied zu Mikroprozessoren gibt es bei Skischuhen nicht oft eine „neue Generation". Und wenn, muss es schon ein dramatischer Unterschied sein, der die Menschen dazu bringt, das Alte aufzugeben und sich für den letzten Schrei zu entscheiden. (Schließlich hat man die alten Schuhe ja auch gut eingelaufen.)

Die Nummer eins bei Top-Skischuhen ist Lange. Die wirklichen Profis tragen Lange (die Marke unterscheidet sich also durch ihre Beliebtheit). Wie bei Autos stehen aber auch im Bereich der Top-Skischuhe eine Reihe anderer Marken zur Auswahl, von denen manche als bequemer gelten.

Diesen Schuhherstellern in einem bestenfalls als lau zu bezeichnenden Marktbereich Anteile streitig zu machen verlangte nach mehr als bloß einem neuen Differenzierungsmerkmal. Es bedurfte einer „neuen Generation“ von Skischuhen, die nicht nur für Spitzenleistungen stand. (Wie viele Skifahrer fahren denn schon Rennen?)

Es bedurfte einer Neuerung, die Lange zur neuen Skischuhgeneration machte und der Firma die Chance gab, das gesamte höherpreisige Segment des Skischuhmarkts zu erobern.

Weiterentwicklung in Sachen Sicherheit

Die Ingenieure bei Lange konzentrierten sich darauf, eine Lösung zu finden, was die 300-prozentige Zunahme von Knieverletzungen beim Skifahren betraf. Im Zuge ihrer Analysen kamen sie dahinter, dass zwar Skifahren an und für sich sicherer war als je zuvor, nach hinten zu fallen aber zu Überlastungen und Verletzungen des Knies führte, weil der Schuh den Fuß am Ski festhielt.

Die Lange-Techniker lösten das Problem mit dem so genannten Rear-Release-System (RRS): Fällt ein Skifahrer nach hinten, gibt der Schuh hinten automatisch nach, wodurch das Knie nicht überlastet wird.

Wir empfahlen der Firma, diese Neuerung nicht bloß als neues Differenzierungsmerkmal zu präsentieren, sondern die Schuhe mit diesem System als „neue Generation von Skischuhen“ vorzustellen, „die die Knie schützen helfen“. Das Besondere an diesem Konzept ist, dass es sich nicht nur an Hochleistungssportler wendet. Nicht jeder fährt Rennen, aber alle Skifahrer haben Knie.

Mit seinem RRS hat Lange seine lange Geschichte technischer Neuerungen im Skischuhbereich um ein weiteres Kapitel fortgeschrieben. 1970 brachte das Unternehmen die ersten Skischuhe auf den Markt, die vor Knöchelverletzungen schützen halfen. Nach 30 Jahren kommen jetzt die ersten Skischuhe, die vor Knieverletzungen schützen helfen, aus dem Hause Lange. Das unterstreicht das Marktführer-Image der Marke in technischer Hinsicht.

Ein Schuh, der die Knie schützt, ist zweifellos eine herausragende Art von Schuh.

Der Kampf gegen übersäuerte Mägen

Die Pharmaindustrie weiß am besten, was eine neue Produktgeneration ist. Vergegenwärtigen wir uns einmal, was es heißt, im Kampf um den Magen die Nase vorne zu haben.

Als sie in den 1970er Jahren auf den Markt kamen, haben die so genannten H2-Rezeptor-Antagonisten (H2RAs) die Behandlung von Geschwüren und anderen säurebedingten Erkrankungen revolutioniert. Endlich gab es ein Medikament, mit dem man Geschwüre heilen konnte, und die Zahl der Magenoperationen ging dramatisch zurück. Tagamet, das erste H2RA-Präparat, erzielte in seinen besten Zeiten einen Umsatz von 1 Milliarde Dollar im Jahr. Schließlich lief ihm Zantac den Rang ab: Der Jahresumsatz bei diesem Mittel lag immer zwischen 2 und 3 Milliarden Dollar. Auch die beiden anderen von der US Food and Drug Administration in den späten 1980er Jahren zugelassenen H2RA-Präparate Pepcid und Axid verzeichneten respektable Gewinne.

1993 kam mit Prilosec in den Vereinigten Staaten eine neue Generation von Medikamenten auf den Markt, die Säureüberschüssen im Magen den Kampf ansagten: die so genannten Protonenpumpenhemmer („proton pump inhibitors"/PPIs). H2RA- und PPI-Präparate unterdrücken die Säurebildung auf unterschiedliche Weise. Während H2RA-Medikamente die Tätigkeit der Histamine an den Rezeptoren der Gastrinzellen der Magenoberfläche blockieren, reduzieren PPI-Präparate die Säureproduktion durch Deaktivierung der so genannten Säurepumpe im Inneren der Gastrinzellen.

Im Vergleich zu den H2RA-Präparaten liegt der therapeutische Vorteil der PPI-Mittel darin, dass diese die Säureproduktion stärker reduzieren und weniger oft verabreicht werden müssen. Die ersten Werbekampagnen für Prilosec konzentrierten sich ganz auf die Wirkungsweise des Medikaments.

1996, also drei Jahre nach seiner Einführung in den Vereinigten Staaten, verdrängte Prilosec Zantac vom ersten Platz. 1998 hatte sich Prilosec bereits 33 Prozent des Magengeschwürmedikamenten-Marktes gesichert und war mit einem Jahresumsatz von 3,98 Milliarden Dollar zum weltweit meistverkauften Medikament geworden.

Zurzeit wird die Erforschung des kürzlich entdeckten Magengeschwüre verursachenden Bakteriums H. pylori forciert, die dazu führen könnte, dass sich die Therapie von der Verabreichung säurehemmender Medikamente auf Antibiotika verlagert.

In dieser Branche heißt es, die Gunst der Stunde zu nutzen.

Mit der Vergangenheit brechen

Neue Medikamente unterscheiden sich im Allgemeinen von früheren Generationen, indem sie eine andere chemische Zusammensetzung haben und meist auch anders auf den Körper wirken.

Diesen „Sprung" zwischen zwei Generationen klar zu benennen ist wichtig, wenn man die potenziellen Käufer davon überzeugen will, dass es sich tatsächlich um eine neue Technologie handelt. Je größer der Sprung ist, desto leichter lässt sich etwas verkaufen.

Genau darum ging es im Kampf zwischen Mikrowellenherden und traditionellen Herden (den die guten alten Herde gewonnen haben).

Doch die Produzenten von Mikrowellenherden geben nicht auf und setzen zum nächsten Angriff an, der die mit der Mikrowellen-Technik verbundenen Probleme (ungenießbar aussehende und ungleichmäßig erhitzte Speisen) aus der Welt schaffen soll. Es gibt jetzt eine neue Generation von Mikrowellenherden mit einer zusätzlichen Technik, mit der das Essen knackig und braun wird: mit Halogenlampen oder Heißluft.

Statt die neuen Geräte als „bessere Mikrowellenherde" zu verkaufen, sprechen die Firmen von „Speed Cookers" (Geschwindigkeitsherden) und hoffen, dass sie mit diesem Begriff den Sprung schaffen, der sie von der Vergangenheit trennt (und den sie wirklich dringend brauchen).

Ein neues technisches Element kann Wunder wirken

Der Kampf im Bereich der Mikrowellenherde führt uns eine Strategie vor Augen, die darin besteht, mit einem zusätzlichen technischen Element gleich eine neue Produktgeneration ins Leben zu rufen. Das ist eine sehr wirkungsvolle Art, sich vom Wettbewerb zu differenzieren, weil die Menschen die technische Neuerung als Verbesserung betrachten werden, egal, ob sie nun begreifen, worum es geht – oder nicht. (Zwei Technologien sind besser als eine.)

Genau das hat Milestone Scientific getan, als es ausgerechnet die ja wirklich sehr einfache subkutane Injektionsnadel mit Computertechnologie ausstattete. Milestone Scientific entwickelte „Wand“, das erste EDV-gestützte Injektionssystem.

Mithilfe eines kleinen Computers kann man die für den Patienten genau passende Menge Anästhetikum errechnen und verabreichen und damit für eine so gut wie schmerzlose Injektion sorgen. (Man dachte sogar an eine magische Komponente namens SloFlo-Technologie.)

Am interessantesten an dieser Geschichte ist, dass sich an der klassischen Spritze seit 150 Jahren nicht viel geändert hatte. Eine „neue Generation“ war also gewissermaßen überfällig.

Auch Dell Computer, das Unternehmen, das sich durch seinen Direktvertrieb differenziert, bietet jetzt eine zusätzliche Technologie an. Die Firma schnürt für ihre PCs Pakete mit Internetdiensten. Das Unternehmen hat damit sozusagen seinen Einsatz erhöht, um sein Profil auszubauen.

Sich die Geschichte zunutze machen

Gibt es in einer Sparte eine Geschichte des Wandels und hat man daran teil, sollte man das zu seinem Vorteil nutzen. Hat man schon eine neue Generation eingeführt, verfügt man über gewichtige Referenzen für die Einführung einer weiteren neuen Generation.

Ein Beispiel: Die Digital Equipment Corporation (DEC), die heute zu Compaq gehört, hätte die Möglichkeit gehabt, eine neue Generation von 64-Bit-Plattformen einzuführen. Unglücklicherweise hat sie sich die Gelegenheit – und damit ihre Zukunft – entgehen lassen.

Für alle, die ein wichtiges Stück Computergeschichte verschlafen haben: Als alle Welt 16-Bit-Prozessoren verwendete, brachte DEC das erste 32-Bit-VMS-Betriebs- und VAX-System auf den Markt und wurde dadurch zum zweitgrößten Computerunternehmen der Welt.

DEC hätte also die Möglichkeit gehabt, die 64-Bit-Workstation mit diesem äußerst erfolgreichen 32-Bit-Minicomputer zu verbinden. Als die 32-Bit-Computer herauskamen, meinten die Experten, dass diese niemand brauchen würde (was sich als falsch erwies). Das hätte sich DEC zunutze machen sollen, als sich bei der Vorstellung der 64-Bit-Plattform ein ebensolches Gähnen breitmachte. Die beste Strategie für DEC wäre gewesen, die Frage aufzuwerfen, ob sich die Geschichte wiederholen könnte. Wenn einmal etwas eingetroffen ist, besteht die Möglichkeit, dass es wieder geschieht.

Und gerade in der Computerwelt geschehen Veränderungen, wenn nur genügend Leute daran glauben, dass sie geschehen. DEC hat sich nie wirklich bemüht, genügend Menschen davon zu überzeugen, dass 64-Bit-Plattformen kommen werden.

Es kann auch schief gehen

Und jetzt die schlechte Nachricht. Es gibt in diesem Spiel mit der neuen Generation einige Fallen, vor denen man sich unter allen Umständen hüten muss. Tut man das nicht, gerät man in ernsthafte Schwierigkeiten. Im Folgenden ein kurzer Überblick:

- *Keine Probleme lösen, die gar nicht existieren.* Ein Produkt der neuen Generation muss ein entscheidendes Problem lösen. Dow Chemical brachte eine neue frostsichere Kühlflüssigkeit namens Dowtherm 209 auf den Markt, „die keine Schäden verursacht, wenn sie ins Kurbelgehäuse gelangt“ (und doppelt so viel kostete wie Kühlflüssigkeiten der älteren Generation). Das Problem war bloß, dass die gebräuchlichen Kühlflüssigkeiten kaum jemals in den Motor gelangten. Warum das Doppelte für die Lösung eines Problems ausgeben, das sich gar nicht stellte? Die meisten Leute wollten das nicht.

- *Sich nicht mit Traditionen anlegen.* Es gibt tatsächlich wirkliche Probleme, die niemand gelöst sehen will. Die Menschen mögen Traditionen. Wahrscheinlich gibt es wenige Dinge, die z. B. in den USA so eingebürgert sind, wie im Baseballstadion Erdnüsse zu essen. Wenn das Spiel aus ist, waten die Leute bis zu den Knöcheln in Erdnussschalen. Um hier Abhilfe zu schaffen, versuchte es Harry M. Stevens mit bereits geschälten Erdnüssen in Zellophantüten. Die Leute waren empört. Der Verkauf ging zurück, die Beschwerden nahmen zu. Kommando zurück, die Leute wollen auf Nussschalen laufen!
- *Das Neue muss auch besser sein.* Warum sich für etwas Neues entscheiden, wenn es nicht besser ist? Die Münzanstalt der Vereinigten Staaten brachte eine Ein-Dollar-Münze mit dem Bild von Susan B. Anthony, einer Frauenrechtlerin aus dem 19. Jahrhundert, heraus, die den Ein-Dollar-Schein ersetzen sollte. Für die Münzanstalt war das eine wichtige Verbesserung, weil sie sich dadurch jährlich 50 Millionen Dollar Druck- und Bearbeitungskosten sparen würde. Für die Öffentlichkeit hatte die Änderung keinen sichtbaren Vorzug. Die Münze sah wie ein Vierteldollar aus und viele fanden sie hässlich. Also verschwand Susan B. Anthony wieder.

Neuerungen können gefährlich werden

In *The Innovator's Dilemma: When New Technologies Cause Great Firms to Fail*, der Publikation eines Autors der Harvard Business School, stößt man auf die Beschreibung des Konzepts von „zerstörerischen Technologien“.[1]

Der Verfasser arbeitet heraus, dass neue Technologien oft etwas von Wölfen im Schafspelz haben. Sie entsprechen weder den Bedürfnissen der Kunden noch den Gewinnerwartungen der Börse. Sie muten anfangs harmlos an, werden aber, sobald sie einmal eingeführt sind, dermaßen schnell verbessert, dass sie zu Mainstreamtechnologien und damit zum neuen Standard in einem bestimmten Bereich werden.

DEC, der König der Mikrocomputer, wollte nichts von PCs wissen, weil diese, technisch gesehen, nicht ernst zu nehmen waren. PCs waren ein Spielzeug. In nur wenigen Jahren hat dieses Spielzeug DEC vom Markt verdrängt.

Merrill Lynch war in seinem Bereich Brokerage führend und bot zusehends anspruchsvollere Dienstleistungen an, während Charles Schwab sich im unattraktivsten Segment des Markts engagierte. Schwab hat inzwischen in einem so hohen Ausmaß Änderungen und Neuerungen eingeführt, dass die Firma kaum noch als Discountbroker zu erkennen ist.

Das Neue sollte einzigartig sein

Das einzige Mittel gegen eine solche zerstörerische Technologie scheint darin zu liegen, ein völlig unabhängiges Unternehmen beziehungsweise eine völlig unabhängige Marke aufzubauen oder zu kaufen und die neue Technologie dort beziehungsweise dafür zum Einsatz zu bringen.

Es ist verhängnisvoll, sich an alten Dingen festzuklammern oder zu versuchen, das Neue mit einer Umgebung in Verbindung zu bringen, die nur das Alte kennt und versteht.

Wenn Kodak meint, dass elektronische Kameras eine Bedrohung für den herkömmlichen Film darstellen, sollte man diese Technologie nicht zu integrieren versuchen. Ein anderes Unternehmen oder eine neue Marke sollte sich darum kümmern. Dann soll die neue Firma mit der alten in Wettbewerb treten.

Bank One ist ein großes regionales Bankinstitut mit 1900 Filialen, die etwa eine Million Haushalte in 14 Bundesstaaten zu ihren Kunden zählen. Der ehemalige CEO, John B. McCoy, sah im Internet eine zerstörerische Technologie und eine langfristige Herausforderung für das Geschäft seiner realen Filialen. Daher richtete er mit einem Aufwand von 150 Millionen Dollar im Netz eine virtuelle Bank namens Wingspan.com ein. Er musste feststellen, dass Wingspan.com der Bank One Konkurrenz machte. Im *Business Magazine* meinte er dazu: „Wer im E-Commerce bestehen will, muss ein Geschäftsmodell entwickeln, das dem traditionellen Geschäft den Garaus macht.“[2]

Es kann manchmal schmerzhaft sein, der Vorreiter bei Innovationen zu sein, doch es ist die einzige Möglichkeit, die eigene Zukunft zu sichern.

18

Ein Produkthit ist ein differenzierender Nutzen

Wenn man einen Hit landet, sollten das auch alle mitbekommen. Wie in Kapitel 15 ausgeführt, sind Kunden wie Schafe. Daher möchten sie auch gerne wissen, was „in“ ist und was nicht. Das ist auch der Grund dafür, dass Mundpropaganda im Marketing so wichtig ist. Und Mundpropaganda heißt meist, dass einer dem anderen erzählt, was gerade „in“ ist. Darauf kommt es an – Amerika liebt zwar die Unterdogs, aber die Menschen setzen auf Gewinner.

Die Angst, den Erfolg zu kommunizieren

Unglücklicherweise scheuen viele Unternehmen davor zurück, von ihrem Erfolg zu sprechen. Erst einmal halten sie es einfach nicht für die feine Art, damit anzugeben. Sie finden es aufdringlich, ein Zeichen für schlechtes Benehmen. Ihre Haltung hat aber einen ganz anderen Grund: Letztendlich fürchten sie, dass ihr Hit nicht immer einer sein wird. Was geschieht, wenn es mit dem Erfolg einmal vorbei ist? Dann stehen sie doch dumm da, oder?

Wir versuchen unseren Kunden zu erklären, dass eine Firma oder ein Produkt durchzusetzen mit dem Start eines Satelliten vergleichbar ist. Es bedarf eines Initialschubs, damit ein Satellit die Umlaufbahn erreicht. Hat er das geschafft, sieht die Sache schon wieder anders aus.

Einen Hit zu landen oder stärkere Zuwächse zu verzeichnen als seine Konkurrenten, kann für eine Marke oft dieser Initialschub sein, den sie braucht, um abzuheben. Hat sie einmal abgehoben, kann man sich dann etwas anderes einfallen lassen, damit sie nicht an Höhe verliert.

Corbett Canyon: ein Musterbeispiel

Zur besseren Erklärung ein Beispiel aus der Welt des Weins, in der es nicht leicht ist, sich zu differenzieren.

Corbett Canyon ist ein Wein aus den Küstentälern Zentralkaliforniens. Zuerst einmal entschied sich das Unternehmen für eine spezielle Flaschenform, die einem, wenn man eine Weinhandlung betritt, ins Auge sticht. Das ist das erste Differenzierungsmerkmal.

Dann ließ sich die Firma eine besondere Radiowerbung einfallen, die mit einem Echo arbeitet, damit sich die Hörer den Namen auch merken: Canyon, Canyon, Canyon. Eine einzigartige Flasche, eine einprägsame Radiowerbung, ein erschwinglicher Preis – und der Wein hob ab. Bald war Corbett Canyon „die am schnellsten wachsende Weinmarke Amerikas".

Der letzte Schritt bestand darin, diesen Erfolg via Radio zu verkünden. Dafür bietet sich ein Paar an, das sich darüber unterhält, welche Marke die am schnellsten wachsende Weinmarke Amerikas ist. Auf die Namen der Konkurrenten folgt ein „Tip, Tip, Tip". Die Antwort ist klar: Es ist der Wein, der aus den zentralkalifornischen „Canyons, Canyons, Canyons" kommt, den Tälern, in denen wunderbarer Wein wächst.

Damit entwickelte das Unternehmen ein Differenzierungskonzept, mit dem sein Wein die Umlaufbahn erreichen konnte.

Den Schwerpunkt verlagern

Wir müssen zugeben, dass das Beispiel, das wir gerade gebracht haben, erfunden ist. Man kann nicht immer „in“ sein. Daher muss man bereit sein, den Schwerpunkt seiner Strategie zu verlagern, sobald der Schwung nachlässt. Im Fall von Corbett Canyon würde das heißen, dass das Unternehmen nach Möglichkeiten suchen muss, den Erfolg seiner Marke zu erklären – mit den Tälern, in denen der Wein wächst, mit Auszeichnungen, mit der Kostengünstigkeit seines Produkts oder womit auch immer.

Das Schöne an einer Hitstrategie ist, dass man dadurch ein dauerhaftes Differenzierungskriterium aufbaut. Man bringt den Markt dazu, die Geschichte hinter dem Erfolg zu glauben. Ohne diesen letzten Schritt kann man – statt die Umlaufbahn zu erreichen – zurückfallen und in der Wettbewerbsatmosphäre verglühen.

Würzige Hähnchen

Manchmal sorgen Trends dafür, dass ein Produkt ein Hit wird. Das gilt etwa für die amerikanischen Essgewohnheiten: Dank des Erfolgs der mexikanischen Küche sind Amerikaner jetzt auf noch mehr scharfe Sachen scharf. Kräftig gewürzte Hähnchen sind also der neue Schlager der Branche.

Popeyes Chicken versorgt die Menschen mit Brathähnchen nach Cajun-Art, die eine gewisse Schärfe haben. Der Fernsehspot verkündet, dass das Unternehmen „Amerika vor langweiligen Hähnchen retten“ will.

Im Vergleich zu seinem riesigen Konkurrenten Kentucky Fried Chicken ist der Werbeetat von Popeyes mit 12 Millionen Euro geradezu mickrig. Aber das Produkt des Unternehmens zeichnet sich durch einen scharfen Unterschied aus – und dieser Unterschied genügt, um Church's Chicken und Chick-Fil-A zu überholen und Popeyes hinter Kentucky Fried Chicken den Platz zwei in diesem Bereich zu sichern.

Das einzige, was die Firma noch tun sollte, ist, den Markt davon in Kenntnis zu setzen, dass sie mit ihren Hähnchen Kentucky Fried Chicken, dem König „langweiliger Hähnchen“, auf den Fersen ist. Die meisten

Menschen wissen, dass Popeyes-Hähnchen scharf sind. Nun sollte man sie darüber aufklären, dass sie auch eine scharfe Sache sind, was den Verkauf angeht.

Lügen sind gefährlich

Vorsicht ist angesagt, wenn man sein Produkt als das anpreist, das sich am besten verkauft.

Cadillac stand nicht gerade gut da, als das Unternehmen eingestehen musste, dass die Verkaufszahlen nach oben korrigiert worden waren, damit die Marke ihre Stellung als meistverkaufter Luxuswagen nicht verlor.

Man zwang das Unternehmen, öffentlich zuzugeben, dass es, um 1998 nicht hinter Lincoln zurückzufallen, seine Bücher manipuliert hatte. Das war das Ende einer 49-jährigen Vorherrschaft.

Die Auseinandersetzung blamierte nicht nur Cadillac, sondern gab Lincoln einen ungeheuren Auftrieb. Nun wusste die Welt, welcher Wagen wirklich „in" war und welcher nicht.

Es ist entscheidend, bei dem, worauf man Anspruch erhebt, genau zu sein, sonst können sich die Konkurrenten diese Ungenauigkeit zunutze machen.

Es gibt viele Möglichkeiten „in" zu sein

Bedient man sich einer „Hitstrategie", hat man die Gelegenheit zu definieren, warum man „in" ist. Nur wenigen ist bewusst, dass es da viele Möglichkeiten gibt. Im Folgenden eine kurze Darstellung der beliebtesten Arten:

- *Verkaufszahlen.* Die häufigste Methode besteht darin, seine Verkaufszahlen mit denen seiner Wettbewerber zu vergleichen. Doch es müssen nicht unbedingt Jahresumsätze sein. Man kann sich für jede nur mögliche Zeitspanne entscheiden: für sechs Wochen, für zwei Jahre, für fünf Jahre.

Es kommt einzig darauf an, dass die Zeitspanne, auf die man sich festlegt, einen am besten dastehen lässt. Denken Sie daran, dass Sie die Parameter wählen können. Man muss sich auch nicht unbedingt mit seinen Konkurrenten vergleichen. Man kann sich mit sich selbst vergleichen.

- *Branchenratings.* In den meisten Branchen gibt es Ratings für die Performance der einzelnen Unternehmen – ob diese nun von Branchenmagazinen wie den *Restaurant News* oder Konsumentenzeitschriften wie dem *U. S. News and World Report* oder Organisationen wie J. D. Powers vorgenommen werden. Kommt man bei einem dieser Ratings auf den ersten Platz, sollte man das so aggressiv wie möglich einsetzen.
- *Branchenexperten.* In manchen Branchen gibt es Experten oder Kritiker, die oft zitiert werden und eine Kolumne schreiben. Das gilt insbesondere für den High-Tech-Bereich: Denken Sie an Esther Tyson oder die Gartner Group. Manchmal kann man Zitate oder Berichte dieser Experten und Kritiker verwenden, um damit seinen Erfolg zu umreißen. Hollywood tut das, um einen Film zu etablieren, und Verlage tun das, um ein Buch zu promoten.

Auf jede Art und Weise „in“

Eine Werbung für das Magazin *Fortune* erscheint uns als Inbegriff dessen, wie man sich als Hit von seinen Konkurrenten abheben kann. Das Inserat schöpfte alles aus, was *Fortune* als „in“ profilierte und auf einer Seite der *New York Times* Platz hatte.[1]

Das Inserat enthielt Zitate aus Branchen- und Wirtschaftsmagazinen. Es brachte Zitate aus Zeitungen. Es führte die Aussage eines Kunden an. Es nannte vier verschiedene Arten von Verkaufszahlen. Und es schloss mit einem Slogan, der sich nicht wiederholte: „*Fortune.* Hotter than ever.“

Weiß der Leser, wie gut es *Business Week* oder *Forbes* geht? Nein. Tut das etwas zu Sache? Nein. Alles, was der Leser erfahren muss, ist, dass *Fortune* eine heiße Sache ist und wohl etwas anders machen muss als seine Konkurrenten.

Die Presse spielt eine wesentliche Rolle

Auch wenn es natürlich von Nutzen ist, selbst ins Horn zu stoßen, ist es noch besser, wenn man jemanden findet, der das für einen tut. Hier kann sich eine aggressive PR-Strategie wirklich auszahlen.

Was Bewegung in die Sache bringt, ist, dass Referenzen von „dritter Seite" großes Gewicht haben. Ob das nun ein Nachbar oder eine lokale Zeitung ist – die Menschen haben das Gefühl, dass solche Quellen unvoreingenommen sind. Wenn einen Dritte für „in" halten, muss man wohl auch wirklich „in" sein.

Ein PR-Erfolg ist wie ein Stein, den man in einen Teich wirft: Die anfangs kleinen Kreise breiten sich schließlich über die ganze Wasserfläche aus. Man fängt mit den Experten an, widmet sich dann den Branchenmagazinen und wendet sich schließlich den Wirtschafts- und Konsumentenzeitschriften zu.

Ron Higgins, der CEO eines High-Tech-Internetservice-Unternehmens, hat in einem Gespräch nachdrücklich auf die Rolle der Presse für den Erfolg seines Unternehmens hingewiesen.

Wie Digital Island erfolgreich wurde

Digital Island wurde 1995 gegründet. Das Unternehmen bietet Firmen verlässlichere Internetlösungen mit weniger Verbindungsproblemen und einem schnelleren Zugang an. Heute ist Digital Island in 18 Ländern tätig.

Als man Ron Higgins nach dem Grund seines Erfolgs fragte, schrieb er diesen der PR-Arbeit zu: „Sie war das Entscheidende. Ohne die PR-Arbeit wäre es Digital Island wohl viel weniger gut gegangen."

Die erste Person, die Higgins für sein Unternehmen anwarb, war ein PR-Berater und Journalist. Warum das?

Higgins: „Die Öffentlichkeit war der Schlüssel. Es ging darum, den Eindruck zu erwecken, dass Digital Island ein gewichtiges Unternehmen war, es viel größer erscheinen zu lassen, als es tatsächlich war und ihm die

Aura eines Unternehmens zu verleihen, das zu den 500 Fortune-Topfirmen zählte."

Higgins bezifferte diese PR-Erfolge sogar: „Jeder positive Artikel ist, was die Bewertung des Unternehmens angeht, 1 Million Dollar wert."

Sein Gesamteindruck: „Ich bezweifle, dass man im High-Tech-Bereich ohne Referenzen von Meinungsmachern Erfolg haben kann."[2]

Sich als jemand profilieren, der Probleme löst

Indirekt kann man sich die Presse auch dadurch zunutze machen, dass man sie dazu bringt, über ein Problem zu schreiben, das man mit seinem Produkt oder mit seiner Firma zu lösen imstande ist.

Wenn die Leute wahrnehmen, dass man in der Lage ist, ein entscheidendes Problem zu lösen oder zur Lösung eines entscheidenden Problems beizutragen, wird man für sie wichtiger. Und die Medien berichten lieber über Probleme als über Erfolge (schlechte Nachrichten sind besser als gute Nachrichten).

Um wieder auf Digital Island zurückzukommen: Das Problem, das Digital Island löste, bestand darin, dass nicht jeder auf der Welt den gleichen Internetzugang besitzt. In Japan und anderen Ländern der Welt ist das Netz aus Gründen der Überlastung und infolge des Umstands, dass es nicht als internationales Medium ausgelegt war, sehr langsam und instabil.

Dieses gravierende Problem hat Digital Island gelöst. Darüber kann man eine tolle Geschichte schreiben. Dass die Firma das geschafft hat, verleiht ihr Bedeutung.

19

Wachstum kann Differenzierung zerstören

Für uns gibt es vor allem eine Ursache dafür, dass Marken ihre Einzigartigkeit verlieren können: „Wachstumsstrategien".

Der Drang, größer zu werden, scheint fast ein Reflex zu sein. Wir vermuten, dass Belohnung für Wachstum der Grund dafür ist. CEOs setzen sich für Wachstum ein, um ihre Stellung abzusichern und höhere Vergütungen zu beziehen. Wall-Street-Broker setzen sich für Wachstum ein, um ihr Ansehen anzusichern und höhere Gehälter zu erzielen.

Aber muss eine Firma wachsen? Dazu der Wirtschaftswissenschaftler Milton Friedman: „Dringend notwendig ist es nicht, dass wir wachsen. Wir haben nur ein dringendes Verlangen danach."

Verfallen Firmen dem Gott des Wachstums, kann das unserer Einschätzung nach zwei schlimme Folgen haben. Erstens können Firmen den Überblick verlieren und dadurch den Augenblick verpassen, die Konkurrenten abzuhängen und sich von ihnen zu differenzieren, oder sie versäumen die Möglichkeit, den entscheidenden Unterschied auszubauen und zu verbessern.

Problem 1: Wenn Firmen den Überblick verlieren

Wir haben bereits von Silicon Graphics gesprochen. Die Firma war bei Hochleistungscomputern Marktführer. Aber statt alle Ressourcen dafür zu verwenden, sich in diesem Bereich weiter zu profilieren, gab das Unternehmen dem Druck der Börse nach und weitete sein Geschäft aus. Die Börsenanalytiker sahen High-Performance-Computer als Nische und nicht als einen Bereich, der jährlich um 20 Prozent zulegte. Silicon Graphics begann also PCs und das keineswegs dem High-Performance-Bereich zuzurechende Microsoft-Windows-NT-Betriebssystem für sich zu entdecken. Weder die PCs noch Windows NT brachten Silicon Graphics den erwarteten Erfolg.

Wer so etwas wie den Porsche der Computerbranche darstellt, sollte sich nicht auf billigere PCs verlegen, sondern seine Vormachtstellung im High-Performance-Bereich dadurch ausbauen, dass er mehr Kunden für diesen Bereich gewinnt. (Welche gut gehende Firma möchte denn nicht leistungsstarke EDV-Lösungen haben?)

Problem 2: Markenausdehnung

Zweitens können Firmen, die es darauf anlegen, „endlos zu wachsen“, in die „Markenausdehnungsfalle“ geraten. Das kommt besonders bei Megamarken vor, die eine möglichst große Menge miteinander verwandter – oder auch fremder – Produkte unter einem Namen vertreiben. Wir bezeichnen das als „innenzentriertes Denken“ über eine erfolgreiche Marke und die Möglichkeiten, diese noch größer und besser zu machen.

Leider funktioniert am Markt nur das außenzentrierte Denken, das sich in den Köpfen der potenziellen Kunden abspielt. Vergegenwärtigen wir uns einmal, was diesen drei Großunternehmen widerfahren ist:

- General Motors hatte fünf gut differenzierte Marken und auf diese fünf Marken entfielen etwa 50 Prozent des Geschäfts in den Vereinigten Staaten. Um zu wachsen, begann jede der fünf Marken, ein und demselben Kundenkreis hinterherzujagen. Das Ergebnis war, dass schließlich alle fünf Marken gleich aussahen und auch gleich viel kosteten. Auf die fünf nicht mehr so gut zu differenzierenden Marken entfallen heute nur mehr 30 Prozent des Geschäfts.
- Nabisco landete mit seinen Keksen der Marke SnackWell's Devil's Food einen Riesenerfolg. Gleich schob Nabisco mehrere andere Keksarten, Kuchen und Kracker für den Toaster, die alle nicht so gut waren wie das ursprüngliche Erfolgsprodukt. Mit SnackWell's begann es bergab zu gehen. Es gab bereits Gerüchte, dass Nabisco mit seiner Marke das Handtuch werfen will.
- McDonald's hat mit billigen und schnellen Hamburgern ein großes erfolgreiches Geschäft aufgebaut. Dann aber wollte McDonald's mehr Restaurant sein und Hamburger für Kinder, Hamburger für Erwachsene, Pizza, Hühnchen und alles mögliche anbieten. Das Geschäft lief von da an langsamer und weit weniger erfolgreich. Es ging den Leuten ein „Mc“ weit.

Roberto Goizueta, der inzwischen verstorbene CEO von Coca-Cola, sagte einmal: „Bei Immobilien geht es um die Lage, um die Lage und noch einmal um die Lage. Im Verkauf geht es um Differenzierung, um Differenzierung und noch einmal um Differenzierung.“

Für je mehr man stehen will und je unklarer der Fokus erkennbar wird, desto schwieriger wird es, sich deutlich abzugrenzen.

Wird es der echte ESPN-Kanal schaffen?

Zuerst gab es ESPN – eine geniale Idee, ein neuartiger Fernsehkanal. Dann wurde man gierig und wollte das Angebot erweitern: So wurde ESPN2 geboren. So weit, so verwirrend. Aber es kommt noch schlimmer.

Unabhängig von ESPN gründeten einige unternehmungslustige Unternehmer „Classic Sports". Die diesem neuen Sender zugrunde liegende Idee war die, sich mit einer Art History-Kanal für Sport auf große Sportereignisse der Vergangenheit zu konzentrieren. ESPN schaute zu, fand daran Gefallen und kaufte den Sender. Behielt ESPN den Namen bei, unter dem diese großartige Idee realisiert worden war? Leider nicht: Der Sender wurde umgetauft und hieß nun „ESPN Classic". Markenausdehnung, Zerstörung der Differenzierung, Verlust des Profils.

Wenn heute jemand ESPN sehen will, lautet die Frage: „Meinen Sie ESPN, ESPN2 oder ESPN CLASSIC?" Da könnte man schon verzweifeln und sich mit „Fox Sports" anfreunden.

Wenn das Differenzierungsmerkmal verloren geht

Marketingexperten übersehen manchmal den langfristigen Schaden, der entsteht, wenn etwas über seine ursprüngliche Identität hinauswächst. Setzen wir uns einmal mit ein paar grundsätzlichen Fragen im Hinblick auf die Identität bestimmter Marken auseinander:

- Wenn Michelob als erstklassiges Qualitätsbier gilt, kann sich die Marke dann mit einer verwässerten leichteren Sorte ihr Image als Bier, das besser schmeckt, bewahren? Wohl kaum.
- Wenn Volvo als Wagen gilt, der wie ein Panzer gebaut ist, kann sich die Marke dann mit einem Sportkabrio konventioneller Machart durchsetzen? Wohl kaum.
- Wenn Nike mit Sportschuhen und Sportkleidung identifiziert wird, kann die Marke dann plötzlich als Equipment-Hersteller ankommen? Wohl kaum.
- Wenn Ralph Lauren mit seinen Polo-Tweedsachen eine bestimmte Altersgruppe von Schülern bedient, kann die Marke sich dann auf einmal als Hersteller cooler Extremsportkleidung für Mountainbiker, Läufer und Snowboarder bewähren? Wohl kaum.

Präsentiert man sich als etwas anderes als das, wofür man bekannt ist, untergräbt man das Profil, durch das man sich vom Wettbewerb differenziert. Man verwischt seine Identität. Dem Publikum ist das Differenzierungsmerkmal nicht mehr klar.

Der nächste Schritt ist dann der, dass man die Leute dazu bewegt, ihre Meinung im Hinblick darauf zu ändern, wer man ist. Das ist niemals eine gute Strategie, weil Menschen ihre Meinung nicht gerne ändern. Wie einem jeder Psychologe erklären wird, kann man eine Person nur dann überzeugen, ihre Meinung zu ändern, wenn man sie dazu bringt, ihren Glauben zu ändern. (Viel Spaß dabei!)

Man macht also letzten Endes nichts anderes, als seine grundlegende Identität, sein Differenzierungsmerkmal zu untergraben, und hat gleichzeitig größte Mühe, seine neue Identität zu verkaufen. Kann man so Erfolg haben? Wohl kaum.

Wenn sich die Wall Street zur Wehr setzt

Wir sollten der Börse gegenüber fair sein. Wenn diese das Wachstum von Unternehmen auch fördert, kommt es durchaus vor, dass sie sich zur Wehr setzt und ein Aufschrei durch die Reihen geht, wenn ein Unternehmen in dem Bemühen, seine Wachstumsrate aufrechtzuerhalten, den Bogen überspannt hat.

Als Starbucks neben Kaffee auch Nahrungsmittel zu verkaufen begann, hat die Wall Street nicht viel getan. Als aber bekannt wurde, dass das Unternehmen sich auf das Internet konzentrieren, statt nach Wegen suchen wollte, den Kaffeeverkauf anzukurbeln, war das Maß voll. Wie schrieb das *Wall Street Journal*? – „Die Investoren ließen die Aktien der Starbucks Corp. wie eine Tasse mit zu heißem Mokka fallen.“[1]

Und warum das? Weil man sich an der Börse zunehmend Sorgen machte, dass man sich aufgrund der Begeisterung des Starbucks-Gründers Howard Schultz für das Internet im Unternehmen immer weniger mit dem Verkauf von Kaffee beschäftigte. Man konnte sich einfach nicht recht vorstellen, dass Starbucks eine Art Cybermegaladen werden könnte, in dem Kunden alles von Delikatessen bis zu Möbeln einkaufen würden.

Ein erfahrener Börsenfachmann formulierte es folgendermaßen: „Die Disziplin besteht darin, sich nicht auf alles zu stürzen, sondern genau zwischen Geschäften, die auch ganz nett wären, und denen zu unterscheiden, die notwendig sind. Seine Brötchen verdient man sich mit seiner Kernkompetenz."

Dem können wir uns nur anschließen.

Manchmal kann weniger mehr sein

Unternehmen erkennen oft nicht, dass es unter Umständen auf lange Sicht viel besser ist, sich weiter auf das Kerngeschäft zu konzentrieren.

Wenn Volvo das sicherste Auto der Welt herstellt, warum sollte sich die Firma dann auf Sportwagen verlegen? Es ist doch besser, sich auf der Welt umzusehen und dort etwas zu tun, wo man sichere Autos braucht. Waren Sie jemals auf einer indischen Landstraße unterwegs? Ja? Dann wollen Sie in Zukunft garantiert das sicherste Auto dafür, das Sie auftreiben können. Das gilt für viele Straßen der Welt, auf denen es viele unsichere Fahrer und nur wenige Polizisten gibt.

Und wie steht es mit Sportwagen? Vielleicht kann man ein sichereres Modell entwickeln, das in Crashtests besser abschneidet und sich nicht so leicht überschlägt.

Angesichts des Zustandes der Straßen auf der Welt sehen wir „Sicherheit" keineswegs als beschränktes Konzept. Wir halten „Sicherheit" für eine Idee mit großem Potenzial. (Da Volvo jetzt Ford gehört, wird man sich vielleicht wieder auf das besinnen, wofür Volvo steht und sich wieder auf dieses Differenzierungsmerkmal konzentrieren.)

Wachstum durch eine Mehrmarkenstrategie

Meinen Sie ja nicht, dass wir etwas dagegen hätten, größer und reicher zu werden. Das ist es, was Amerika ausmacht. Wir haben nur etwas gegen den Weg, den manche dafür einschlagen.

Es gibt nämlich einen besseren.

Obwohl man beim Marketing sparen kann, wenn man bei einer Marke bleibt, hat die Erfahrung gezeigt, dass man mit mehreren Marken einen insgesamt größeren Marktanteil erobern kann.

Sowohl Coca-Cola als auch Nike, beides große Einzelmarken, haben jeweils etwa 30 Prozent Marktanteil in ihrem Bereich. Gillette mit seinen fünf Marken (Trac II, Atra, Sensor, Mach 3 und Good News) hat in seinem Bereich etwa 65 Prozent Marktanteil. Wir bezeichnen das als „Komplementärstrategie", weil die Marken einander eher ergänzen als sich Anteile streitig machen.

Man braucht dazu unterschiedliche Namen, Positionierungen und Zielgruppen. Manchmal kann man mit Submarken das gleiche Ergebnis erzielen. BMW ist das etwa mit seiner 3er-, 5er- und 7er-Serie gelungen. Alle Typen sind „ultimative driving machines", aber jede hat man so positioniert, dass sie ein anderes Marktsegment abdeckt.

Eine spanische Mehrmarken-Story

Nach der Privatisierung der nationalen spanischen Ölgesellschaft besaß das neue Unternehmen Repsol drei Benzinmarken und etwa die Hälfte der Tankstellen des Landes. Parallel zur Privatisierung wurde auch die neue Marke Repsol geschaffen. Daneben gab es weiterhin die altbekannte Marke aus den Tagen der Staatsunternehmen (Campsa) und eine regionale Marke im Norden (Petronor).

Es war, als ob einer einzigen amerikanischen Ölgesellschaft Mobil, Texaco und Merit gehörten – kein schlechtes Geschäft, wenn es gelingen würde, sie richtig zu positionieren.

Drei verschiedene Markennamen wurden nun angeboten, die alle jedoch gleich behandelt wurden – nach innen hin eine Marke, nach außen hin drei.

Um seinen 50-Prozent-Marktanteil zu schützen, entschloss man sich, die Marken durch unterschiedliche Differenzierungsmerkmale voneinander abzugrenzen.

Eine Marke für das Auto

Dank der umfassenden Einführungswerbung für die neue Marke Repsol gaben die meisten Menschen in Spanien der neuen Gesellschaft in der Kategorie „Innovation und Technologie" gute Noten. Repsol führte auch das erste Benzin mit 98 Oktan (eine selbst in den USA nicht erhältliche Qualität) ein. Dies legte eine Strategie nahe, die sich auf sehr autofixierte Kunden konzentrierte. Und da Autos in Spanien sehr teuer sind, war das ein relativ großer Prozentsatz der Bevölkerung.

Der Slogan, der diese Strategie umriss, lautete: „Repsol. Das Beste für Ihr Auto."

Natürlich musste das Unternehmen, wenn es diesem Programm Leben einhauchen wollte, Produkte und Werbemaßnahmen rund um das Auto in den Vordergrund stellen. Wir empfahlen, es neben dem 98-Oktan-Benzin mit einem neu entwickelten synthetischen Öl für „Motoren von heute" zu versuchen.

Eine Marke für den Service

Imageuntersuchungen ergaben für die etablierte Marke Campsa eine sehr positive Resonanz. Im Vergleich zu anderen Benzinmarken schnitt die Marke in der Kategorie „Verlässlichkeit" ungewöhnlich gut (etwa 50 Prozent besser als die neue Marke Repsol) ab.

Wir empfahlen daher, auf dieses Image zu bauen und bei Campsa dessen lange Geschichte im Dienste des spanischen Autofahrers in den Vordergrund zu stellen. Der Slogan lautete: „Campsa. 60 Jahre Service."

Im Sinne dieser Strategie sollte der sehr beliebte Campsa-Autoatlas (mit Landkarten, Restaurant- und Hotelverzeichnissen etc.) weiter erscheinen.

Campsa hatte an manchen Standorten Shops eröffnet. Wir schlugen vor, alle Tankstellen mit einem Shop auszustatten und alle Serviceideen umzusetzen, die man auf Lager hatte. Dazu gehörten etwa – eine Einrichtung, die man heute an vielen amerikanischen Tankstellen sieht – Selbstbedienungszapfsäulen, an denen man mit Kreditkarte zahlt.

Es stellte sich heraus, dass Campsa auch Autorennen sponsorte. Wir empfahlen, sich in diesem Bereich nicht weiter zu engagieren und die Förderung Repsol zu überlassen.

Natürlich präsentierte die Werbung für Campsa die 60-jährige Geschichte der Marke im Dienste ihrer Kunden und erinnerte sie an die hervorragenden Leistungen, die Campsa in dieser Zeit vollbracht hatte.

Eine Marke für niedrige Preise

Die dritte, regionale Marke war bisher nicht wirklich besetzt und konnte daher ganz nach den Vorstellungen des Unternehmens positioniert werden.

Uns schien der Preis eine Möglichkeit zu bieten. Zum Ausdruck gebracht wurde das Konzept durch den Slogan „Petronor. Mehr Meilen für Ihr Geld".

Die Marke sollte an Standorten mit hoher Frequenz verkauft werden, nur auf Selbstbedienung ausgerichtet sein, zu einem niedrigen Preis angeboten werden, einen beschränkten Service bieten und nur bar bezahlt werden können.

Auch wenn in Spanien der Preis von Benzin zu diesem Zeitpunkt noch kein Thema war, würde sich diese Marke im Fall eines Preiskampfes garantiert bewähren. Gewisse Dinge gilt es heute zu erledigen, wenn man für die Zukunft bereit sein will.

Drei wichtige Sektoren mit drei verschiedenen Marken abzudecken wird Repsol sehr dabei helfen, seine Marktposition zu verteidigen, wenn die multinationalen Ölgesellschaften ins Land drängen. Auf diese Weise will die große Ölgesellschaft Spaniens die große Ölgesellschaft Spaniens bleiben.

Ein Desaster in Korea

Daewoo ist der zweitgrößte Konzern, oder *chaebol*, Südkoreas. Im Juli 1999 entging das Unternehmen nur knapp dem Bankrott. Es wäre der größte Bankrott in der Geschichte des Landes gewesen.

Die Südkoreaner machen Witze darüber, dass ihre *chaebols* dem Motto „Von der Nudel bis zum Satelliten" Rechnung tragen. Von vielfältigen Interessen zu sprechen wäre schwer untertrieben. Daewoo ist – unter anderem – in der Telekommunikations-, der PC-, der Bau-, der Wertpapier-, der Schiffsbau-, der Hotel-, der Elektronik- und der Automobilbranche tätig und besitzt sage und schreibe 25 Tochtergesellschaften.

Daewoo ist damit ein Beispiel für Wachstum in seiner schlimmsten Form. Die Regierung setzte die Banken des Landes schwer unter Druck, damit diese die hochfliegenden Expansionsziele der *chaebols* finanzierten. Die Betriebe dagegen lernten zwar, wie man Dinge herstellt, kamen aber nie dahinter, wie man sie auch mit Gewinn verkauft.

Bei einem Schuldenstand von 50 Milliarden Dollar braucht man sich nicht zu wundern, dass sich die Geier einstellen, wenn verschiedene Teile des Konzerns verscherbelt werden. Dem hypertrophen Konglomerat steht nun eine strenge Diät bevor.

20

Differenzierung bedeutet oft Verzicht

Im vorhergehenden Kapitel ging es darum, dass es schlecht fürs Geschäft sein kann, wenn man zu viel will. In diesem Kapitel geht es nun um die Kehrseite der Medaille: Es zeigt sich zuweilen positiv fürs Geschäft, wenn man etwas aufgibt.

Es war einmal eine Firma namens Emery AirFreight. Der damals größte Frachtdienst seiner Art bot Lieferungen innerhalb von 24 Stunden, in zwei Tagen und Zustellung von kleinen wie großen Paketen. (Das Motto: Wir übernehmen jede Lieferung.) Dann kam Federal Express. Federal Express verzichtete auf einen großen Teil des Geschäfts und konzentrierte sich darauf, kleine Päckchen direkt und ausschließlich am nächsten Tag zuzustellen. Der Unterschied: die Zustellung am nächsten Tag.

FedEx hatte mit seinem Differenzierungsmerkmal Erfolg. Emery machte Bankrott.

Mehr ist weniger

Beschäftigt man sich mit der langfristigen Entwicklung einzelner Produktkategorien, erkennt man, dass eine Erweiterung der Palette das Wachstum behindern kann, statt es zu fördern.

In seiner Blütezeit, um 1980, hatte Miller Beer zwei Marken: High Life und Lite. Miller verkaufte etwa 35 Millionen Fass. Dann kam Genuine Draft dazu. 1990 war der Verkauf auf 32 Millionen Fass zurückgegangen. Unverzagt brachte Miller eine neue Marke nach der anderen heraus. Die Verkäufe sanken in den Keller und Budweiser wurde stärker und stärker.

Nach 20 Jahren kontinuierlicher Einführung immer neuer Marken bekam Miller Besuch von Philip Morris, der Muttergesellschaft. Das obere Management von Miller wurde entlassen. (Warum hat man damit so lange gewartet?)

Was rauchen Cowboys?

Philip Morris sollte eigentlich ein Mehr-ist-weniger-Problem erkennen, wenn es auftaucht. Marlboro, dem Flaggschiff des Unternehmens, war nämlich das Gleiche passiert.

Um weiter zu wachsen, hatte man Marlboro Lights eingeführt. Dann kamen Marlboro Mediums, Marlboro Menthol und Marlboro Ultra-Lights. Erstmals in der Geschichte ihres Bestehens begann die Marke daraufhin einzubrechen.

Es ist offensichtlich, was da schief gegangen war: Wirkliche Cowboys rauchen weder Menthol- noch Ultra-Light-Zigaretten.

Philip Morris ist nicht dumm und daher wieder zu Marlboro Country mit seinen rot-weißen Packungen zurückgekehrt. Weit und breit sieht man keine Spur mehr von Menthol- oder Medium-Zigaretten.

Das grundlegende Problem

Je breiter das Angebot wird, desto größer die Gefahr, dass man sein wesentliches Differenzierungskriterium über Bord wirft. Wenn Marlboro für vollen Geschmack steht, was soll das Attribut dann bei Leichtmarken oder anderen Geschmacksrichtungen ausrichten?

Michelob war einmal ein sehr erfolgreiches, teures Bier mit vollem Geschmack. Dann kamen Michelob Light und Michelob Dry auf den Markt. Es ging mit der Marke bergab. Heineken, ein anderes teures Bier mit vollem Geschmack, hat aus diesem Fehler offensichtlich etwas gelernt. Die Firma nannte ihre kalorienarme Marke Amstel Light. Der Marke geht es sehr gut. Sie hat sich mit einem brillanten Slogan profiliert: „Noch nie haben 95 Kalorien so importiert geschmeckt."

Eine Firma namens Eveready verfolgte einmal die Strategie, alle Batterien anzubieten, die man so brauchte. Dann kam Duracell, verzichtete auf einen großen Teil des Geschäfts und bot nur Alkalibatterien an.

Duracell wurde der Spezialist für langlebige Alkalibatterien und setzte sich als besondere Marke durch. Aber Duracell war nicht die Nummer eins und hatte nichts zu verlieren. Wie wir bereits in einem früheren Kapitel gezeigt haben, macht die Notwendigkeit zu wachsen, Marktführer manchmal verwundbar. Statt etwas aufzugeben, bauen sie das Sortiment weiter aus. Die meisten gescheiterten Marken hatten einst ein Profil, das sie vom Wettbewerb differenzierte, zerstörten es aber, indem sie ihr Angebot um mehr und mehr Versionen erweiterten. Chevrolet war einmal ein günstiges Familienauto. Und wofür steht Chevrolet heute? (Das weiß niemand.)

Was ist ein Porsche?

Wenn man danach fragt, was ein Porsche ist, sehen die meisten Menschen den berühmten 911er vor sich: einen luftgekühlten Sechszylinder mit Heckmotor. Das Auto ist ein Klassiker.

Aber statt auf etwas zu verzichten, entschloss sich Porsche, den 928er auf den Markt zu bringen, einen teureren wassergekühlten Achtzylinder mit einem vorne längs liegenden Motor.

Was ist jetzt also ein Porsche? Die Antwort: ein billiger/teurer, luft-/wassergekühlter Vier-/Sechs-/Achtzylinder mit vorne/hinten liegendem Motor. Kurz und gut: Verwirrung. Der Umsatz ging in der Folge dermaßen zurück, dass 1993 drei Typen nur mehr ein Zehntel dessen brachten, was das Unternehmen 1986 mit dem 911er verdient hatte.

Glücklicherweise haben sich die Umsätze inzwischen dank einer – Sie ahnen es bereits – modernisierten und kostengünstigeren Version des 911ers wieder erholt.

Warum Konvergenz meistens scheitert

Konvergenz, die Verbindung verschiedener Eigenschaften oder Funktionen, ist das Gegenteil von Verzicht. So verhält es sich mit allen Produkten, die mehrere Funktionen aufweisen.

Was multifunktionale Produkte in den Bereichen Computer, Kommunikation, Gebrauchsgüterelektronik, Unterhaltung und Verlage betrifft, kann man Prophezeiungen kaum aus dem Weg gehen.

Natürlich gibt es Prognosen dieser Art nicht erst seit gestern. So sagte etwa bereits die Titelgeschichte der Zeitschrift *Newsday* vom 18. Juli 1993 voraus, dass es bald keine Videokassetten, Videogeschäfte, Zeitungen, Fernsehkanäle, Telefonistinnen, Branchenverzeichnisse, Versandhauskataloge, Schulbücher, Zettelkataloge in Bibliotheken, Beeper, Videorekorder, Scheckhefte und Kassettenrekorder geben werde. (Sie haben sicher bemerkt, dass es all das immer noch gibt.)

Jüngsten Prognosen zufolge wird man mit den Fernsehapparaten der Zukunft auch telefonieren und Videoaufnahmen machen und sehen können sowie Zugang zum Internet haben. Selbst die Karikaturisten nehmen sich des Themas an. Am besten gefällt uns der Cartoon, der einen Mann zeigt, der gerade „Hallo!“ in sein Großbildschirmgerät von Sony ruft.

Betrachtet man die tatsächliche Entwicklung, kommt es selten zu solchen Funktionsverschmelzungen. Produkte, die mehr können, als sie müssen, verschwinden schnell wieder von der Bildfläche.

Alte und neue Beispiele für Konvergenz-Missgriffe

1937 stellte man den so genannten Convertoplane vor, eine Mischung aus Hubschrauber und Flugzeug, die aber nie so richtig abhob. Ähnlich erging es dem Hall Flying Car von 1945 und dem Taylor Aerocar von 1947.

1961 gab es das erste Amphibienfahrzeug. Die Idee ging unter. (Die Leute waren der Ansicht, dass sie ihr Boot im Hafen lassen und mit dem Wagen nach Hause fahren sollten.)

Es ist noch nicht so lange her, dass AT&T den EO Personal Communicator vorstellte, einen Pen-Computer mit Funktelefon, Fax, E-Mail-Funktion und einer Einrichtung zum Management persönlicher Termine und Informationen. Dann kam Okidata mit seinem Doc-it, der Desktop-Drucker, Fax, Scanner und Kopierer in einem war. Und schließlich wollte uns Apple seinen PDA, das Newton MessagePad, verkaufen, einen Pen-Computer mit Fax-, Beeper- und Kalenderfunktion.

Alle diese Dinge begleiten uns nicht mehr. In diesem Fall bedeutet Mehrfunktionalität den Produkttod.

Warum sich Multifunktionsgeräte nicht durchsetzen

Produkte herzustellen, die mehr können, verlangt eine andere Art von Verzicht. Die Entwicklung multifunktionaler Geräte zwingt Konstrukteure, unter Umständen außergewöhnlich gute Pläne für Produkte mit nur einer Funktion zugunsten weniger guter Ideen fallen zu lassen, die für die zusätzlichen Funktionen Platz haben.

Kann ein tolles Auto auch gleichzeitig ein tolles Boot sein? Natürlich nicht. Wenn man ein wirklich schnelles Auto will, legt man sich einen Ferrari zu. Wenn man ein wirklich schnelles Boot will, legt man sich ein Cigarette-Modell zu.

Kann ein toller Formel-1-Reifen gleichzeitig ein toller Normalreifen sein? Natürlich nicht. (Rennreifen haben kein Profil).

Die Leute mögen Spitzenprodukte und kein Konglomerat aus mehreren Einzelprodukten.

Die Leute wollen nicht auf wichtige Funktionen verzichten, um mit einem Produkt auch andere Dinge machen zu können. Dass etwas technisch machbar ist, ist keine Garantie dafür, dass man es auch verkaufen kann.

Wenn sich Ihr Produkt dadurch auszeichnet, dass es mehrere verschiedene Dinge nicht wirklich gut erledigt, während andere Produkte jeweils eine Sache außergewöhnlich gut erledigen, können wir Ihnen jetzt schon sagen, dass das keine Differenzierung ist, mit der Sie weit kommen werden.

Eine Bank der Zukunft

Die First Union National Bank ist eine regionale Bank, die die Multifunktionalität liebt. Die Strategie der Bank ist darauf ausgerichtet, zu einem Finanz-Supermarkt zu werden, der „das gesamte Spektrum traditioneller und nicht traditioneller Produkte und Vertriebskanäle“ abdeckt. (Was hat man sich denn darunter vorzustellen?)

Das Unternehmen bezeichnet diesen Supermarkt als „Bank der Zukunft“ und hat seine Filialen mit Telefonzellen, Computerterminals und Geldautomaten ausgestattet. Angestellte erklären den Kunden die Bedienung der neuen Geräte und die für die Bank der Zukunft entscheidenden Funktionen. Das Motto: „Kommen Sie doch mal zu uns und probieren Sie unsere Geräte aus!“ Leider erfolgte der Start des Projekts etwas holprig, weil man 2000 Leute für die Kassen brauchte: Man hatte sich eingestehen müssen, dass man das Bedürfnis der Kunden, ihre Bankgeschäfte von Menschen abwickeln zu lassen, gründlich unterschätzt hatte.

Ändern sich die Gewohnheiten der Leute langsam? Sehr langsam. Wollen die Menschen einen High-Tech-Finanz-Supermarkt? Da sind wir uns nicht so sicher. Wird die „Bank der Zukunft" überleben? Wahrscheinlich. Werden alle ihre großartigen Pläne aufgehen? Wohl kaum.

Mickey D wacht auf

McDonald's hat vor kurzem erstmals in eine andere Restaurantkette investiert. Das Unternehmen heißt Chipotle Mexican Grill und ist eine winzige, aber schnell wachsende Firma, in deren Filialen man für fünf Dollar riesige mit Fleisch, Reis und Bohnen gefüllte Burritos bekommt.

Mit dieser Investition scheint McDonald's stillschweigend einzugestehen, dass in dem heute sehr umkämpften Restaurantbereich selbst der Größte nicht allen Kundenerwartungen entsprechen kann.

Im Fastfood-Sektor ist es nie dazu gekommen, dass unter einem Dach verschiedene Dinge angeboten werden. Die Leute suchen das Lokal auf, in dem sie bei dem bevorzugten Essen, das sie wollen, die beste Qualität erwarten können. Wer eine Pizza will, holt sich diese sicher nicht in einem Hamburger-Lokal. Das hat McDonald's bei McPizza eindeutig bewiesen.

Drei Arten des Verzichts

Im Lauf der Jahre haben wir festgestellt, dass es drei verschiedene Formen des Verzichts erfordert, wenn es darum geht, sich von seinen Konkurrenten zu differenzieren:

- *Produktpalette.* Sich auf ein Produkt zu konzentrieren ist viel besser, als jedem alles bieten zu wollen (außer man arbeitet mit mehreren Marken): Beispiele sind Duracell mit seinen Alkalibatterien, Kentucky Fried Chicken mit seinen Hähnchen, Foot Locker im Sportschuhbereich, White Castle mit seinen quadratischen Hamburgern, Subaru bei Autos mit Vierradantrieb, Southwest Airlines mit seinen Kurzstreckenflügen.

Mit solchen Produkten kann man sich als der Experte und Beste seiner Art von den anderen differenzieren.

- *Attribute.* Sich auf ein Produktmerkmal zu konzentrieren ist viel besser, als von mehreren Attributen sprechen zu müssen. Das Differenzierungsmerkmal besteht darin, dass man einen anerkannten Vorzug besetzt. Volvo hat etwa im Autobereich „Sicherheit" für sich in Anspruch genommen, Crest die vorbeugende Wirkung, was Karies angeht, Nordstrom „Service", Dell den Direktverkauf. Wenn sich auch mehrere Produktmerkmale anbieten, sollte sich die Botschaft für den Kunden auf das eine Differenzierungsmerkmal konzentrieren, bei dem man gegenüber seinen Konkurrenten die Nase vorne haben will.
- *Zielgruppen.* Konzentriert man sich in einem Bereich auf ein bestimmtes Marktsegment, kann man sich von seinen Konkurrenten dadurch abgrenzen, dass man mit seinem Produkt in diesem Bereich zur Nummer eins wird, was die Beliebtheit anlangt: Beispiele dafür sind Pepsi mit seiner Zielgruppe der „younger generation", Corvette mit der Generation derer, die jung sein wollen, Corona mit den Yuppies auf dem Weg nach oben und Porsche mit den Yuppies, die es geschafft haben.

Jagt man einer anderen Zielgruppe nach, besteht die Gefahr, dass man seine ursprünglichen Kunden dadurch verprellt.

Was immer man auch tut, man sollte nicht gierig werden, sondern seiner Produktart, deren wesentlicher Eigenschaft und seinem Marktsegment treu bleiben.

Verzichten kann auch schön sein

Erklärt man Leuten in einem Unternehmen, dass es auf etwas zu verzichten gilt, geraten diese oft außer Rand und Band. Schließlich will ja niemand etwas aufgeben oder sich mit einem Markt zufrieden geben, den er als beschränkt empfindet.

Aber dann präsentieren wir ihnen die gute Nachricht. Diese lautet etwa wie folgt: Was ihr bewerbt, was ihr verkauft und womit ihr Geld macht, können durchaus verschiedene Dinge sein.

Nehmen wir Burger King als Beispiel. Das Unternehmen sollte damit werben, dass es seine Burger grillt und nicht brät, weil es das von McDonald's unterscheidet. Wenn die Leute einmal im Lokal sind, kann man ihnen auch Hähnchen, Pommes frites oder was auch immer verkaufen. Wer hätte etwas dagegen? Und Geld verdient das Unternehmen, indem es Erfrischungsgetränke verkauft – und die braucht es garantiert nicht zu bewerben.

Verstanden? In vielen Fällen liegt der Verzicht in erster Linie in der Art und Weise, wie man dem Markt vermittelt, was einen vom Wettbewerb differenziert. Hat man den Kunden einmal für sich gewonnen, kann man ihm verkaufen, was man will. Wie man Geld macht, steht nochmals auf einem anderen Blatt.

Wenn die Notwendigkeit des „Verzichts" auch die Möglichkeiten beschränkt, Kunden für bestimmte Produkte zu interessieren, ist man nicht wirklich eingeschränkt, wenn es darum geht, den Kunden etwas zu verkaufen, sobald sie sozusagen einmal das Geschäft betreten haben. (Federal Express übernimmt auch Pakete, die nicht am nächsten Tag zugestellt werden.)

Nun, fühlen Sie sich jetzt schon etwas besser?

21

Andere Länder, andere Differenzierungsmerkmale

Hinaus in die Welt, junger Mann – so der Rat von Theodore Levitt in seinem bahnbrechenden Artikel „The Globalization of Markets", der 1983 erschien. Seit damals ist Globalisierung zu einem beherrschenden Thema internationaler Geschäftsstrategien geworden.

Die Idee, von Akron bis nach Auckland überall auf der Welt auf eine globale Marke und eine klare Differenzierung zu setzen, hat ja auch einiges für sich. Reisende wie Einheimische erkennen die Marke in den Regalen. Ein einziges Marketingteam spart Angestellte und Zeit. Ein einziger weltweiter Name und Bauweise senken die Herstellungskosten. Und auch bei der Werbung bleibt etwas übrig, weil man auf der ganzen Welt mit denselben Inseraten und Spots arbeiten kann. (Und die Agentur freut sich, weil sie weniger Arbeit hat.)

Es gibt kaum ein Konzept, dass so überstrapaziert und falsch eingesetzt worden ist.

Den Ball dort schlagen, wo er liegt

Auch Golf wird auf der ganzen Welt gespielt – wie Marketing. Golfer lernen aber bereits früh, worüber sich Marketingleute gerne hinwegsetzen: Man muss den Ball dort schlagen, wo er liegt.

Die Vorstellung, ein standardisiertes Produkt mit einer einheitlichen Botschaft weltweit vermarkten zu können, ist dem Leiter des Hellenic Institute of Marketing in Griechenland zufolge eine „rein theoretische" Möglichkeit. Auch wenn das Konzept für ein Produkt universell sein mag, muss es den jeweiligen kulturellen und rechtlichen Bedingungen sowie Produktionskapazitäten angepasst werden. Die Interessen und Bedürfnisse der Kunden sind nicht überall gleich.

Nicht zu vergessen die lokale Konkurrenz. Bis Sie auf der anderen Seite der Welt auftauchen, kann eine einheimische Firma Ihnen bereits Ihr Differenzierungskriterium weggeschnappt haben.

Der finnische Kaffeecoup

Das geschah z. B. in Finnland, einem kleinen Land mit großem Kaffeekonsum. Finnen zählen zu den stärksten Kaffeetrinkern der Welt: Die durchschnittliche Jahresmenge liegt bei 160 Litern pro Person.

General Food setzte mit seiner schwedischen Kaffeemarke Gevalia, einer Mischung kolumbianischer, ostafrikanischer und indonesischer Bohnen, zum Angriff auf Finnland an. (Auf dem Etikett von Gevalia erfährt man, dass das Unternehmen im Dienste „Seiner Majestät des Königs von Schweden und des königlichen Hofes" steht.) Das Eindringen des Handelsriesen wurde jedoch von einer jahrzehntealten lokalen Marke namens Paulig durchkreuzt.

In Finnland ist Paulig ein Synonym für guten Kaffee. Paulig ist ursprünglich. Paulig schmeckt gut. Paulig wird bei gesellschaftlichen Anlässen gereicht. (In Finnland spielt der gesellschaftliche Aspekt eine große Rolle. Auch wenn man eine Arbeit erfolgreich zu Ende geführt hat, gönnt man sich eine Tasse Kaffee.)

War also in Finnland Platz für ein Standardprodukt mit einer universellen Botschaft? In Helsinki nicht. Die einheimische Marke, die einen Marktanteil von über 50 Prozent hat, hielt bei den Angeboten mit und Gevalia konnte nicht Fuß fassen.

Allgemeingültigkeit

Natürlich gibt es im Leben wie im Marketing auch einige weltweit geltende Aspekte.

Oil of Olaz war das erste Schönheitsprodukt, das behauptete, dass Frauen jeden Alters schön sein können. Das ist eine Idee, die Frauen auf der ganzen Welt anspricht.

Manche Gesellschaften können aus ihren nationalen Wurzeln und Traditionen eine globale Identität machen (wenn sie genügend Geld haben, dafür zu sorgen, dass man das auch nicht vergisst). Levi's und Disney exportieren den amerikanischen Traum, Chanel und Louis Vuitton stehen für französischen Chic, Armani für italienischen Stil, Burberry für klassische englische Werte.

Doch für die meisten Sterblichen auf dem Markt, die dem einen Global Village nachjagen, sprechen die Zahlen einfach gegen den Traum.

Ein globaler Pionier stößt an Grenzen

Nestlé war von Anfang an ein globales Unternehmen. Begonnen hat alles damit, dass sich der Pharmazeut Henri Nestlé in den 1860er Jahren über die Kindersterblichkeit (die in der Schweiz damals höher war als in den meisten Entwicklungsländern heute) Gedanken machte. Er entwickelte eines der ersten Nestlé-Produkte, eine gehaltvolle Kindernahrung.

Henri Nestlé hatte zwei große Visionen. Erstens dachte und agierte er immer international. Bereits vier Monate nach seiner Einführung war das Produkt in fünf europäischen Ländern auf dem Markt. Zweitens wollte er eine eigene Marke. Bei Geschäften gab es das bereits, aber im Produktionsbereich war Henri Nestlé einer der Ersten, der eine Marke schuf.

Trotz seiner globalen Macht hat Nestlé jedoch im Lauf der Jahre erkannt, dass man mit Weltmarken allein den Kampf nicht gewinnen kann.

Eine vor einigen Jahren durchgeführte Studie der Beratungsfirma McKinsey hat ergeben, dass das Unternehmen immer verschiedene Pferde in verschiedene Rennen schickt. Nestlé hat

- mehrere Dutzend Weltmarken wie Baci, Buitoni, Carnation, Kit Kat, Maggi, Mighty Dog und Perrier (wobei auch die USPs je nach Land voneinander abweichen);
- über 100 Regionalmarken wie Alpo, Contadina, Herta, Mackintosh und Vittel (mit denen der Konzern keinerlei globale Absichten verfolgt);
- über 700 lokale Marken wie Brigadeiro, Solis und Texicana (bei denen von global schon gar nicht die Rede sein kann).

Global denken, lokal handeln

Die von McDonald's betriebene Huldigung des Cholesterins erklärt sich aus den amerikanischen Wurzeln und Traditionen des Unternehmens. Die Hamburger-Kette mit dem einprägsamen Schriftzug will global denken, sieht sich aber gezwungen, lokal zu handeln. Man vergegenwärtige sich Folgendes:

- In Deutschland, dem zweitgrößten Markt außerhalb der USA, sieht sich das Unternehmen mit verschiedenen Herausforderungen konfrontiert. Die Speisekarten sind wesentlich abwechslungsreicher (Oriental Burger) und es gibt mehr vegetarische Angebote (Veggie McNuggets).
- In Italien gibt es in den McDonald's-Geschäften eine eigene Espressotheke, an der man warme Getränke bekommt.
- In China erklären in der Werbung Kinder den älteren Leuten, was das Besondere an McDonald's ist. (Mit der amerikanischen Tradition ist da nichts zu machen.)

- In Australien wiederum, einem der Länder mit den weltweit meisten Filialen pro Kopf, setzt McDonald's auf sein amerikanisches Image, indem es mit bereits verstorbenen Stars wie Marilyn Monroe und James Dean wirbt.

Der für den internationalen Etat verantwortliche Account Director der Agentur Leo Burnett, die die Marke McDonald's in 18 Ländern betreut, sagt dazu Folgendes: „Essen zu verkaufen ist ein heikles Geschäft, und zwar deshalb, weil jeder ganz eigene Vorstellungen davon hat, was gutes Essen ist, und diese Vorstellungen decken sich in der Regel nicht. Die Assoziationen mit den USA, die ein Burger von McDonald's hervorruft, mögen dazu führen, dass Kunden in Lateinamerika oder vielleicht auch in manchen Ländern Asiens das Wasser im Mund zusammenläuft, während sich bei Kunden in Europa aus denselben Gründen die Haare im Nacken aufstellen und man mit Klagen über den Kulturimperialismus der USA im kulinarischen Bereich zu rechnen hat."[1]

Das erklärt wahrscheinlich auch, warum sich McDonald's-Werbung in Großbritannien eher auf die Qualität des Essens als auf die amerikanische Tradition des Unternehmens konzentriert.

Ein Weltbier

Heineken ist ein globales Bier.

Die zweitgrößte Bierbrauerei der Welt tut alles, damit es bei dem Produkt zu keinerlei Abweichungen kommt. Alle Hersteller arbeiten nach demselben Rezept. Um sicherzustellen, dass das Bier auch überall gleich schmeckt, müssen professionellen Prüfern in den Niederlanden Proben geschickt werden. Und die Firma kauft bis nach Shanghai in kleinen Läden zu Testzwecken Stichproben.

Auf dem Etikett darf kein Buchstabe geändert werden, die Farben der Verpackung sind ebenso strikt beizubehalten wie die Form der Flasche. (Wer aus der Reihe tanzt, kommt sofort in die Heineken-Hölle.)

Aber wie unterscheidet sich dieses Qualitätsbier von anderen Marken? Ein einheitlicher Geschmack ist eine Sache, die Vereinheitlichung des Marktes ein Ding der Unmöglichkeit, wie Karel Vuursteen, der CEO von Heineken, eingesteht: „Wir glauben nicht, dass man in allen Kulturen nach demselben Muster vorgehen kann. In den Vereinigten Staaten und in Westeuropa gehört Bier zum täglichen Leben, gilt Bier als Durstlöscher. In Australien und Neuseeland ist Bier ein Getränk für Männer. In vielen Ländern Südostasiens verbindet man mit Bier etwas ‚Weibliches', Anspruchsvolles. Daher lassen wir unseren Vertretern vor Ort jede Menge Freiheit, was Marketing und Werbung betrifft."[2]

Differenzierung in Indien

Indien ist das Land, in dem es, was Marketing betrifft, noch keinerlei Standards gibt.

Nehmen wir an, Sie wollen Ihr Produkt in Indien auf den Markt bringen und damit die große Mittelklasse des Landes (260 Millionen Menschen) ansprechen.

Seien Sie vorsichtig! Viel Geld besitzen die Leute nämlich auch heute noch nicht. Das durchschnittliche Einkommen eines Haushalts liegt bei 833 Dollar im Jahr. Unter solchen Umständen kann sich eine Familie bestenfalls einen billigen Fernsehapparat und eine billige Nähmaschine leisten. Natürlich kaufen sich Leute Handys, aber um zu sparen, notieren sie sich die Nummer des Anrufers und rufen dann von einem Festnetzanschluss zurück. Die durchschnittliche Verwendungsdauer liegt bei unter fünf Minuten im Monat.

Um in einem solchen Land erfolgreich zu sein, muss man Produkte anbieten, die sich die Menschen auch leisten können. Am besten verkauft man Zahnpasta oder winzige Zigaretten, die nur ein paar Cent kosten.

Reebok verkauft Laufschuhe für 23 Dollar. Kentucky Fried Chicken lockt mit Spezialpreisen und bietet heimische vegetarische und würzige Speisen an. (Was den Verkauf um 200 Prozent hochschnellen ließ.) McDonald's hat seinen Maharajah Mac (zwei Pastetchen aus 100 Prozent

Lammfleisch). Und GE-Godrej, ein indisch-amerikanisches Gemeinschaftsunternehmen, hat erkannt, dass Haushaltsgeräte Statussymbole sein können und stellt mit Erfolg hübsche Kühlschränke her, die sich gut im Wohnzimmer machen.

Wenn man in Indien etwas verkaufen will, muss man das auf indische Art machen, nicht auf die eigene europäische oder amerikanische.

Einige Regeln für unterwegs

Bevor Sie sich entscheiden, Ihre Marke der ganzen Welt mit einer Idee schmackhaft zu machen, sollten Sie folgende Punkte bedenken:

4. *Die aktuelle Idee, mit der Sie Ihr Produkt gerade von anderen zu differenzieren versuchen, könnte die falsche sein.* Es ist manchmal besser, es wieder mit einer alten Idee zu versuchen.
   Aus Gründen, die wir nie verstehen werden, hat Coca-Cola seine „real thing"-Strategie aufgegeben und damit auf die starke Botschaft verzichtet, dass es nur ein Original gibt und alle anderen Cola-Marken bloß Kopien sind.
   In Russland allerdings interessiert man sich für den Ursprung der Dinge und hat Ehrfurcht vor authentischen Sachen. Der Slogan der Plakatwerbung und der Spots im staatlichen Fernsehen lautet also: „Drink the legend!" Das ist nichts anderes als eine neue Variante der „real thing"-Strategie.
5. *Andere Länder, andere Attribute.* Wie wir bereits gezeigt haben, kann sogar Bier von den jeweiligen Gepflogenheiten abhängig sein, z.B. da als männlich und dort als weiblich gelten.
   Auch das Image einer bestimmten Marke kann sich von Land zu Land ändern. In Mexiko ist Corona ein günstiges, keineswegs anspruchsvolles Bier. In einem Supermarkt zahlt man für eine Sechserpackung ungefähr 2,50 Dollar. In den USA hingegen hat Corona ein völlig anderes Image: Ausspannen unter Palmen, Limonengeschmack, Luxus. Die gleiche

Sechserpackung kostet in Atlanta 6 Dollar. Zur großen Verwunderung der Mexikaner ist heute Corona das meistverkaufte Bier in den USA.
Oder denken Sie an Joghurt. In den Vereinigten Staaten gilt Joghurt vor allem als gesund und die Marke Dannon hält dieses Image hoch. In Frankreich hingegen war Danone zu sehr mit Genuss und Vergnügen besetzt. Das Unternehmen gründete daher ein eigenes Gesundheitsinstitut und Forschungszentrum, das sich vor allem mit Fragen der Ernährung und Erziehung beschäftigt.

6. Manchmal kann man Marktführerschaft nicht umsetzen.
Nescafé ist weltweit die meistverkaufte Marke von Nestlé. Für Indien musste Nestlé allerdings einen eigenen löslichen Kaffee namens Sunrise entwickeln, um dem Geschmack der Leute entgegenzukommen. Der Kaffee enthält Zichorie und hat ein starkes und vertrautes Aroma. In Indien verkauft sich Sunrise besser als der weltberühmte Nescafé.
7. *Manchmal gilt eine Tradition nichts.* Bei Zerealien ist Kellogg's ein stolzer alter Name. Die Leute aus Battle Creek in Michigan haben sich in Indien kalte Füße geholt: Die Menschen essen lieber etwas Warmes zum Frühstück, weil sie glauben, dass ihnen das die Energie gibt, die sie brauchen. (Inder sind überzeugt, dass das, was man isst, Charakter und Stimmung prägt.)
So viel zu Traditionen.
8. *Das Besondere einer Marke kann verschwimmen.* Was ist Lux? Man sieht den Namen überall in Asien, meist in Verbindung mit sexy wirkenden amerikanischen Stars, die die Kassen klingeln lassen. (Für Lux-Produkte werben unter anderem Berühmtheiten wie Demi Moore, Liz Taylor und Brooke Shields.)
   - In Indonesien ist Lux eine Seife.
   - In China und Taiwan sowie auf den Philippinen ist Lux ein Shampoo.
   - In Japan kann Lux von Seife bis Shampoo alles heißen.

Es ist schwer, die Leute davon zu überzeugen, dass man ein Spezialist ist, wenn man sich je nach geographischer Lage auf etwas anderes spezialisiert.

Eine Strategie für alle Länder?

Der Leiter des Kundenservice eines globalen Unternehmens bringt die Sache folgendermaßen auf den Punkt: „Eine einheitliche, standardisierte Marke gibt einem schon eine gewisse Sicherheit, aber sie kann auf verschiedenen Märkten verschiedene Bedeutungen haben. Nutzen der Standardisierung dürften sich in erster Linie für die Unternehmen aufgrund von Skalenvorteilen ergeben. Sie brauchen weniger Strategieexperten."[3]

Das ist das eigentliche Problem mit der totalen Globalisierung. Geschmäcker sind nun mal verschieden. Die Neigungen sind anders. Die Menschen sind anders.

Man kann sich überall differenzieren.

Aber man kann sich nicht überall mit derselben Idee differenzieren.

22

Die Nachhaltigkeit der Differenzierung

Wie wir bereits beschrieben haben, kann das Streben nach grenzenlosem Wachstum dazu führen, dass man allen alles anbieten will. Geht man in diese Falle, hat das wiederum zur Folge, dass man sein Differenzierungsmerkmal einbüßt. (Wir haben dafür zahlreiche Beispiele gebracht.)

Im Folgenden einige wichtige Richtlinien dafür, wie man sich sein Differenzierungsmerkmal bewahrt. Vielleicht helfen Ihnen die angeführten Punkte, nicht vom Weg abzukommen.

Vergessen Sie nicht, wodurch Sie sich differenzieren

Wenn man ein Unternehmen oder eine Marke aufbaut, setzt sich das Management meist sehr mit dem Wesentlichen oder dem Differenzierungsmerkmal des jeweiligen Produkts oder der jeweiligen Dienstleistung auseinander. Aber mit der Zeit verblasst die Erinnerung und mit dem Einzug eines neuen Managements kommen neue Interessen ins Spiel: Daraus kann sich die Gefahr ergeben, dass die entscheidene Differenzierung, verloren geht.

Man muss einen Weg finden, den verschiedenen Managementgenerationen zu vermitteln, wodurch man sich mit seinem Produkt von den anderen differenziert. Man darf nicht zulassen, dass das Management von der festgelegten Strategie abweicht. Genau das ist General Motors mit seinen Marken passiert, als man sich aus wirtschaftlichen Gründen dazu entschloss, dass diese gleich viel kosten und gleich aussehen sollten.

Das schlechte Gedächtnis verursachte einen dramatischen Verlust von Marktanteilen.

Die Sears-Story

Sears ist ein legendäres Einzelhandelsunternehmen, das großem Druck ausgesetzt ist. Wal-Mart, Kmart, Target, Home Depot, Ames, Circuit City und eine ganze Schar weiterer Firmen erschweren dem Unternehmen das Leben und Überleben.

In einem so gesättigten Markt wie dem Einzelhandel ist es unabdingbar, sich von seinen Konkurrenten zu differenzieren. Wie steht es diesbezüglich um Sears? Betrachtet man, was Sears erfolgreich gemacht hat, kommt man dahinter, dass Sears das erste und einzige Einzelhandelsunternehmen war, dass große Marken aufgebaut hat: Kenmore-Geräte, Craftsman-Werkzeuge, DieHard-Batterien, Roadhandler-Reifen und Weatherbeater-Lacke. Das waren sehr gute Produkte zu sehr guten Preisen. Und eine Garantie gab es auf die Produkte auch. Erhältlich waren sie nur bei Sears.

Die Entwicklung zeigt, dass es diese Marken waren, durch die sich Sears von seinen Konkurrenten abhob. Die Zukunft des Unternehmens hängt also davon ab, so vorzugehen, dass diese Marken starke Marken bleiben, und das zu tun, was man in der Vergangenheit getan hat: einige neue Marken aufzubauen.

Die Erinnerung an das, was das Unternehmen erfolgreich gemacht hat, ist der Schlüssel zur gegenwärtigen Profilierung des Unternehmens.

Gegen den Strom

Robert A. Lutz, der ehemalige Chrysler-Chef, hat ein Buch mit dem Titel *Guts* geschrieben. Das Buch ist sein Geld wert. Es enthält ein Kapitel mit dem Titel „When Everybody Else Is Doing It, Don't“. Das trifft den Nagel auf den Kopf. Sich zu differenzieren heißt oft, gegen den Strom zu schwimmen. Man braucht oft Mut, um nicht das zu tun, was einem althergebrachte Methoden nahe legen.

Als der 19-jährige Michael Dell seine kleine Computerfirma gründete, war ihm, wie bereits beschrieben, bewusst, dass er gegen die Kolosse der Branche keine Chance hatte, was die Größe der Verkaufsflächen in den Geschäften anging. Den damaligen Regeln der Branche zufolge konnten Computer aber nur in Geschäften verkauft werden. Kein Unternehmen glaubte, dass Kunden bei einem High-Tech-Produkt dieser Art einer Versandfirma vertrauen würden.

Michael Dell hielt sich nicht an die Regeln. Er setzte sich über die herkömmlichen Überzeugungen der Branche hinweg und entschloss sich zum Direktvertrieb. Im Handumdrehen hatte er ein Milliarden-Dollar-Unternehmen aus dem Boden gestampft.

Die meisten Unternehmen meinen, dass man Erfolg hat, wenn man die erfolgreichsten Firmen in der jeweiligen Sparte imitiert. Auf der Suche nach bereits von Konkurrenten besetzten Zielgruppen beginnen sie das, was sie differenziert, aus den Augen zu verlieren. Pepsi hat etwa seine „new generation“-Linie fallen gelassen und sich statt dessen als Getränk für alle zu positionieren versucht. Burger King läuft den kleinen Kindern nach, die McDonald's gehören. Cadillac bemüht sich, jungen Leuten kleinere Cadillacs zu verkaufen.

Diese Unternehmen haben eines nicht begriffen: Wer einmal gegen den Strom geschwommen ist, muss immer gegen den Strom schwimmen.

Zum Beispiel Düsentriebwerke

Eine der besten Formen, sich konträr zur Masse zu verhalten, besteht darin, ein Geschäft und die Art und Weise, wie es betrieben wird, zu verändern.

Bei der Ausstattung der Boeing 777 lag das GE90-Düsentriebwerk aufgrund früherer technischer Probleme auf einem abgeschlagenen dritten Platz hinter Pratt & Whitney und Rolls-Royce. Als die neue 777X-Langstreckenversion des Flugzeugs entwickelt wurde, sah General Electric eine Möglichkeit, das Geschäft neu zu definieren. Die Strategie setzte sich aus zwei Schritten zusammen.

Der erste bestand darin, Boeing davon zu überzeugen, das Flugzeug als „Paket“, bestehend aus Fluggerät und Turbinen anzubieten. Das bedeutete ein Abweichen von den sonstigen Gepflogenheiten. Bisher hatte Boeing den Fluggesellschaften die Maschinen verkauft und diese hatten sich dann für einen bestimmten Typ von Triebwerk (GE, Pratt & Whitney oder Rolls-Royce) entschieden. GE legte ein einmaliges Angebot mit fixen Wartungskosten pro Flugstunde vor, wodurch sich für die Fluggesellschaften diesbezüglich kein Risiko mehr ergab.

Der zweite Schritt bestand darin, dass sich General Electric bereit erklärte, die Hälfte der Entwicklungskosten für die neue Version zu übernehmen, wodurch Boeing im Hinblick auf Erfüllungsgarantien für bestimmte Leistungen entlastet wurde.

Im Gegenzug für diese neue Form der Zusammenarbeit machte Boeing GE zum ausschließlichen Triebwerkslieferanten für dieses Langstreckenflugzeug. Der Neuansatz kann General Electric bei einem Stückpreis von 12 Millionen Dollar in den kommenden 20 Jahren 20 Milliarden Dollar an Erträgen bringen.

Konsequent sein

Hat man einmal festgelegt, wodurch man sich differenzieren will, gilt es dafür Sorge zu tragen, dass das entscheidende Merkmal sämtliche Aktivitäten bestimmt. Diese Entschlossenheit beeinflusst nicht nur die Kunden, sondern auch die Mitarbeiter.

Konsequenz zeigt sich auf vielerlei Art. Ein Punkt, an dem Konsequenz walten sollte, ist die Botschaft eines Unternehmens. Firmen entwickeln oft für die Werbung eine einfache, aber sehr wirkungsvolle Botschaft, die sie von anderen differenziert. Aber die PR-Spezialisten drängen oft in eine andere Richtung. Die Marketingexperten haben wiederum eigene Ideen und das Gleiche gilt für Investor Relationships Manager und die Verantwortlichen für die Unternehmenskommunikation.

Statt dass alle diese Gruppen dieselbe Idee umsetzen, möchte jede mit ihrem Konzept operieren, damit sie für ihre Arbeit und nicht für die Arbeit anderer Anerkennung findet.

Die einzige Person, die bewirken kann, dass alle an einem Strang ziehen, ist der CEO. Er muss dafür Sorge tragen, dass alle Beteiligten sich auf ein und dieselbe Botschaft konzentrieren.

Konsistenz zeigen

Würde sich Burger King von Kindern abwenden, müsste der CEO die Franchiseunternehmer besuchen und ihnen unmissverständlich klarmachen, dass sie die Schaukeln abmontieren müssen. Den für die Produktpalette Verantwortlichen hätte er mitzuteilen, dass es keine Kindermenüs mehr gibt, und den Marketingexperten, dass sie ihre Koppelungsgeschäfte mit Disney aufgeben müssen. Der CEO müsste auch bei den Werbeleuten und den Agenturen darauf bestehen, dass Burger King im Unterschied zu McDonald's Lokale für Erwachsene und nicht für kleine Kinder bietet und in absehbarer Zukunft alle Botschaften des Unternehmens diese Positionierung transportieren sollen.

Schließlich müsste er auch noch den Mut aufbringen, der Wall Street, dem Aufsichtsrat und den Aktionären klar zu machen, warum das Unternehmen nicht mehr auf den Kinder- und Familienbereich setzt. (Sicher ist das alles ziemlich hart, weswegen das Unternehmen sich auch nicht zu dieser Strategie durchringen konnte, die wir ihm vor Jahren nahe gelegt haben.)

Konsequente Umsetzung

Von Wells Fargo und seiner Strategie, auf Tradition zu setzen, um sich durch schnellen Service zu profilieren, war bereits die Rede. Die Strategie: „Fast then. Fast now."

Aber um dieses Differenzierungsmerkmal wirklich zu ihrem zu machen, muss diese Bank viel mehr tun als bloß eine einheitliche Kommunikationsstrategie implementieren. Das Unternehmen wird hart daran arbeiten müssen, einen schnellen und effektiven Servicebereich aufzubauen.

Die Bank wird auch eine sehr aggressive interne Strategie entwickeln müssen, um ihre Angestellten dazu zu bringen, aufgeschlossener auf Kundenbedürfnisse zu reagieren. Das Versprechen, „schnell" zu sein, verlangt, dass man diesen Anspruch auch einlöst. Den Kunden wird jede Unstimmigkeit sofort auffallen.

Als Avis vor Jahren verkündete, sich mehr anzustrengen, mussten die Mitarbeiter diese Anstrengung auch erkennen lassen.

Und als United „friendly skies" versprach, musste das Bordpersonal diese Freundlichkeit mit einem besonderen Lächeln auf den Lippen zum Ausdruck zu bringen, wie ungehalten die Fluggäste auch sein mochten. (Wir nehmen an, dass die Fluggesellschaft diese Strategie fallen ließ, weil es unmöglich ist, nach einer mehrstündigen Verzögerung noch freundlich zu sein.)

Auch für die Durchsetzung dieser Art von Konsequenz ist der CEO eines Unternehmens verantwortlich. Er muss bei solchen Anstrengungen eine Cheerleaderfunktion übernehmen.

Die freundlichste und unterhaltsamste Fluglinie ist Southwest Airlines. Dafür ist der CEO des Unternehmens Herb Kelleher verantwortlich. Wenn man ihm im Flugzeug begegnet, ist er stets der bestgelaunte Repräsentant des Unternehmens.

Am Ball bleiben

Es gibt Zeiten, in denen man seine Position ändern muss. Wenn einem der Markt unter den Füßen weggezogen wird, heißt es, den eigenen Schwerpunkt zu verlagern, oder man fällt. So hat Lotus überlebt, als Microsoft mit Excel für Windows in das Kalkulationsprogrammgeschäft einstieg.

Aber das ist die Ausnahme, nicht die Regel. Im Allgemeinen sollte man permanent Anstrengungen unternehmen, sich seine Differenzierung zu bewahren und sein Profil auszubauen. Sich zu ändern, weil sich der Markt ändert, ist eine Sache. Sich des Änderns wegen zu ändern, ist eine andere. Das passiert häufig, wenn Unternehmen immer weiter wachsen wollen.

Des höheren Umsatzes wegen eine Produktvariante nach der anderen einzuführen bringt nur überfüllte Regale und dem Einzelhändler, der über die Regalflächen verfügt, mehr Macht. (Denken Sie einmal an einen Gang mit Husten- und Erkältungsmitteln in einer durchschnittlichen Apotheke: Es gibt so viele verschiedene Arten, dass man nicht einmal findet, wonach man sucht.)

Seine Produktpalette bloß „besserer“ Verkaufszahlen wegen endlos zu erweitern, kann dazu führen, dass das Profil der Marke unscharf wird, und spezialisierten Konkurrenten mit einem ganz klaren Profil den Weg ebnen. Bei Bieren gibt es in Amerika die Sorten Regular, Light, Draft und seit kurzem Ice. Kein Wunder, dass in dieser Branche die Umsätze in den letzten Jahren nur bei den Kleinstbrauereien gestiegen sind.

Differenzierungsmerkmale weiterentwickeln

Crest-Zahncreme war lange Zeit eine der Hauptmarken von Procter & Gamble. Das Unternehmen hatte über 30 Jahre lang damit das Merkmal „weniger Löcher“ besetzt.

Durch Fluorid im Wasser haben die Patienten der frühen 1990er Jahre im Unterschied zu den Patienten der frühen 1960er Jahre im Durchschnitt nicht mehr 15, sondern nur mehr drei Löcher. Infolge dessen hat dieses Merkmal an Gewicht verloren. Der Schutz vor Zahnsteinbildung und Zahnfleischentzündungen wurde zunehmend wichtiger.

Crest hätte, wie wir das nennen, sein Profil weiterentwickeln sollen, ohne dabei seine Verbindung zur Vergangenheit aufzugeben. Der naheliegende Schritt wäre gewesen, sich als „Pionier auf dem Gebiet der Zahnpflege“ neu zu repositionieren und eine neue Crest-Zahncreme auf den Markt zu bringen, die nicht nur die Entstehung von Karies verhindert, sondern auch vor Zahnsteinbildung und Zahnfleischentzündungen schützt.

Unglücklicherweise hat Colgate mit seiner neuen Zahnpasta *Colgate Total* genau das getan.

Wir befürchten, dass in Cincinnati bei der Erwähnung der Marke Crest keine Freude aufkommt. Nach mehr als 30 Jahren ist jetzt Colgate wieder die Nummer eins.

Abwarten ist gefährlich

Die Geschichte von Crest zeigt, dass Märkte sich ändern und dass man sein Profil diesen Veränderungen anpassen muß.

Toys “R” Us schuf ein einzigartiges Format: ein Kaufhaus, das alle nur erdenklichen Barbie- und Hot-Wheels-Artikel anbietet. Das Unternehmen trieb seine unmittelbaren Konkurrenten in den Bankrott und schien sich eine unerschütterliche Position erobert zu haben.

Was dann geschah, beschreibt die Zeitschrift *Fortune* wie folgt:

> Aber die Welt hat sich verändert. Heute hat Toys "R" Us viel härtere Konkurrenten: Wal-Mart und das Internet. Bei Wal-Mart bekommt man die meisten Pokémon-, Furby-, Barbie- und Hot-Wheels-Sachen, die es bei Toys "R" Us gibt, billiger. Eine geplagte Mutter, die ich traf, als sie in einem Toys-"R"-Us-Geschäft umherirrte, meinte: „Normalerweise kaufe ich nicht hier ein, sondern bei Wal-Mart.“ Und was man bei Wal-Mart nicht findet, entdeckt man höchstwahrscheinlich bei eToys oder Amazon.com.[1]

Unglücklicherweise schwelgt Toys “R” Us noch immer in seiner glorreichen Vergangenheit und hält an seinem alten Format fest. Das Unternehmen hat sein Profil nicht weiterentwickelt.

Da Wal-Mart inzwischen mehr Spielsachen verkauft, wird Toys “R” Us vielleicht bald, wie *Fortune* meint, Toys “Were” Us heißen.

Eine irische Legende

Kristallgläser von Waterford gehören zu den bekanntesten und geschätztesten Produkten ihrer Art.

Die Preisentwicklung in diesem Bereich führte jedoch dazu, dass die Marke in die Kategorie eines Rolls Royce unter den Kristallgläsern avancierte: zu einem sehr schönen, aber sehr teuren Produkt. Bei 40 bis 50 Dollar pro Glas wird die Möglichkeit, dass ein Glas kaputtgeht, zu einem großen Kaufhemmnis. Es gibt viele billigere Kristallgläser, unter denen man wählen (und die man fallen lassen) kann.

Sollte Waterford abwarten oder das Preisproblem zu umgehen versuchen? Wir traten für Weiterentwicklung ein und schlugen vor, für kaputtgegangene Waterford-Produkte ein „Ersatzprogramm auf Lebenszeit“ einzuführen und die Ersatzgläser zum halben Listenpreis anzubieten.

Das Konzept war einfach. Beim Kauf erhält der Kunde eine Registriernummer. Geht ein Glas kaputt, schickt der Kunde das Waterford-Zeichen des kaputten Stückes mit der Nummer an die Fabrik und erhält von dieser direkt ein Ersatzstück. Das Programm erschien uns durchführbar, weil es den Einzelhandel als Absatzmittler umging. Der Hersteller würde mit Ersatzglas zum halben Listenpreis vielleicht einen kleinen Gewinn erzielen, oder zumindest seine Kosten decken.

Dieses „Entwicklungskonzept“ erschien uns geeignet, Waterford als „Investition für das Leben“ neu zu positionieren.

Nahm Waterford den Vorschlag an? Nein. Die Firma entschied sich dafür, die Palette ihrer Produkte zu erweitern und unter dem Namen „By Waterford“ eine billigere Marke auf den Markt zu bringen.

Sowohl diese Geschichte als auch der Fall Toys “R” Us zeigen uns, dass Entwicklung Veränderungen verlangt, die den Betroffenen oft sehr schwer fallen.

Weiterentwicklung versus Spielereien

Eine Marke weiterzuentwickeln und damit herumzuspielen sind zwei grundverschiedene Dinge. Eine ernsthafte Entwicklung ist meist die Antwort auf einen Schritt der Konkurrenz oder einen entscheidenden Wandel des Marktes. Alles andere erschöpft sich in kosmetischen Veränderungen, der Einführung neuer sinnloser Produkte, oder in Versuchen, auf einen Trend aufzuspringen. Überbesetzte Marketingabteilungen vertreiben sich so die Zeit. Im Folgenden ein paar Beispiele:

Bei der Shampoo-Marke Prell schlägt jemand vor, das grüne Prell um ein blaues zu ergänzen. Natürlich setzt sich diese Idee über die Tatsache hinweg, dass für die Kunden ein Shampoo, das nicht grün ist, nicht von Prell sein kann. Die Farbe differenzierte Prell nämlich bisher.

Ein schlechter Einfall.

Bei Pepsi schlägt jemand vor, sich den New-Age-Reinheitsfimmel zunutze zu machen und unter dem Namen Crystal Pepsi ein durchsichtiges Pepsi-Cola auf den Markt zu bringen. Natürlich setzt sich diese Idee über die Tatsache hinweg, dass für die Kunden eine Cola, die nicht braun ist, auch nicht nach Cola schmecken kann. Und ist Pepsi nicht die Cola, die am besten schmeckt?

Ein schlechter Einfall.

Bei McDonald’s schlägt jemand vor, auf den Pizzatrend aufzuspringen und den McPizza auf die Speisekarte zu setzen. Natürlich setzt sich diese Idee über die Tatsache hinweg, dass Kunden der Auffassung sind, dass Hamburger-Lokale von Pizzas keine Ahnung haben. Und hat McDonald’s nicht schon Milliarden Hamburger verkauft?

Ein schlechter Einfall.

Bei Anheuser-Busch schlägt jemand vor, die Bierpalette der Marke um die Sorten „Dry“ und „Ice“ zu erweitern. Natürlich setzt sich diese Idee über die Tatsache hinweg, dass Bier seiner Natur gemäß nass ist und üblicherweise ohne Eis getrunken wird. Widerspricht der Vorschlag nicht der wunderbaren Tradition der Brauerei? Was hätte wohl Großvater dazu gesagt?

Ein schlechter Einfall.

Wie man sich differenziert, muss mit den Vorstellungen der Kunden übereinstimmen und darf diesen nicht widersprechen. Was Leute in einem Unternehmen als „Verbesserungen“ ansehen, ruft in den Köpfen der Zielgruppe oft nur Verwirrung hervor.

Mit solchen „Verbesserungen“ untergräbt man sein Differenzierungsmerkmal.

23

Wer ist im Unternehmen für die Differenzierung vom Wettbewerb verantwortlich?

Die erste Führungsebene ist dafür verantwortlich, dass eine Differenzierungsstrategie entwickelt, kommuniziert und verfolgt wird.

Allzu oft wird freilich die „richtige Strategie“ als gegeben hingenommen. Die Führungsriege geht davon aus, dass die Marketingabteilung und die Werbeagentur mit ihren vielen Erfahrungen den Durchblick haben. Also zieht sie sich auf die Lösung der Probleme mit dem Aufsichtsrat zurück und beschäftigt sich damit, dass die Bilanzen für das darauffolgende Jahr gut aussehen.

Und schon stellen sich die ersten Schwierigkeiten ein.

Warum CEOs scheitern

Die Zeitschrift *Fortune* bat einen Management-Guru, sich zu „gescheiterten“ CEOs zu äußern. Unter „gescheiterten CEOs“ verstand die Redaktion „Manager, die zu etwas gezwungen wurden, zuschauen mussten, wie das

Unternehmen verkauft wurde, oder ein Unternehmen verließen, das von seinem Weg abgekommen war".[1]

Der Verfasser führt in seiner Analyse eine „schlechtes Strategie" nicht einmal als einen der „sechs Fehler unfähiger CEOs" an. Ja, er geht sogar so weit, die Mehrzahl der Probleme auf die mangelhafte Umsetzung von Konzepten und nicht auf die Unzulänglichkeit der Konzepte zurückzuführen. Für *Fortune* ist die Welt in Ordnung, wenn der richtige Mann an der richtigen Stelle sitzt.

Dem können wir uns nicht ganz anschließen. Als wir uns die Liste gescheiterter CEOs ansahen, fanden wir mehr schlechte Strategien als Fälle schlechter Umsetzung. Im Folgenden einige Beispiele:

- *Robert Allen (AT&T, 1988–1997).* Allen war ein CEO, der sich nie die Marktführerschaft von AT&T zunutze machte, die das Unternehmen wesentlich von allen anderen differenzierte. Stattdessen versuchte er verschiedentlich, in die Computerbranche einzusteigen. Das schlug fehl und kostete das Unternehmen Milliarden Dollar. Eine schlechte Strategie.
- *Joseph Antonini (Kmart, 1987–1995).* Antonini versuchte, über den Preis mit Wal-Wart zu konkurrieren, und verlor den Kampf. Sich ohne Strukturvorteil mit einer solchen Organisation anzulegen, ist hart. Um Kmart den Kunden schmackhaft zu machen, hätte er eine Strategie benötigt, die über niedrigere Preise hinausgegangen wäre. Die hatte er nicht.
- *Al Dunlap (Sunbeam, 1996–1998).* Nach seinen Leistungen zu schließen, hätte dieser CEO eine gute Differenzierungsidee nicht einmal erkannt, wenn er darüber gestolpert wäre. Das Einzige, was er konnte, war, sein Buch zu verteilen, Kosten einzusparen und die Wall Street zu blenden. Alles Show und keine Strategie.
- *Carl Hahn (Volkswagen, 1982–1992).* Hahn sah zu, wie der Marktanteil des Unternehmens dramatisch schrumpfte, während er einem Publikum schnelle, große und teure Autos zu verkaufen versuchte, das an kleinen, sparsamen und verlässlichen Autos wie dem Golf interessiert war. Das waren in den Augen der Kunden die Merkmale von Volkwagen. Hahn verfolgte hartnäckig eine falsche Strategie.

- *Arnold Langbo (Kellogg's, 1992–1999).* Zu viele Marken, zu viele Sparten wie Bagels und Tiefkühllasagne, zu hohe Preise und weit und breit kein Hinweis darauf, warum Kellogg's die besten Zerealien macht. Strategisch äußerst schwach.
- *Robert Palmer (DEC, 1992—1998).* Palmer versäumte es, DEC als das Unternehmen mit den neuen 64-Bit-Systemen zu differenzieren. Darin lag für DEC die einzige Möglichkeit zu überleben. Da es Palmer nicht schaffte, eine auf der Entwicklung einer neuen Generation von Geräten beruhende Strategie zu formulieren, gibt es DEC heute als Unternehmen nicht mehr.
- *Michael Quinlan (McDonald's, 1987–1998).* Quinlan tappte in die Falle, jedem alles bieten zu wollen, und versäumte es, die Marktführerschaft des Unternehmens im Hamburger-Bereich in vollem Ausmaß zu nutzen. McPizza, McLean, Mac at Night – das war zuviel „Mc" und zu wenig Strategie.
- *John Sculley (Apple Computer, 1983–1993).* Sculley versagte, als es darum ging, seinen Konkurrenten bei der Benutzerfreundlichkeit der Hardware und des Betriebssystems in Sachen Profilierung zuvorzukommen und diesen Vorteil auszubauen. Er zögerte, als es galt, eine Strategie der „neuen Generation" zu verfolgen, setzte eine ganze Menge auf den zu komplizierten Newton und verlor. Er hätte bei Pepsi bleiben sollen.
- *Robert Stempel (GM, 1990–1992).* Stempel übernahm ein Unternehmen, das seine gut abgegrenzten Marken zerstört hatte, indem es diese zu ähnlichen Preisen verkaufte und es schaffte, dass sie einander gleichen wie ein Ei dem anderen. Er erkannte nicht, dass das eine Strategie war, mit der man nur verlieren konnte. Und schon steckte er bis über beide Ohren in Schwierigkeiten.

Am Ziel vorbei

Ein Artikel in *Fortune* meint: „Zuerst die richtigen Leute, dann eine Strategie." Oder genauer: „Strategie ist nicht einmal die Hälfte der Schlacht."

Meilenweit daneben.

Wie wäre es damit, sich zuerst etwas einfallen zu lassen und sich dann die Leute und die Mittel zu suchen, mit denen man die Idee umsetzen kann?

Die strategische Idee – das entscheidende Differenzierungsmerkmal – ist mehr als die Hälfte, sie ist der entscheidende Teil.

Ohne eine durchschlagende Idee im Hinblick auf das Differenzierungsmerkmal eines Produkts, das man verkaufen will, werden einem alle Motivation der Welt und alle menschlichen Fertigkeiten nichts helfen.

Wir finden es äußerst problematisch, dass *Fortune* irgendeinen Guru mit einem Consultingbüro eine These entwickeln lässt, die schlicht und einfach falsch ist. Schlimm daran ist vor allem, dass solche Artikel andere Menschen dazu bewegen, gute Strategien als selbstverständlich zu betrachten.

Was ist wirklich schief gelaufen?

Man erkennt schnell, was bei den genannten Beispielen passiert ist. Diese Manager hatten keine Umsetzungsprobleme, sondern wussten nicht, was sie tun und was sie lassen sollten. Und sie wurden wahrscheinlich von einer Menge hoch bezahlter Manager irregeführt, die mit brillanten Präsentationen und großen Versprechungen daher kamen.

Das Problem bei vielen Unternehmen liegt darin, dass sich die Topmanager oft an strategischen Diskussionen gar nicht beteiligen. Als wir bei DEC die „64-Bit-System-Strategie" präsentierten, tauchte Bob Palmer nicht auf. Er nahm an solchen Besprechungen nicht teil. Das hätte er wahrscheinlich tun sollen, weil ein CEO verstehen muss, was ansteht und welche Optionen er hat, sofern er überhaupt welche hat.

Die meisten großen Weichenstellungen stellen die bisherigen Geschäftsstrukturen auf den Prüfstand. Daher der Widerwille, neuen Ideen eine Chance zu geben. Peter Drucker nennt das „die Möglichkeiten von morgen am Altar von gestern opfern".

Warum der CEO dabei sein muss

Im mittleren Management von Unternehmen trifft man oft auf Leute, die eine schlechte Form der ‚persönlichen Zielerreichungsstrategie' verfolgen. Sie versuchen, bestimmten Prozessen um jeden Preis ihren Stempel aufzudrücken, damit sie in der Hierarchie des Unternehmens nach oben kommen. Ihre Entscheidungen beruhen keineswegs darauf, was dem Unternehmen etwas bringt, sondern was ihrer persönlichen Karriere zuträglich ist.

Oder noch schlimmer: Sie versuchen, Fehlern aus dem Weg zu gehen, die ihre Karriere gefährden könnten.

Wir haben einmal für ein Unternehmen eine Strategie entwickelt, welche dessen kurz vor der Präsentation stehende Strategie, eine neue Generation von Computersystemen auf den Markt zu bringen, in Frage stellte. Als die Sitzung zu Ende war, fragte mich ein Manager: „Wo waren Sie vor zwei Jahren, als ich Sie gebraucht hätte?" (Das schlechte Konzept war dem Aufsichtsrat zwei Jahre vorher zur ersten Billigung vorgelegt worden.)

Der Manager hatte zwar nun erkannt, dass es die falsche Entscheidung war, konnte aber einen Fehler solchen Kalibers nicht eingestehen – ein von seiner Warte aus verständliches Verhalten, aber eine Tragödie für das Unternehmen. Und das vor allem, wenn man bedenkt, dass ein Konkurrent mit der von uns entwickelten Strategie ein Milliaren-Dollar-Geschäft aufgebaut hat.

Nur der CEO wäre in der Lage gewesen, die Weichen anders zu stellen. Er war aber nicht anwesend.

„Hier bin ich zuständig"

Manchmal bereitet auch das „Firmenego" der Manager oder der Leute von der Werbeagentur Probleme. Da liegt vielleicht eine interessante Idee „von außerhalb" auf dem Tisch, aber die Betreffenden haben Schwierigkeiten damit, dass jemand, der nicht dem Unternehmen angehört oder diesem als Werbeagentur verbunden ist, ihre Aufgabe übernimmt. „Schließlich bin ich hier zuständig", sagen sie sich dann. „Wenn ich die Überlegungen Dritter gutheiße, werden meine Vorgesetzten weniger von mir halten."

Das kann zu großen Schwierigkeiten führen. Wir haben festgestellt, dass solche Menschen eine externe Empfehlung selten klipp und klar verwerfen, sondern diese so gut wie immer um ihre Gedanken, ihren „Beitrag" ergänzen. Heraus kommt dann eine Strategie, die mit der ursprünglichen Idee nicht mehr viel zu tun hat. Es ist, als ob sich jemand beim Kuchenbacken nicht an das Rezept hält: Das Ergebnis mag zwar richtig aussehen, schmeckt aber ganz anders. (Werbeagenturen sind wahre Meister im Bearbeiten von Vorschlägen anderer in diesem Sinn.)

Je höher die Unternehmensebene, auf der man seine Vorschläge präsentiert, desto seltener hat man mit Egoproblemen dieser Art zu kämpfen.

Eine richtige Entscheidung

Für Jim Manzi, den ehemaligen CEO der Lotus Development Corporation, sah die Zukunft nicht gerade rosig aus, als ihm Microsoft mit einer neuen Generation von Tabellenkalkulationssoftware zuvor gekommen war. Um das Kalkulationsprogramm 1-2-3 stand es damit schlecht. Um Lotus selbst auch.

Aufgrund des Windows-Betriebssystems war Microsoft Excel etwas ganz anderes.

Manzi war bei den Sitzungen anwesend, hörte sich an, welche Ideen von außerhalb es gab, und entschloss sich, die empfohlene Groupware-Strategie zu verfolgen, das heißt, auf Software für Computernetzwerke zu setzen. Ihm gelang die Differenzierung, indem er mit Notes das erste funktionierende Groupware-Programm herausbrachte.

Nach fünf harten Jahren und Investitionen von einer halben Milliarde Dollar landete Jim Manzi den nächsten großen Coup.

IBM kaufte das Unternehmen für 3,5 Milliarden Dollar und alle waren zufrieden. Die richtige Strategie hatte sich bezahlt gemacht.

Die Besten verfolgen ihre eigene Strategie

Sieht man sich an, wie Erfolge zustande kommen, stellt sich heraus, dass die besten CEOs ihre eigene Strategie verfolgen. Bei Southwest Airlines, nachweisbar einer der erfolgreichsten Fluglinien, bestimmt Herb Kelleher, wo es langgeht. Und niemand weiß besser, wie man sich von seinen Konkurrenten abhebt, als er.

Jack Welch konnte natürlich ein Unternehmen, das so groß ist wie General Electric, nicht führen, indem er Sitzungen besucht und an Strategiedebatten teilnimmt. Seine Topmanager blieben außergewöhnlich lange auf ihrem Posten. Von wenigen Ausnahmen abgesehen zeichneten die Angehörigen seines Teams durchschnittlich zwölf Jahre für ihre Geschäftsbereiche verantwortlich. Welch vertraute auf seine Topleute, wenn es darum ging, herauszuarbeiten, wie sich das Unternehmen differenzieren soll.

John Schnatter von Papa John's Pizza entwickelt die Unternehmensstrategie selbst und vermutlich tat das auch Bill Gates für Microsoft. Und garantiert hat auch Martha Stewart in ihrem schnell wachsenden Ausstattungs- und Lifestyle-Imperium das Sagen. Wer will es diesen jungen Unternehmern verübeln, dass sie die Strategie für den Aufbau ihres Geschäfts nicht irgendwelchen Leuten aus dem mittleren Management überlassen wollen?

Ein CEO, der weiß, was er tut

1992 wurde der 41jährige Jorma Ollila zum CEO eines ins Schleudern geratenen finnischen Konzerns namens Nokia ernannt. Er stieß Unternehmensbereiche wie Computer, Kabel und Fernsehgeräte ab und konzentrierte seine Ressourcen auf die mobile Kommunikation. Er glaubte daran, dass Nokia es mit einigem Verzicht schaffen könnte, in diesem Bereich die Nummer eins zu werden.

Nokia sollte sich zu einem Unternehmen entwickeln, das einzigartig ist. Als sich die digitale Telefonie in Europa durchzusetzen begann, war Nokia mit seinen bedienerfreundlichen Telefonen, die mit ganz anderen fernsehschirmförmigen Anzeigenfeldern ausgestattet waren, dafür gerüstet. Und bald folgten neue Differenzierungsmerkmale: langlebigere Telefone, Modefarben und sogar auf die Hauptmärkte zugeschnittene Besonderheiten (lauter klingelnde Geräte für Asien, verschiedene Standards und Stimmerkennungsvorrichtungen, wo Tastaturen ein Problem darstellten).

In nur kurzer Zeit hatte sich Nokia sein Image aufgebaut, das fortgeschrittenste Mobiltelefon am Markt zu haben. (Eine gute Differenzierung.) Heute ist Nokia der führende Mobiltelefonhersteller der Welt. (Eine noch besserere Differenzierung.)

Ollila kümmert sich darum, dass Nokia einzigartig bleibt. Er selbst stellt das sicher, indem er das Unternehmen dazu antreibt, in einem schwindelerregenden Tempo immer neue Modelle auf den Markt zu bringen. Er sorgt für die Installation der erforderlichen Infrastruktur für eine neue Drahtlostechnik mit größerer Bandbreite, die (nach der Analog- und der Digitaltechnik) „die dritte Generation" sein wird.

Wir haben das Gefühl, dass Nokia die Marktführerschaft eine Zeit lang behalten kann. Ollila trifft die richtigen Entscheidungen.

Ansichten einer erfolgreichen Frau

Wie man sich im Zeitschriftengeschäft abhebt, weiß niemand besser als Tina Brown. Ihre Zeit bei *Vanity Fair* forderte den Starmagazinen das Äußerste ab. Dann wirbelte Tina Brown den seriösen *New Yorker* durcheinander. Kritiker und Anhänger sind sich einig, dass sie weiß, wie man etwas groß herausbringt und Produkten Aufmerksamkeit garantiert.

Jetzt plant sie eine neue Zeitschrift namens *Talk* – und schon reden die Leute darüber.

Uns beeindruckten vor allem ihre fünf Punkte in Sachen Marketing, die im *Wall Street Journal* vorgestellt wurden:

1. Vertrauen Sie Ihrem Instinkt. Ich höre jedem zu. (...) Aber dann besinne ich mich wieder auf meine ursprüngliche Idee.
   (Sie entwickelt ihre Strategie selbst.)
2. Sie brauchen eine starke visuelle Identität. (...) Sich von da und dort etwas zu holen, wird Ihnen nichts bringen.
   (Das Produkt sollte sich von anderen unterscheiden.)
3. Feiern Sie eine Party. Wenn man ein Produkt auf den Markt bringt, kann man gar nicht zu viel dafür tun. Die USA sind ein großes Land. Man muss eine Menge Leute erreichen.
   (Die Differenzierung muss das Bewusstsein der Menschen erreichen.)
4. Seien Sie kreativ, wenn Sie Geld ausgeben. Finden Sie junge Talente und verpacken Sie Ihr Produkt anders. Wenn Sie kein (großes) Budget haben, brauchen Sie einen eigenen, festen Standpunkt.
   (Noch einmal: Es kommt darauf an, sich zu differenzieren.)
5. Setzen Sie die verfügbaren Talente anders ein. Bei Autoren (...) kommt es z.B. darauf an, dass man herausfindet, wofür sie sich begeistern, (...) man muss ihnen das Gefühl geben, dass sie über Dinge schreiben können, über die sie vorher nicht schreiben konnten.
   (Und noch einmal: Auf die Differenzierung kommt es an.)[1]

Tina Brown ist eine sehr erfolgreiche Frau, die offensichtlich ihre eigene Strategie verfolgt und an Differenzierung glaubt. Das kann für die Herausgeberin einer Zeitschrift nur von Vorteil sein. Sie weiß, worauf es ankommt.

Peter Drucker definierte 1966 Führungsqualität folgendermaßen: „Die Grundlage effektiver Führung besteht darin, die Unternehmensmission zu durchdenken und diese klar und deutlich zu definieren und festzulegen."

Heute, am Anfang eines neuen Jahrtausends und eines Zeitalters mörderischen Wettbewerbs, würden wir an der Definition nur ein Wort ändern, um sie zu aktualisieren: „Die Grundlage effektiver Führerschaft besteht darin, von der Differenzierung des Unternehmens her zu denken und diese klar und deutlich zu definieren und zu etablieren."

Rosser Reeves wäre mit dieser Aktualisierung sicher einverstanden gewesen.

Anmerkungen

Kapitel 1

1 Federal Reserve Bank of Dallas, Geschäftsbericht 1998, S.4–6.
2 Interview mit den Autoren, 29. März 1999.

Kapitel 2

1 Rosser Reeves, Reality in Advertising, New York, Knopf 1960 (dt.: Werbung ohne Mythos, München 1963), S. 47–48.
2 „Creative Differences“, in: Advertising Age, 17. November 1997, S. 1.

Kapitel 3

1 Interview mit den Autoren, 19. März 1999.
2 Tara Parker-Pope, „Stopping Diaper Leaks Can Be Nasty Business, P&G Shows Its Rivals“, in: The Wall Street Journal, 5. April 1999.
3 „Differentiation or Salience“, in: Journal of Advertising Research, November–Dezember 1997, S. 7–14.
4 Robert McMath, What Were They Thinking? Times Business 1998, S. 86.
5 „Differentiation or Salience“, op. cit.

Kapitel 4

1 Jan Berry, „Consumers Keep the Upper Hand“, in: American Demographics, September 1998.
2 Christopher W. Hart und Michael D. Johnson, Marketing Management, 1999.
3 Leonard Berry und A. Parasuramy, Marketing Services, New York, Free Press 1991, S. 137.
4 „The Return of Michael Porter“, in: Fortune, 1. Februar 1999, S. 135–137.

Kapitel 5

1 „Ad Accountability“, in: Advertising Age, 22. März 1999, S. 26.
2 „Speakers at Four A's Meeting Urge Agencies to Meet Competition from Management Consultants“, in: The New York Times, 26. April 1999.
3 Interview mit den Autoren, 29. März 1999.
4 Sergio Zyman, The End of Marketing As We Know It, Harper Business 1999.

Kapitel 6

1 David Ogilvy, „Fiftieth Anniversary Luncheon Speech“, Advertising Research Foundation, New York City, 18. März 1986.
2 „Siberian Soft-Drink Queen Outmarkets Coke and Pepsi“, in: The Wall Street Journal, 23. August 1999.
3 David Cowan, „Free For All“, in: The Wall Street Journal, 28. Juli 1999.

Kapitel 9

1 Journal of Consumer Marketing.
2 „The Logic of Product Line Extension“, in: Harvard Business Review, November–Dezember 1994.

Kapitel 10

1 Frank Sulloway, Bound to Rebel, Vintage Books 1997.
2 „A New Brand of Bottled Water with a Twist“, in: The New York Times, 3. Juni 1999, C10.

Kapitel 12

1 Hans und Michael Eysenck, Mindwatching, Anchor Press – Doubleday 1983 (dt.: Der durchsichtige Mensch: Wie uns Psychologen sehen, Köln 1983).
2 „Ads Hit Target“, in: USA Today, 15. Januar 1996, 6B.

Kapitel 13

1 Interview mit den Autoren, 29. März 1999.
2 Ted Anthony, „In a Dizzying Market, America's Oldest Brands Court Continued Prosperity", in: Associated Press Newswires, 22. März 1999.
3 Ebd.
4 „DDB Worldwide Hopes to Build on the Legacy of 50 Years of Industry Innovation", in: The New York Times, 1. Juni 1999, C12.
5 „The Beauty of Global", in: Business Week, 28. Juni 1999, S. 70.
6 David Yale, The New York Times, 14. Juli 1999.

Kapitel 14

1 Robert Kiener, „Hitting on All Cylinders", in: Nation's Business, Juni 1999, S. 57–58.

Kapitel 15

1 Robert Cialdini, Influence: The Psychology of Persuasion, New York, Robert Morrow 1993 (dt.: Die Psychologie des Überzeugens: Ein Lehrbuch für alle, die ihren Mitmenschen und sich selbst auf die Schliche kommen wollen, Huber, Bern 1977).
2 Randy Cohen, „Madison Avenue Medicine", in: The New York Times Magazine, 27. Juni 1999, S. 20.
3 Stanley Resor, „The Spirit of Emulation", in: Printer's Ink, April 1929.

Kapitel 17

1 Clayton Christensen, The Innovator's Dilemma: When New Technologies Cause Great Firms to Fail, Harvard Business School Press 1997.
2 „Nothing But Net", in: Business Week, 2. August 1999, S. 72.

Kapitel 18

1 „Critics Agree", in: The New York Times, 15. März 1999, C14.
2 „The Future of Public Relations Is on the Internet", in: Public Relations Strategist, Frühjahr 1999, S. 7–10.

Kapitel 19

1 „Starbucks Holders Wake Up, Smell the Coffee, and Sell“, in: The Wall Street Journal, 2. Juli 1999, B3.

Kapitel 21

1 „How McDonald's Tailors Its Brand Identity to Local Markets“, in: Campaign, August 1997, S. 29.
2 „Brewing a Worldly Brand“, in: Andersen Consulting Outlook, Juni 1999.
3 Bhavna Mistry, „On a Global Mission“, in: Marketing Event, 9. Oktober 1997, S. 41.

Kapitel 22

1 Fortune, 20. September 1999, S. 220.

Kapitel 23

1 „Why CEOs Fail“, in: Fortune, 21. Juni 1999, S. 69.
2 „Finding the Seduction Point“, in: The Wall Street Journal, 26. Juli 1999, S. 1.

Stichwortverzeichnis

S

T

U

V

W

Z

Trout & Partners
Pioneers in Positioning

Emmy-Noether-Strasse 2
80992 München

Trout & Partners International – weltweiter Pionier in Marktpositionierung und strategischer Differenzierung

Jack Trout ist Präsident von Trout & Partners Ltd. (www.troutandpartners.com) einer der renommiertesten Marketingberatungen in den USA mit Büros in 13 Ländern. Anerkannt als einer der maßgeblichen internationalen Experten im Marketing, war Trout der Erste, der das Konzept der Marktpositionierung von Produkten und Ideen in der Wahrnehmung und im Gedächtnis der Kunden in den Mittelpunkt der Strategieentwicklung stellte. Seit Beginn der siebziger Jahre hat Trout & Partners mehr als 2000 Strategieprojekte in über 75 verschiedenen Branchen durchgeführt. Zu den Kunden von Trout & Partners gehören u.a. AT&T, IBM, Nestlé, Merrill Lynch, Southwest Airlines und andere Unternehmen der Fortune 500.

Middle Europe
Austria
Germany
Switzerland

Network Partners
Argentina
Australia
China
Colombia
Finland
India
Italy
Mexico
Poland
Scandinavia
Spain
Turkey
USA
Venezuela

Anders als andere Strategieberater vermittelt Trout & Partners seinen Kunden, dass ihren Unternehmen heute ohne einen differenzierenden Nutzen lediglich eine Niedrigpreisstrategie als Waffe gegen Wettbewerber bleibt. Dies funktioniert allerdings nur bei optimaler Kosten- und Unternehmensstruktur, andernfalls droht das „Aus“ für die Marke und das Unternehmen. Letztlich können Unternehmen jedoch nur mit einer wettbewerbsfähigen Positionierung dauerhaften Markterfolg erzielen.

„Jack Trout ist für die frischesten Ideen verantwortlich, die sich im Marketing im letzten Jahrzehnt durchgesetzt haben. Er zeigt, dass Differenzierung der Schlüssel zum Erfolg jeder Marketingstrategie ist.“

Philip Kotler

Weitere Bücher von Jack Trout:

- Positioning: The Battle for Your Mind (1986, der Klassiker wurde über 750.000 Mal verkauft)
- Marketing fängt beim Kunden an (1996)
- Die 22 unumstößlichen Gebote im Marketing (gebunden 1995, broschiert 2001)
- New Positioning. Das Neueste zur Business-Strategie Nr. 1 (1996)
- Die Macht des Einfachen (1999)
- Große Marken in Gefahr (2002)
- Der Geist und das Greenhorn (2003)

Phone: +49-89-18 91 51 99
E-Mail: wied@positioning.at
www.positioning.at

Trout & Partners
Pioneers in Positioning

Emmy-Noether-Strasse 2
80992 München

In wettbewerbsintensiven Märkten gibt es für Unternehmen nur zwei Alternativen.

Differenzierung von der Konkurrenz oder das Aus für die Marke.

Entscheidend sind nicht die Eigenschaften der Produkte und Leistungen, sondern wie diese von Kunden wahrgenommen werden. Nur ein differenzierender Nutzen und eine klare Positionierung im Gedächtnis der Kunden kann langfristig den Erfolg Ihres Unternehmens sichern.

Trout & Partners Middle Europe

Trout & Partners - Middle Europe (www.positioning.at) gehört zum Netzwerk von Trout & Partners International und ist in Deutschland, Österreich, der Schweiz und in Südtirol tätig. Eigentümer und Partner ist Mag. Lorenz Wied, MBA.
Mag. Wied gründete nach zwanzigjähriger Industrieerfahrung in Führungspositionen bei verschiedenen Unternehmen und mehrjähriger Tätigkeit in einer Strategieberatung das Unternehmen Trout & Partners – Middle Europe.
Mag. Wied ist Positionierungsexperte und hat praktische Erfahrung in den Bereichen Strategie, Marketing, Produktion, Organisation sowie im Aufbau und der Sanierung von Unternehmen. Er hat in New York, Prag, Bologna, Köln und Linz gearbeitet und verfügt über besondere Kenntnisse in der Textil- und Bekleidungsindustrie. Er ist häufiger Sprecher zum Thema Differenzierung und Positionierung. Darüber lehrt er an der Universität und bildet Führungskräfte im Rahmen von Managementtrainings aus. Zu seinen Kunden zählen Airest, AWT, Hucke AG, Kessel Loos, Kinderhotels, Lenzing AG, MAM Group, MIBA Gleitlager AG, Pöttinger, Salinen AG, Sanetta, Trust Consult, Vivatis AG, Wintersteiger.

Middle Europe
Austria
Germany
Switzerland

Network Partners
Argentina
Australia
China
Colombia
Finland
India
Italy
Mexico
Poland
Scandinavia
Spain
Turkey
USA
Venezuela

Das Trout & Partners Strategie Institut

In Workshops erfahren Marketingmanager, wie eine Alleinstellung durch eine differenzierende Strategie erreicht werden kann:

Positionierung – Wie funktionieren die Wahrnehmung und das Gedächtnis der Kunden im Differenzierungsprozess

„Besetzen" eines differenzierenden Nutzens – Techniken zur Entwicklung, Dramatisierung und Kommunikation eines einzigartigen, differenzierenden Nutzens

Abgrenzung zum Wettbewerb – Optimaler Einsatz des differenzierenden Nutzens gegenüber Wettbewerbern

Phone: +49-89-18 91 51 99
E-Mail: wied@positioning.at
www.positioning.at